KB272937

한 몽상가의
체험적 한일비교문화론
당신들의
일본

한 몽상가의
체험적 한일 비교 문화론
당신들의
일본
유상희 지음

작가의 말

〈유순하의 생각〉에 대하여

후렴이 '우리나라 좋은 나라'로 끝나는 「새 나라의 어린이」를 불러 보지 않은 대한민국 사람은 없을 것 같다. 윤석중 선생이 글을 짓고, 박태준 선생이 곡을 붙인 이 노래가 처음 불린 것은 1945년 해방과 더불어 시작된 새 나라 시절이었다. 그날로부터 70년이 흘렀고, 그때 이 노래를 부른 사람들은 이미 저세상으로 가지 않았다면 파릇파릇한 어린이가 아니라 후줄근한 늙은이가 되었으며, 그때 새 나라였던 대한민국은 이제 헌 나라가 되었다.

그리고 이 노래가 처음 불릴 당시, 이 노래에는 일본 제국주의자들의 악랄한 압제로부터 해방된 우리의 새 나라는 '욕심쟁이 없는 나라', '서로 믿고 사는 나라', '정답게들 사는 나라', 그래서 좋은 나라가 되어야 하고, 꼭 그렇게 되리라는 우리 모두의 절대적 소망이 담겨 있었다. 그런데 300여 명의 멀쩡한 생명을 제물로 바친 세월호世越號 침몰로 우리 모두가 갑자기다 싶을 만큼 쓰라리게 인식할 수밖에 없게 되었지만, 현재 우리나라는 여러모로 볼 때 결코 좋은 나라가 아니다. 침몰한 것은 배 한 척이 아니라 대한민국 전체였다. 헛되이 흘려보낸 70년의 결과는 그토록 참혹했다. 우리는 70년을 탕진했다. 그래서 우리는, 도대체 이게 나라냐! 그렇게 개탄해야 했다. 극우 국수주의자마저 이 개탄에 동참했다. 모처럼만의 국론 통일이었다.

*

나의 생애를 지배하고 결정한 일관된 의지 둘 가운데 하나는 우리나라 정말 좋은 나라였다. 문필에서도 마찬가지였다. 그 바람에 나의 소설에 일정 부분 손상이 갈 수밖에 없기도 했을 텐데, 소설이니 하는 거야 생겨 먹은 대로 쓸 수밖에 없는 것 아닌가. 나는 결국 소설을 보호하기 위해, 소설 구상 과정에서 걸러 낸 생각들을 논論류의 산문으로 쓰기 시작했다. 억제하기 쉽지 않은 갈증 때문이었고, 그 첫 번째 책이 장편 소설 『여자는 슬프다』(민음사, 1994) 집필 과정에서 따로 건져 놓은 생각들인 『여자론』(문예출판사, 1994)이었다. 『기업론』(고려원, 1995), 『정치론』(문이당, 1995), 『문화론』(한울, 1998) 등이 그다음에 이어졌다.

그 뒤에도 생체 작용처럼 나의 생각들은 줄기차게 되풀이되었지만, 나는 여러 가지 핑계에 기대 미적미적 미루고 있기나 했다. 그런데 세월호 이후의 흡사 고문 같은 혼란 중에 벼락이라도 맞은 듯

6

이 문득 생각난 것이지만, 내게는 더 이상 미루고 있을 여유가 없다. 여분이 아직은 꽤 있어 보이는 자연 수명과는 달리, 문필 생애의 끝 날이 그다지 오래 남아 있을 것 같지 않기 때문이다. 그리고 또 어느덧 국정 주요 지표 가운데 하나가 된 국가 혁신, 그것이 창조 경제와 마찬가지로 이미 정치적 프로파간다로 전락해 가고 있는 징조가 뚜렷하기에 이 분야에 대해 발언하고 싶은 갈증도 부쩍 밭아졌다. 아니, 당신들은 이미 첫 단추를 잘못 끼웠어, 하고. 당신들은 또 헛짓을 그토록 열심히 하고 있게 될 거야, 하고. 그래서 우리가 사랑하는 우리나라는 더 망가질 수밖에 없을 거야, 하고.

고백 투가 될 수밖에 없었던 나의 이런 제안을 들은 문이당 임성규 사장이 나의 뜻을 받아들여 주어 비로소 발진시키게 된 이 프로젝트가 지향하는 궁극적 표적은 물론 '우리나라 정말 좋은 나라'다. 앞으로 또 하나의 70년을 지난 다음에라도 우리나라가 정말 좋은 나라가 되어, 꽃잎 같은 입술을 봉긋봉긋하며 그 노래를 부르는 천진난만한 어린이들에게 진정한 희망을 주게 되기를 바라는 나의 간곡한 소망이 실로 무모하기 짝이 없어 보이는 이 프로젝트를 감히 시작해 보게 했다.

허구한 날 퀼기 대회나 하고 있어서는 우리나라 좋은 나라는 결코 될 수 없다는 절박한 메시지가 실린 『당신들의 일본』으로부터 발진하는 이 프로젝트는 부모와 자식, 아내와 남편이 갈등할 수밖에 없게 함으로써 사회 구조마저 불안정하게 만드는 가족 문화나, 성한 구석이 아예 없도록 사회 전체를 알뜰하게 바수뜨려 가고 있는 정치나 기업 문화의 고질적 병폐부터, 세계에서 경쟁력이 가장 낮은 젊은이들을 양산해 내고 있는 황폐한 청년 문화나, 온 국민을 온통 미신의 늪으로 몰아가고 있는 종교의 망국적 폐해까지, 우리 사회 각 분야를 철두철미하게 지배하여 우리나라를 기어코 나쁜 나라로 만들고야 마는 부정적인 제반 문화를 분석하고 비판하면서 가능한 대안을 제시하게 되겠지만, 물론 전문가가 아닌 평균적 독서인의 관점이다. 단견투성이일 것이고, 오류가 있을 수밖에 없다. 괘념치 않는다. 나의 집필 목적은 정답 제시가 아니라 문제 제기이고, 나의 단견, 나의 오류는 당신과의 대화를 위한 여백이 될 것이기 때문이다. 중요한 것은 언어의 회로이고, 내가 바라는 것은 그 회로의 고리 하나 역할이다.

*

온통 울퉁불퉁하기만 했던 나의 생애에서 아마 마지막 도전이 될 듯한데, 과연 현재 구상대로 끝낼 수 있을까? 참 송구스럽지만 확신할 수 없다. 끝까지 간다면, 그것은 기적이라 할 수 있을 것 같다. 얼마 전에 치매 검진을 받으러 나오라는 보건소의 통지를 받고 아내와 서로 마주 보며 킬킬 웃은 적이 있는데, 굳이 그런 게 아니라 할지라도 나의 이성적 안간힘이 미칠 수 없는 생물학적 한계는 예측할 수 없기 때문이다. 체력만큼은 아니지만, 기억력과 집중력 감퇴를 자주 느낀다. 이번에 이 글을 쓰면서도 텍스트 소화가 쉽지 않았고, 머리에 떠오른 무엇인가가 메모지를 찾는 사이에 사라지는 경우도 잦았다. 그러나 내가 더러 버릇처럼 흥얼거리는 노래가 있다. "To dream the impossible dream / To fight the unbeatable foe……." 몽상가를 자처하는 내 생애는 내내 그랬다. 내가 꾸는 꿈은 언제나 실현 불가능한 것이었고, 내가 덤비는 상대는 절대로 이길 수 없는 존재였다. 패배와 좌절이 허다할 수밖에 없었다. 그런데도 그 꿈, 그 싸움을 포기하지는 않았다. 갈데없는 몽상가였기 때문이다. 끝도 없는 몽상, 그것이 나의 생애였고, 그래서 나는 미치거나 흐너지지 않고, 오히려 자족감마저 느끼며 살아남을 수 있었다. 이제 와서 새삼스레 무엇을 두려워하랴. 현재의 구상은 구상 그대로 일단 적어 두기로 한다. 아직 남아 있는 여정의 지향, 그런 것으로. ① 당신들의 일본. ② 한국 문화에 대한 체험적 의문 99. ③ 빛나는 청춘들에게 띄우는 희망의 격문. ④ 당신은 지금 자식 농사 실패하고 있다. ⑤ 영원한 오적五賊의 나라, 대한민국. ⑥ 작가의 길. ⑦ 결혼, 왜 후회해야 하는가? ⑧ 삼성이 망하지 않는 이유. ⑨ 인간이 만든 신의 나라. ⑩ 행복 법칙 100.

2014년 여름
예순아홉 번째 광복절을 앞두고
유 순 하

셋째 가름 가야금과 사미센

역사를 잊은 민족에게 미래는 없다.

−단재 신채호

능력 있는 매는 발톱을 감춘다.

能ある鷹は爪を隱す.

− 일본 속담

광장에서 만나자

줄기차게 궐기 대회를 하고, 인터넷 포털에 일본 이야기만 나오면 악성 댓글을 달아 대고, 더 나아가 걸핏하면 일본과 아예 일전마저 불사하자고 나서는 당신들에게 묻고 싶다. 그래서 얻은 게 무엇인가? 도대체 언제까지 그렇게들 하고 계실 것인가? 당신들 할아버지가 했고, 당신들 아버지가 했던 것, 이제 당신들 자식이나 손자 대까지 물려주실 것인가?

또 묻고 싶다. 당신들이 이해하고 있는 일본은 그토록 호락호락한가? 내가 알고 있는 일본은 결코 쉬워 보이지 않는데, 당신들의 일본은 그토록 만만한가? 그리고 또 꼭 물어야 할 것 같다. 당신들이 괜히 부글부글 끓어올라 아무짝에도 쓸모없는 궐기 대회 따위를 계속하고 있는 한, 줄곧 일본의 가마우지 노릇이나 하고 있는 우리 현실은 영원하지 않겠는가? 터무니없는 악담 같은가? 그렇다면 해방 뒤 지난 69년, 결코 짧다 할 수 없을 그 세월 동안 그런 실천을 통해 당신들이 이룬 것은 과연 무엇이 있는가? 단 하나라도 예를 들어 보아 주시기 바란다.

내가 이 책을 통해 당신들에게 제기하려는 문제는 간명하다. 하면 할수록 배만 더 고픈 궐기 대회나 삿대질, 기껏 해 봐야 명분놀음에 지나지 않는 빤한 헛짓, 이제 그만 때려치우시고, 우리에게 꼭 필요한 실질 획득을 위해 은인자중, 와신상담, 칼을 갈자. 극우 파시스트의 새로운 기수 아베 신조의 깃발 따라, 지금 일본에서는 혐한 궐기 대회가 창궐한 상태인 듯한데, 그동안 이쪽 궐기 대회에 대해 그들이 그렇게 했듯이, 이번에는 우리가 그들을 묵살하자. 그리고 태산처럼 무겁게 가라앉아 칼을 갈아야 한다.

선린은 없다. 힘의 위계가 있을 뿐. 약한 쪽은 밟힐 수밖에 없다. 그것이 국제 질서다. 힘을 키우지 않으면 안 된다. 이를 위해서는 우선 상대를 알아야 한다. 그래서 이기는 길에 들어서야 한다. 문제는 문화다. 인간의 현세적 존재와 관련된 모든 것을 지배하고 결정하는 문화, 그 자체를 바꾸지 않는 한, 현상은 그대로일 수밖에 없다. 문화를 바꾸는 그 길이 아무리 멀고 험하다 할지라도, 영원히 노예로 남기를 바라지 않는다면, 허구한 날 고래고래 악을 쓰며 궐기 대회 따위나 하고 있기를 바라지 않는다면, 이제 자라고 있는 아이들 시대에는 조금이나마 버젓해지기를 바란다면, 그 길을 포기할 수도 없고 피할 수도 없다.

물론 쉽지는 않겠지만, 일본과 우리 자신에 대하여 미량이나마

순수한 호기심만 전제된다면, 사무라이 소설처럼 재미있게 술술 읽히도록 하려는 것이 나의 이 책 집필 첫째 목적이다. 될 수 있는 대로 많은 사람들이 읽도록 하기 위해서인데, 그러면서도 일본을 공부하는 사람들 경우에마저 이 책을 제쳐 두기는 쉽지 않도록 하겠다는 다른 집필 목적 하나도 포기할 수 없다. 적어도 아직은, 아무래도 불모 상태로 보이는 우리의 일본 연구가 바른길에 들어서기만 한다면, 문외한에 지나지 않는 내가 이 책에서 어설프게 제기하는 문제들에 대하여 깊이와 두께가 있는 후속 작업이 이루어지게 될 수도 있으리라는 기대가 간절하기 때문이다.

친일파라는 돌팔매질 때문에 일본 연구조차 제대로 하지 못했다는 고백이 드물지 않았던 것이 우리 현실이다. 읽어 볼 만한 일본 연구를 찾아보기 쉽지 않은 것으로 보아 그런 현실은 지금도 이어지고 있는 듯싶다. 요즘도 일본에 대해 긍정적인 이야기만 나오면 무작정 돌팔매질이다. 일본을 비판하는 일본인은 '개념 있는 일본인'으로 찬양되고 한국을 비판하는 한국인은 '친일파'로 매도된다.

친일 부역 세력은 물론 척결되어야 한다. 우리 현대사의 지리멸렬은, 일본에 빌붙어 부귀영화를 누린 그들에게 나라를 맡긴 것으로부터 비롯되었으니까 지금이라도 그들을 발본색원해야 한다. 그러나 레드 콤플렉스와 마찬가지로 일본 콤플렉스도 극복되지 않으면 안 된다. 왜냐하면 그것은 우리를 형편없이 옹색하게 몰아가는 것밖에는 그야말로 아무짝에도 쓸모가 없기 때문이다. 지금 우리에게 꼭 필요한 것은 사실적 극일이고, 우리가 꼭 고민해야 할 것은,

진정한 극일이 무엇이고, 그것은 어떻게 이루어질 수 있는가이다. '불편한 진실'이니 하지만, 불편하지 않은 진실은 드물다. 그래서 우선 편한 쪽을 골라, 두 눈 질끈 감고 냅다 소리를 질러 댄다. 하지만 진실을 피한다고 그 불편함이 사라지는가? 피하고 있는 사이에 불편함은 오히려 심화된다. 우선 입맛에 맞지 않고, 귀에 거슬린다고 돌팔매질을 한다 하여 사실이 사실 아니게 되는 건 아니지 않은가?

분명한 자해인 그런 세월, 뒤늦게라도 끝내야 한다. 스스로 제 눈을 가리고, 꼭 보아야 할 것은 보지 않은 채, 어떻게 상대를 이길 수 있겠는가. 상대를 알고, 우리 자신을 알아야 한다. 그것은 싸움터에 나서는 병사의 절대적 전제다. 바로 그런 목적을 위해, 누구도 부정할 수 없는 사실을 바탕으로 차곡차곡 이 글을 구상하고 있는 동안, 나는 루스 베네딕트의 일본론『국화와 칼』에 송곳처럼 솟아올라 있는 다음 대목을 결코 잊지 않으려고 애를 썼다.

적을 나쁘다고 철저하게 깎아내리는 일은 용이하지만, 적이 어떤 방식으로 인생을 보는가를 적 자신의 눈을 통해 본다는 것은 매우 어려운 작업이다. 그렇지만 그것은 해야만 될 일이었다.

이성의 무서운 균형을 느끼게 하는 이 대목의 경고를 잠시나마 소홀히 하는 한, 죽도록 쓴 나의 글은 기껏 해 봐야 그동안 수없이 생산된 국수주의 쓰레기와 다를 바 없게 된다는 예견보다 더 준열한 채찍은 있기 어렵다. 어떤 목적으로든 쓰레기를 일삼아 만들고 있을 이유는 없지 않은가. 정말 그렇다. 상대방을 우습게 보는 것은 아주 쉽다. 일본인을 어떻게든 우습게 보고 싶어 하는 사람들 기분에 재깍 호응하여, 일본인의 참 하찮은, 참 딱한, 참 추악한, 그저 바라보고 있기에는 참 민망스러운, 그런 것들에 대해, 나는 재빨리, 그리고 얼마든지 적어 볼 수 있다.

그러나 그것은 이런 글을 쓰려 하는 나의 지향이 아니다. 내게 지금 필요한 것은 우리에게 반면교사가 될 수 있는 그들의 바람직한 모습이다. 나는 그들의 바람직한 모습을 거울삼아 우리를 비춰 보려 한다. 거울에 비친 우리 모습을 선명하게 하려면 거울을 공들여 닦아야 할 경우도 있다. 그러고도 그 거울의 얼룩이 말끔하게 닦이지 않을 경우, 오류를 각오해야 하는, 내 인식 능력의 분명한 한계를 그대로 둘 수밖에 없다. 그리고 또, 일본에 가 본 적도 없고 일본어도 모르는 상태에서 『국화와 칼』을 썼다는 루스 베네딕트와는 달리, 나는 더러 일본을 여행한 적이 있고, 한자와 가나를 알기에 일본어 자료를 해독할 수 있다고는 하지만, 그래 봤자 일본이나 일본인에 대해 감히 안다고 할 수 없다는 것도 나의 한계가 될 수밖에 없다. 그러나 그 모든 한계는 관심 있는 타인과의 소중한 대화를 위한 여백이 될 수 있으리라 믿는다.

하나 더 적겠다. 나는 진술할 뿐, 아무것도 주장하지 않는다. 내 어조가 더러 강해질 텐데, 그것은 주장하기 때문이 아니라 미숙해

서다. 그러므로 나의 오류나 나의 미숙함을 낮은 목소리로 다독다
독 지적해 주면 나는 당신의 소리에 귀를 기울이겠다. 두루, 광장이
필요하다. 기다리고 있겠다. 광장에서 만나자.

무궁화와 사쿠라

물욕, 명예욕, 식욕, 색욕, 생식욕이 없는 인간은 없다. 인간은 그 모든 욕망의 표적을 얻기 위해 저마다 모든 피와 힘을 다한다. 욕망의 표적은 한정되어 있고 욕망은 한이 없다. 타인과의 다툼은 필연이다. 다툼의 수단과 방법은 다양하다. 여기에는 도둑질이나 사기 심지어는 폭행이나 살인도 포함된다. 사회는 바로 이런 인간에 의해 구성되고 운용되고 결정된다. 그런데 어느 사회는 낫고 어느 사회는 못하다. 어느 사회는 밝고 어느 사회는 어둡다. 경제적 격차만은 아니다. 사람의 품격도 마찬가지다. 언어나 웃음마저 그렇다. 바로 그 사회를 지배하고 있는 문화 때문이다. 그 사회가 생성된 이후 이어져 온 기나긴 역사의 결정체이자 퇴적물이기도 한 문화에는 그 사회의 모든 관습, 모든 사상, 모든 제도가 포함된다. 모든 관습, 모든 사상, 모든 제도가 포함되는 문화에 의해 그 사회의 빛깔과 냄새와 품질은 결정된다. 문화는 무적이다. 문화는 전능하다. 현실을 포기하지 않는 한, 문화에 관심을 둘 수밖에 없다. 우리가 문화를 겨냥해야 하는 이유다.

한국 음식과 일본 음식

문화는 모든 것을 결정한다. 그러므로 현상 개선이나 극복을 위해서는 우선 문화를 겨냥해야 한다. 그런데 문화란 도대체 무엇인가? 이 질문에 대한 답은 쉽지 않다. 많은 문헌들을 찾아봐도 문화란 바로 요런 것이라고 딱 집어 이야기해 주는 것은 없다. 그래서 나 스스로 문화의 정의를 만들어 보았다―인간의 삶과 관련된 모든 제도와 습속 가운데 유전적 요소를 뺀 일체의 것.

일단 이런 정의를 전제하고 볼 경우, 누가 뭐라 해도 생물학적 존재일 수밖에 없는 인간과 가장 촉각적이고, 가장 가까운, 그래서 개인이나 그 공동체의 속성을 가장 잘 드러내 주는 것은 무엇일까? 관점에 따라서 답은 달라질 텐데, 나의 관점에서 만들어 본 답은 식食, 색色, 주酒다. 인간의 가장 원초적 본능이 먹는 것과 생식이기 때문이고, 생존과 생식을 위한 본능 다음에, 또 하나의 절박한 본능인 유희를 염두에 둘 경우 술을 제쳐 둘 수 없기 때문이다. 그래서 꽤 긴 여정이 될 수밖에 없을 이 글의 들머리에서 우선 한국과 일본의 음식 문화부터 짚어 보기로 하겠다.

식탁의 brand-new 그리고 옌볜과 LA에서의 경험

한미 합작 회사에서 일하던 1980년대 초, 한국에 대한 은근한 야유를 더러 즐길 만큼 상당히 짓궂은 미국인 부사장과 함께 부산에 간 길이었고, 이름난 어느 한정식 식당에서였다. 상이 차려지는 모습을 유심히 살펴보고 있던 부사장이 내게 물었다. 이것들은 언제 퇴역(retire)하는가? 내가 눈동자에 테를 몇 개 만들어 보이자, 상대방은 질문을 바꿨다. 이 중에서 신품(brand-new)은 어떤 것인가?

나는 그쯤에서야 상대방의 뜻을 알아차리기는 했지만 선뜻 대답하지는 못했다. 음식을 두고 '퇴역'이니 '신품'이니 하는 표현을 쓰는 그를 향한 적절한 대꾸가 생각나지 않았다. 그는 다시 물었다. 우리가 이 식사 뒤에 지불하게 되는 돈이 얼만가? 나는 그것은 이내 대답했다. 그가 다시 입을 열었다. 이 접시가 모두 여든두 개다. 당신은 그 돈으로 이 여든두 개의 접시를 장만할 수 있다고 생각하는가? 그런 다음 와하하 하고 웃었다. 그리고 우리는 그 여든두 개 가운데 '신품'으로 보이는 김과 신선로, 굴비, 그 정도만으로 그 식사를 끝냈다.

한중 수교가 되기 전이었는데, 작가들 여럿이 백두산 가는 길에 옌볜에 들렀고, 어느 동포 가정에 초대되었다. 식탁에는 음식 접시들이 쌓이기 시작했다. 도저히 다 먹을 수 없는 형편이 되어 있는 데도 자꾸 나왔다. 식탁에 놓을 자리가 없으니까 접시를 포개 놓았다. 내가 민망한 마음에서, 그만 내오세요 하니까, 여느 때 절반밖에 준비하지 않았다 했고, 그렇게 하는 것이 그들의 '예의'이며, 손님상에 그렇게 나갔던 음식을 손님이 남기면 그것을 가족들이 먹거나 하지 않고 버린다 했다. 왜냐하면 손님이 남긴 음식을 먹는 것은 '예의'가 아니라 했다.

2003년 10월, 석 달 동안의 남미 여행을 끝내고 돌아오는 길에 며칠 머문 로스앤젤레스에서 오랜만에 한식 좀 먹어 보자 하여 한인 상가 지하에 있는 인터내셔널 푸드 코트(International Food Court)에 갔다. 아마 100개쯤은 될 듯한 식탁이 놓인 넓은 공간을 중심으로 그 주변에 수십 개의 음식점이 있었고, 손님들은 음식점에서 음식을 사서 그 식탁에 앉아 먹었는데, 10대 후반으로 보이는 히스패닉 젊은이 하나가 바퀴 달린 수레에 높이 1.5미터쯤 되는 하늘빛 플라스틱 통을 싣고 식당 안을 돌아다니며 남은 음식들을 처르륵 툭툭, 처르륵 툭툭, 그 통 안에 쏟아붓고 있었다. 배 속에 넣는 양보다 버리는 양이 훨씬 더 많았다.

그 사람이 수척한 히스패닉 젊은이여서였을까, 그 장면을 더 눈여겨보게 되었다. 끔찍하다는 나의 말에, 아내는, 저 젊은 애가 무슨 생각을 하고 있겠어 했다. 그런데 바로 그다음 장면에서 우리 부부도 음식을 남겨야 했다. 우리 음식은 잔반을 안 남기는 것이 쉽지 않다. 우리 부부의 체험 범위 안에서 한정하고 볼 때, 모로코의

베르베르족 전통 음식인 타진(tajine) 요리 정도를 제쳐 두고 보면, 구조적으로 잔반을 남길 수밖에 없는 음식 문화는 아마 우리 음식 경우뿐일 듯하다.

도쿄에서 일본과 한국, 양쪽 가정에 초대받았던 경우

1980년대 초, 일본 출장 중이었다. 일 때문에 들른 어느 정밀 기계 회사에서 그쪽 사람들과 이야기를 나누다 보니 일 이외의 화제까지 끼어들게 되었고, 그중에는 한국어와 일본어의 비슷한 점이 있었다. 자리를 함께한 그 회사 전무가 몹시 흥미 있어 하며, 괜찮으면 자기 집에 가서 저녁을 함께하면서 조금 더 이야기하지 않겠는가 하고 물었다.

초대가 뜻밖이었다. 그때 나의 직위는 부장이었고, 나이도 그 사람보다 스무 살쯤 어렸다. 우리 식 사고방식대로라면 그런 직위나 나이를 뛰어넘는다는 것은 쉬운 일이 아니었다. 그리고 나의 일본어는 한자 필담을 곁들여야 겨우 뜻을 전할 수 있는 정도였고, 그의 영어는 또 나의 일본어 수준 정도여서 서로 원활한 소통이 어려웠는데도 나의 이야기를 그렇게 경청해 준 것부터가 뜻밖이었다. 그런데 그보다 더 뜻밖이었던 것은 일본인들이 좀처럼 자기 집을 다른 사람에게 보여 주지 않는다는 소리를 들었기 때문이었다. 서울에서 여럿이 함께한 술자리 이후, 그날이 두 번째 만남이었으니까 친숙하다, 그렇게 표현할 수 있는 관계도 아니었다.

뜻밖이라는 느낌은 함께 퇴근하면서 또다시 경험하게 되었다. 종

업원이 700명쯤 되는 꽤 큰 회사 고위 임원인 그 사람이 전철로 출
퇴근한다는 것 때문이었다. 전철로 한 시간 반쯤 가서 내리니까 부
인이 기다리고 있었다. 승용차는 1500시시짜리쯤 될 소형이었고,
그의 집은 전철역에서 승용차로 20분쯤 거리에 있었다. 조붓한 정
원이 딸려 있는 그 집은 아래위층 더해 스무 평쯤이나 될 목조 고
옥이었다. 자녀 셋 중 둘은 키워 내보내고, 하나만 데리고 있다 했
는데 그때는 외출 중이었다. 집 안은 그야말로 빈틈없이 청결했다.
그날 내가 경험한 뜻밖의 장면은 식탁에서 이어졌다.

나는 내심 푸짐한 저녁을 기대했는데 그날 식탁에는 밥과 된장
국, 단무지, 김, 구운 쇠고기, 생선회, 새우튀김 정도였고, 김도, 쇠
고기구이도, 생선회도, 튀김도 그 수를 헤아릴 정도밖에 되지 않았
다. 반주도 곁들여졌는데 250시시쯤이나 될 유백색 자기 병에 담긴
일본 술 사케였고, 잔은 우리 소주잔보다 작은, 역시 같은 빛깔의
자기로 된 것이었다. 음식을 먹으며, 술을 마신다기보다는 입술을
적시며, 두어 시간 넘게 이야기를 하다 보니 배는 오히려 더 고파지
는 꼴이었지만, 후식으로 멜론 두 조각이 나온 것 외에는, 주인은
음식을 더 권하거나 하지 않았다.

자리가 끝난 뒤 그는 나를 전철역까지 태워 준 다음, 차에서 내
려, 일본인 특유의 깍듯한 인사로 나를 배웅했다. '섹스 애니멀' 외
에 일본인을 꼬집는 표현에는 '이코노믹 애니멀'이 있는데 그날 그의
친절은 '이코노믹'한 것도, '커머셜'한 것도 아닌, 한 인간의 다른 인
간에 대한 진솔한 호의였다. 내 느낌에는 그랬다. 그런데 그날 호텔

에 돌아왔을 때쯤에는 배가 고파, 자판기에서 샌드위치 하나를 사 먹은 다음에야 비로소 잠자리에 들 수 있었다.

바로 다음 날이었다. 서울에 본점을 둔 어느 은행 도쿄 사무소장의 저녁 초대를 받아 그 집에 가게 되었다. 아무리 한국인이라고는 하지만 일본에서 10년 넘게 살았으니 일본 풍습대로 또 고기 몇 쪽, 튀김 몇 쪽, 그런 식의 식탁이 되겠지 하고 생각했다. 그래서 전날의 실수를 되풀이하지 않기 위해 간식으로 미리 배를 조금 채워 두었다. 그가 차를 가지고 나를 태우러 왔다. 일본의 최고급 차 가운데 하나인 프레지던트였다. 일본인 전무의 작은 차가 생각났다. 일본에 있는 한국 회사 지점이나 지사 사람들이 대접받기 위해 고급 차를 즐겨 탄다는 이야기를 들은 적은 있었다. 카폰이 달려 있었다. 카폰이 귀하던 시절이었다. 그는 카폰으로 자기 집을 불러, 나와 함께 집을 향해 가고 있다는 것을 알렸다.

그의 집은 도심에서 그다지 멀지 않았다. 아파트였는데 우리 식으로 보자면 쉰 평쯤 될 듯했다. 우리가 들어가자 곧 거실 탁자에 술상이 차려졌다. 안주는 불고기였다. 야채 바구니도 곁들여졌다. 푸짐했다. 그것만으로도 나는 만복감을 느껴야 했는데 그다음에 이어진 식탁에는 그야말로 진수성찬이 차려져 있었다. 내 배는 이미 포화 상태였다. 더 먹을 수 없는데도 나를 위해 상을 차리느라 수고하신 그 부인의 정성을 생각해 먹는 체라도 하려다 보니 여간 고역이 아니었다. 결국 애써 장만한 음식의 대부분을 그대로 남겨야 했고, 그날 작별하는 장면에서 "차린 게 변변찮아서 죄송하다"

라는 그 부인의 사과를 들어야 했다.

공양 발원문

굳이 일본에 가지 않아도 우리 주변에서 어렵지 않게 경험할 수 있는 것이지만 일본 음식은 버릴 게 별로 없다. 우리 음식과 일본 음식 차이는 그뿐만이 아니다. 평균적인 일본인은 평균적인 한국인보다 음식을 더 천천히, 더 오래 씹는다. 씹는 횟수도 평균적으로 일본인 쪽이 더 많다. 천천히, 더 오래 씹을 경우 영양 흡수율이 높아져서 더 적은 음식으로 더 높은 영양을 흡수할 수 있고 더불어 장기의 부담도 줄일 수 있다. 시험해 보면 금세 알 수 있는데, 육식이든 채식이든, 음식 맛도 천천히 오래 씹는 쪽이 훨씬 더 좋다. 그것이 무엇 때문인지 확인해 본 적은 없지만 일본인은 한국인보다 더 적게 먹으면서도 더 건강하고, 더 오래 산다.

평균적 일본인의 겸손한 검소를 표상하는 일상적인 이 음식 문화는 우리 절의 음식 문화를 연상하게 한다. 절에 가면 음식을 천천히 오래 씹도록 한다. 죽비 소리가 울리는 분위기에서 와작와작 성급하게 씹어 삼킬 수도 없다. 그릇(발우)에 묻어 있는 곡기까지 물로 헹궈 배 속에 넣도록 하니까 물론 버리는 것이 없다. "한 방울의 물에도 천지의 은혜가 스미어 있고, 한 알의 곡식에도 만인의 노고가 담겨 있습니다. 마음의 온갖 욕심을 버리고 건강을 유지하는 약으로 알아 진리를 이루고자 이 음식을 받습니다"라는 공양 발원문 그대로, 공양을 통해 배우는 것은 감사와 겸손이다. '잘 먹겠습니다

(戴きます)'나 '잘 먹었습니다(ごちそうさまでした)'라는 식사 전후에 거의 빠짐없이 올리는 감사 인사부터, 음식에 대한 일본인의 평균적인 자세는 우리 절간의 공양 풍습과 비슷해 보인다.

비단 일본 사람들만이 아니다. 남은 음식을 싸 가지고 가는 '도기 백(doggie bag)' 문화가 일반화된 서양 사람들은 접시에 스테이크 즙 같은 것이라도 묻어 있으면 빵으로 그것을 싹싹 닦아 입에 넣고, 손가락까지 빨아 먹는다. 경제적·사회적 지체가 꽤 높은 서양 사람들과 식사를 함께한 적도 더러 있었는데, 음식에 대한 이런 태도는 예외가 없어 보였다. 어떨까. 음식에 대한 태도는 인간적 겸손의 출발점이나 기본이 아닐까? 그런 생각을 더러 해 본다.

막걸리와 사케

식색주食色酒 가운데 이번에는 주酒, 곧 술에 대한 이야기다. 문화에는 다름은 있어도 우열은 없다. 대충 이렇게 요약될 수 있을 문화 상대주의는 꼭 옳아 보이지 않는다. 우리 일상에서 경험할 수 있는 모든 면모에서, 물론 음식이나 예술을 포함하여, 분명한 우열이라고 느껴지는 차이가 있다. 그중에서 중요한 것 하나가 술이다. 모든 문화권마다 독특한 술이 있는데, 생존 필수품이 아니라 유희나 풍류, 곧 삶을 즐기는 수단이 되는 술 또는 음주 습관은 각 문화권의 특색을 아주 잘 드러내 주고 있어서, 한 문화권의 고유 술에는 그 문화권에 대한 많은 정보가 들어 있다. 그러므로 한국과 일본 문화의 다른 점을 우선 짚어 보는 이 초반 탐색에서 음식 이야기에 이어 술 이야기를 조금 해 보는 것도 우리의 주제 접근을 위해 도움이 될 것 같다.

같은 점과 다른 점

한국과 일본을 대표하는 술이라면 아마 막걸리와 사케가 될 것이다. 여러 자료를 두루 찾아보니, 막걸리와 사케는 꼭 같이 누룩과 곡물과 물을 원료로 한 발효주다. 그런데 그 시작이 어떤 것인지 알 수 없으나, 현재 우리가 경험할 수 있는 막걸리와 사케는 여러 가지 면에서 차이가 있어 보인다.

우선 원료부터 다르다. 막걸리는 쌀, 밀, 기장, 조 등 여러 가지 곡류를 사용하지만 사케는 쌀만 사용하는데, 그 쌀이 밥을 지어 먹는 일반미가 아니라, 일반미에 견줘 낱알이 더 굵고 더 여물며, 알코올 생성도를 높이기 위해 단백질과 지방질이 적도록 특수 재배한 주조호적미(酒造好適米, しゅぞうこうてきまい)다. 한자 뜻풀이대로라면 '술 빚기에 적당한 쌀'이 될 텐데, 우리 귀에는 그 이름조차 몹시 낯선 이 특수한 쌀은 그 정미율精米率을 엄격하게 따진다. 껍데기를 포함하여 쌀의 표면을 깎아 내고 남은 비율을 말하는 정미율은 사케의 맛을 내는 데 매우 중요한 요소로서, 어떤 쌀을 얼마만큼, 어떻게 정미하느냐에 따라 사케의 맛과 등급, 가격이 달라지기 때문이다.

그리고 막걸리는 제조자에 따른 제조 방법에 큰 차이가 없는 것 같지만 사케는 제조자에 따라 제조 방법이 달라지고, 그에 따라 사케의 질이나 격이 달라진다. 대개 시금털털한 맛 한 가지인 막걸리와는 달리, 사케는 그 맛도 제조 과정에서 단맛(あまくち)과 쌉쌀한 맛(からくち)으로 나뉘어 병에 표시된다. 또 알코올 도수도 막걸리는

대개 6~8도 정도인데, 사케는 20도 정도까지 나온다니까 재료나 양조 과정에 차이가 있는 것 같다. 막걸리는 오래 두면 산도酸度가 높아져 결국 초醋가 되지만, 사케는 제조 과정에서 섭씨 65도 정도로 가열, 살균하여 효소의 움직임을 멈추게 하기 때문에 시간이 지나도 향기만 더 숙성될 뿐, 산도가 높아지지 않는 것도 막걸리와 사케의 차이가 되겠다.

또 브랜드에서 사케는 2000여 종이나 되어 막걸리보다 그 종種이 훨씬 더 다양하고, 사케 브랜드 가운데는 수백 년씩 된 게 수두룩한 것도 막걸리의 경우와 견줄 수 있다. 사케가 막걸리와 다른 것은 또 있다. 계절에 따라 꽃놀이술(花見酒), 여름넘기기술(夏越の酒), 달맞이술(月見酒), 눈구경술(雪見酒) 등으로 불리는데, 이것은 술의 종류가 달라지는 게 아니라 마시는 때에 따른 풍류적 구분 같다.

값의 차이!

그런데 문외한인 내가 체감하는 막걸리와 사케의 가장 큰 차이는 값이다. 비단 막걸리만이 아니다. 한국의 대중적 술인 소주도 세계에서 가장 싼 것 같다. 원주 토지문화관에서 지난해 여름 두 달을 함께 보낸 싱가포르의 노작가는 막걸리든 소주든 한국 돈 1000~2000원 정도로 취할 수 있는 나라는 한국뿐이라고 했는데, 나의 경험 범위에서도 그런 것 같다. 유럽이나 남미 같은 포도주 원산지에서는 포도주 값이 싸구려 여행자도 주저 없이 사 마실 만큼 서울에 비해 형편없이 쌌지만, 단지 취하게 하는 알코올 효능만 따졌을 때는 소주나 막걸리보다 훨씬 더 비쌌다. 소주나 막걸리가 그토록 쌌기에 가난한 서민까지 즐기는 대중적 술이 될 수 있었을 것이다.

그러나 사케는 결코 싸지 않다. 얼마 전 외출에서 돌아온 딸애가 난데없이 사케 한 병을 내밀었다. 그때 내 눈에 먼저 띈 것은 술병에 붙어 있는 '일적입혼一滴入魂'이었다. 한자만으로 풀어 보자면, 술 한 방울에도 혼이 들어 있다는 뜻이 아닌가. 세상에 '一滴入魂'이라니? 세계에서 이런 발상이 가능한 것은 일본인뿐일 듯싶은데, 희한하다는 느낌이었다. 당장 마셔 보니, 오랜만에 마셔 보는 사케이기도 했기에, 마실 때와 목구멍을 타고 넘어갈 때와 그다음의 여운이 각각 구분될 만큼 그 향취가 독특했다. 그러려고 일부러 애쓴 게 아닌데도 조금씩 그 향취를 음미하며 마실 수밖에 없었다.

허구한 날 집에서 혼자 싸구려 소주나 마시던 나는 그 값이 궁금했다. 인터넷에서 찾아보았더니, 술집이 아니라 도매상 가격이 300밀리리터, 그러니까 우리 소주보다 60밀리리터가 작은 것 한 병에 5만 원이었다. 포도주가 그렇듯, 한국 시장의 사케도 원산지 가격의 몇 배 되지만, 그 가격이 놀라웠다. 방울(滴)당 가격을 매겨 보아야 할 듯했다. 만일 일식 주점이나 식당에 가서 마신다면 적어도 10만 원 이상 주어야 할 것 같았다.

그런데 그보다 네 곱절쯤 비싼 사케도 있었다. '오토코야마(男山)'라는 상표였다. 세계 주류 콩쿠르에서 32년 동안 금메달을 차지했다는 설명이 덧붙여져 있었다. 아마도 세계에서 가장 비싼 술 가운데 하나일 듯했다. 그러니까 그들은 술 한 방울에서도 '혼'을 생각하고, 그래서 세계에서 가장 비싼, 그런데도 상찬받으며 팔리는 술을 만들어 낸다.

기코망 간장

연상되는 게 있다. 기코망 간장인데, 외국 여행 중 현지 음식에 질릴 경우, 우리 부부가 주방이 딸린 숙소를 구해 뭐든 입에 맞는 음식을 장만해 먹을 때 우선 찾게 되는 게 기코망 간장이다. 체코의 프라하나 칠레의 사막 마을 산페드로에서도 살 수 있었으니까 세계 모든 곳에 나가 있는 듯한데, 다른 조미료 없이 그거 하나면 대강 맛을 낼 수 있었다. 지금 이 글을 쓰면서 검색해 보니까 2008년 기준 전 세계적으로 41억 7000만 달러어치를 팔았다고 나온다. 단지 남다른 맛을 내는 간장 하나로 올린 매상이다. 그런 간장이나 술을 기어코 만들어 내는 장인 정신 쪽에서 간장과 술은 그 뿌리가 같아 보인다.

다시 술 이야기로 돌아와, 가까이 있는 슈퍼마켓과 인터넷을 통해 알아보니, 가장 싼 국순당 막걸리가 1100원, 가장 비싼 부안 복분자 막걸리가 1450원인데, 사케는 '30% 할인'인데도 가장 싼 게 1만 2000원, 가장 비싼 것은 23만 원까지 표시되어 있다. 300밀리리터부터 720밀리리터까지 용기 크기에 따라 다른데, 양이 막걸리보다 적은 셈이니까 가격 차이는 더 큰 게 되겠다. 이 대목을 끝내기 전에 사케를 즐기는 이들을 위해 이런 기사 하나 인용해 두겠다. 인용문 중에 '허영심'이라는 표현이 있는데, 그것은 이 책에서 논의하게 될

‘자격지심’과 관련이 있다. 이따 그 대목을 읽을 때, 이 대목의 ‘허영심’을 함께 회상해 보면 이 책의 주제 접근에 도움이 될 것이다.

요즘 인기 많은 일본 전통주, 사케 이야기입니다. 그중에서도 가장 널리 보급된 ‘구보타 센주’인데요. 국내 술 전문 매장에서는 4만 원에서 6만 원대에 팔리는데 일본식 선술집에 가면 10만 원으로 껑충 띕니다. 그런데 일본 현지 가격은 1500엔, 우리 돈으로 1만 6000원 정도입니다. 고급술일수록 일본 현지와의 가격 차는 더 벌어집니다. 센주보다 쌀알을 더 많이 깎아서 50% 정도로 도정해 만드는 ‘구보타 만주’는 고급 일식집에서 40만 원에도 팔리는데 현지 가격은 10분의 1인 4만 원에 불과합니다. 우리의 이상한 허영심과 수입업체의 독과점이 사케를 이렇게 비싸게 만든 이유라고 합니다. 대한민국은 미국에 이어 사케 수입국 2위로 뛰어올랐습니다. 일본에서는 다 죽어 가던 시골 사케 공장이 한국 때문에 다시 돌아간다는 말까지 나오고 있습니다.　　　　　　　　　　　　　　　－ TV조선 2014년 2월 26일

한국 욕과 일본 욕

욕은 약도 되고 병도 된다. 욕은 조미료도 되지만 독약도 된다. 약이 되고 조미료도 되는 욕은 좋지만 병이 되고 독약이 되는 욕은 나쁘다. 우리 욕은 어떨까? 그리고 욕의 품질이나 구조는 그 나라 문화나 국민성과 어떤 관련이 있을까? 이런 궁금증을 생각하면서, 우선 욕의 기능에 대해 살펴보기로 한다.

욕의 기능

욕의 첫째 기능은 카타르시스다. 스트레스는 만병의 근원인데, 스트레스 때문에 시달리는 사람은 많다. 카타르시스란 바로 그 스트레스 해독제인데, 욕이 해독 기능을 한다. 욕쟁이 할머니 이야기는 아주 유명하다. 하도 유명하다 보니 대통령 선거에까지 이용되어, 이른바 '대박'을 터뜨리기도 했다. 그런데 욕쟁이 할머니는 하나

가 아니다. 대통령이 다녀갔다 하여 특별히 더 유명해진 욕쟁이 할
머니도 있지만, 욕쟁이 할머니는 전국 도처에 있다. 그 할머니에 대
한 일화들의 공통점은 '유쾌하다'이다. 욕을 바가지로 뒤집어쓰면서
도 뱃살을 거머쥐고 웃는다. 그리고 또 그 집을 찾는다.

군이 욕쟁이 할머니가 아니라 할지라도 일상생활에서 가까운 사
람들 사이의 대화에 적절한 욕은 대화의 촉진제가 되고 스트레스
해소제가 된다. 이런 기능의 욕은 조미료이고, 격조 높고 운치 그윽
한 해학이다. 실용적 교양이라 할 수도 있다. 인간적 여유를 나타내
는 잣대 같은 것으로 볼 수도 있다. 조금 상스러운들 어떠랴. 나쁠
게 없다.

욕의 둘째 기능은 상대방에 대한 도발이다. 욕으로써 상대방의
결기를 돋운다. 상대방의 약점을 파고들고, 인격이니 자존심이니
하는 것을 긁고 할퀴고 꼬집고 쑤시고 짓이기는 것은 이런 목적을
가진 욕의 전략적 포인트다. 결기를 돋우어 속을 뒤집히게 하고 평
생 잊지 못할 상처를 주는 것이 궁극의 목적일 수도 있지만, 육탄
공격의 전초전일 수도 있다. 이 경우, 욕은 상대방의 가슴에 못을
박는다. 칼에 베인 상처는 아물지만 말에 베인 상처는 쉽사리 잊히
지 않는다. 말(욕설)은 그만큼 무섭다.

욕은 물론 상대방에 따라, 분위기에 따라, 저의에 따라 그 의미
와 빛깔이 달라진다. 상대에 따라서는 최악의 쌍말이 최선의 정담
情談이 될 수 있다. 그 욕이 지독할수록 더 은밀한 정담이 될 수 있
기에 욕의 구조와 기능은 더 복잡해진다.

욕의 비교 연구

인터넷 검색창에 '일본 욕'을 써 넣고 엔터를 쳐서 한참 뒤적거리
다 보니까 「한국 욕설의 우수성에 대한 논고」가 있다. 재미있다. 첫
문단만 인용해 보기로 한다.

한국 욕설의 우수성은 널리 알려져 있지요. 미국의 'National
Curse'라 할 수 있는 'Fuck'이 기껏해야 'Fuck you', 'Fucker', 'Mother
fucker' 정도로밖에 변주되지 못하고, 일본은 아예 욕이 거의 없다시
피 하여, 그나마 심한 욕이라는 '바카(馬鹿)'나 '바카야로(馬鹿野郎)'는
어이없게도 '말과 사슴을 구별하지 못하는 바보 녀석'이라는 뜻을 가
지고 있을 정도니까요. 반면 우리의 욕설은 발음과 강세, 고저장단
의 자유로운 조절, 수식어와의 무궁무진한 결합을 통해 창조적이고
다양하며 개성적인 욕 구사가 가능하지요. 비유하자면 일본 욕은 단
선율 피리, 미국 욕은 소규모 록 밴드라면, 한국 욕은 관현악단에
국악기까지 가세한 대규모 크로스오버 오케스트라라 해도 지나치지
않을 것입니다.

이런 문장을 만든 분은 틀림없이 세상을 재미있게 살아가고 있
을 것 같다. 그런데 일본 욕도 사실은 꽤 다양하다. 그러나 들으면
서 상스럽다, 민망스럽다, 잔인하다, 그런 느낌의 욕은 없다.

구소(똥), 보케(노망), 마누케(멍청이), 기치가이(미치광이), 바카(바보),
바카야로(바보), 구소타레(똥싸개), 가스(찌꺼기), 고미(쓰레기), 칙쇼(짐

승), 오탄친(얼간이), 오카치멘코(못난 여자), 우소스키(거짓말쟁이) 등인데, 우리 욕에 길들여진 입장에서는 오히려 싱겁다.

그러니까 일본 욕의 평균치는 '바보'나 '멍청이' 정도가 될 것 같다. 이거야말로 욕 같지도 않다. 악기로 치자면 피리 수준이라고나 할까? 이것들에 견준다면 한국 욕은 '대규모 크로스오버 오케스트라' 같다. 그것을 '우수하다'고 이야기할 수 있을는지는 모르겠지만 말이다. 가장 흔한 'ㅈ'이나 'ㅆ' 항렬부터 시작하는 게 순서이겠기에 적어 보니까 각각 열댓 개까지 적게 되었는데, 그렇게 적어 놓고 보니까 독자들이 읽게 하는 것은 몹시 민망할 것 같다. 이 대목은 욕 공부를 하기 위한 게 아니고, 굳이 적지 않아도 대강 짐작하실 듯하고, 그것을 제쳐 둔 채 다음 항목만 적어도 나의 이 대목 이야기를 해 나가는 데는 아무런 지장도 없을 것이기에 'ㅈ'이나 'ㅆ' 항렬 욕은 일단 지우기로 한다.

후레아들, 양공주 가랑이서 빠져나온 눔, 팔푼이, 칠뜨기, 종간나 새끼, 쌍놈, 되놈, 애비 없는 호래자식, 까막눈, 무식한 인간, 학교 문전에도 못 가 본 년, 가랑이를 찢어 죽일 년, 오살五殺할 놈, 육시戮屍할 년, 사지를 찢어 죽일 놈, 간을 빼 씹어 먹어도 시원찮은 년, 빌어 처먹을 놈, 지 서방 등골 빼 처먹을 년, 오뉴월에 염병 앓다 땀도 못 흘리고 뒈질 놈, 병신 육갑 떠네, 쓸개 빠진 놈, 뼈를 갈아 마셔도 시원찮은 년, 똥물에 튀겨 죽일 년, 벼락 맞아 죽을 놈, 급살할 인간, 회칼로 포 뜰 놈…….

한이 없다. 그만 멈추기로 한다. 왜냐하면 이 글의 목적이 욕 공부는 아니니까. 내가 어린 시절에 들었던 우리 욕들은 이토록 다양하지도, 지독하지도 않았던 것 같다. 축구畜狗 같은 놈, 맨잭이, 숙맥, 소 같은 년, 병신…… 이를테면 이런 것들이었다. 집에서 기르는 개라는 뜻이 될 '축구' 같은 것은 엉뚱한 문자 쓰기 같아 재미있어 보이기까지 한다. 그런데 날이 갈수록 차츰 더 상스러워지고 차츰 더 잔인해지고 차츰 더 감정적이 되어 가고 있는 듯하고, 미국이나 일본에 견줘서만 아니라 우리 욕은 아마도 세계 최강, 최악일 것 같다. 언어가 의식과 관습의 총화라면 욕은 그 의식, 그 관습의 고갱이 같은 것이라 해 볼 수 있을 듯하다.

만날 때도, 놀 때도, 헤어질 때도, 욕 욕 욕.

– 동아일보 2014년 1월 7일

미래 세대의 담당자인 10대들 이야기인데 현실의 체온계라 하는 인터넷 댓글은 온통 욕설 바다다. 이른바 '악플'. 잔혹하고 비열하다. 익명 뒤에 숨은 그 욕설은 사람을 여럿 죽이기까지 했다.

한국 선수가 뛰고 있는 미국 프로 야구 홈페이지 게시판에 올라 있는 한글은 대개 우리 선수를 '홀대'하는 감독이나 심판에 대한 저주 투 욕설이다. 2014년 2월에 열린 소치 동계 올림픽에서 한국 선수와 경쟁한 영국 선수 엘리스 크리스티의 페이스북을 찾아가 한국어로, 또는 서툰 영어로 마구잡이 욕설을 퍼부은 사실이 보도된 기사를 보며 소름이 돋았다. 이 대목을 쓰기 위해 검색해 본 외국의 포털은 일본과 영어권의 몇 나라뿐이지만, 악플이 사람을 죽인 나라는 우리 외에는 없는 듯했다. 아무래도 그냥 지나칠 현상은 아닌 것 같다.

외국인에 대한 호칭도 그렇다. 일본어에서는 '양놈', '되놈' 식의 멸칭이 없다. 우리에게 멸칭으로 들리는 '조센징'은 '조선인朝鮮人'의 일본식 발음이다. 그런데 우리 경우 외국인은 모두 '놈'이 된다. 그러고 보니 외국인만이 아니다. 다른 지방 사람들은 모두 '놈' 아니면 '것', 그런 식이다. '서울 놈', '경상도 놈', '아랫마을 놈들', '섬 것들', '전라도 것들', '촌것들', '대처 것들'…….

"일본어처럼 모욕어侮辱語가 적은 언어는 없다." (『축소 지향의 일본인 그 이후』, 기린원, 1994) '모욕어'를 이 대목의 '욕'으로 이해해도 될 듯하다. 이어령 선생이 이렇게 말씀할 때는 상당한 근거가 있으리라 짐작되는데, 김용운 선생의 증언은 조금 다르다. "흥미 있는 것은 일본에는 욕지거리가 없다는 사실이다. 기껏해야 '바카'나 '마누케'가 고작이다. ……그러나 세계 어느 나라 말이든 그것이 없는 게 이상할 정도로 욕어, 저어咀語가 있는 게 당연하다. 영어, 중국어, 스페인어 등 잠시만 생각해도 그 종류는 대단히 많다." (『일본인과 한국인의 의식 구조』, 한길사, 1985)

내가 냄새나마 맡아 본 언어 가운데 하나인 영어 쪽에서 보자면, 가장 많이 쓰이는 욕은 'SOB(Son of Bitch)'나 '예수 그리스도(Jesus Christ)' 정도이고, 그보다 조금 더 저급한 것으로는 'Fuck' 계열이 몇 있다. 'Mother fucker' 정도를 제쳐 두고 보기로 하자면 잔혹하게, 민망하게 들리는 경우는 거의 없다. 인구印歐어계는 비슷한 면이 많은 것으로 알고 있으니까 영어에 준하여 이해해도 괜찮을 듯하다. 이 예로 보아 이 대목 증언의 경우, 나는 김용운 선생보다는 이어령 선생 쪽을 지지할 수밖에 없을 듯싶은데, 그러고 보면 우리말은 세계에서 '모욕어'가 가장 풍부한 언어가 될 것 같다. 적었다가 지운 것까지 포함할 경우, 일흔 가지가 넘는 우리 욕들은 그 하나하나가 민망하다 못해 섬뜩한 경우도 드물지 않기 때문이다. 그리고 날마다 새로운 욕이 생산되고 있다.

욕과 경어

언어는 한 개인이나 한 문화권의 총체적 반영이고, 욕도 언어다. 욕의 '급수' 높낮이와 일상 의식은 어떤 상관관계가 있을 듯하다. 그리고 이런 것은 또 어떨까? 들은 이야기대로라면 우리말의 경어 체계가 가장 복잡하고 가장 까다롭다. 이것은 우리 욕의 '급수'와 어떤 상관관계가 있지 않을까? 그리고 또 우리를 끊임없이 신물 나게 하고 있는 정치판이 예가 되겠는데, 우리 언어에서는 지독한 욕설에 가까운 면박 조와 막말 조가 흔하다. 그것들은 가격可擊 효과 면에서 일상의 욕보다 더 지독하고 더 강력하다. 대화는커녕 공존마저 아예 불가능하게 하는 이런 말투도 우리 욕의 '급수'와 어떤 상관관계가 있을 법하지 않은가?

한국인의 짜증과 일본인의 웃음

우리 부부는 지금까지 마흔 나라 정도를 함께 돌아다녔다. 짧게
는 사흘쯤(우루과이), 길게는 석 달쯤(인도). 그런데 중국, 인도, 방
글라데시, 파키스탄, 캄보디아, 베트남, 태국 등 아시아 여러 나라
의 숙박업소 사람들로부터 따뜻하고 정겨운, 이른바 인간미 같은
것을 느껴 본 적은 드물다. 유럽 여행 때도 아시아 여러 나라에서처
럼 자기 집을 찾아온 손님한테 한 푼이라도 더 알겨내려는 듯한 각
박함은 없었으나 사무적 인상 이상의 느낌은 쉽지 않았다. 반면에
남미 여러 나라에서는 따뜻한 정겨움을 느끼지 못했던 경우가 거
의 없다. 그것이 그들이 사용하고 있는 언어의 영향 같아, 나는 그
들의 언어인 스페인어를 좀 배워 볼 마음을 먹어 보게까지 되었다.

그러니까 그 나라 사람들의 평균적 표정으로 경제적·문화적 선
진국과 후진국을 나누는 것은 무리라고 생각하지만 그래도 "후진

국 사람들은 선진국 사람들에 견줘 그 일상적 표정이 딱딱한 것 같다. 그런 면에서 볼 때 우리나라는 후진국에 속한다"라는 이야기는 해 볼 수 있을 듯하다. 이제 이만큼이나마 먹고살게 되었으면 마음에 여유를 가지고, 그 여유를 표정에 떠올려 볼 법도 하건만, 아직도 전쟁 시절이나 보릿고개 시절 표정을 그대로 그 얼굴에 드리우고 있다. 두루 알려져 있는 것처럼 평균적인 일본인은 친절하다. 불친절한 문화에 길들여진 눈에는 그 친절이 더욱더 두드러져 보일 수밖에 없다.

한번은 일본에서 기차를 타고 가다 안내 방송을 가만히 들어 보니까, 열차가 곧 어느 역에 도착한다 할 때, '곧'이 내 귀에 익은 '스구(すぐ)'가 아니라 '마모나쿠(まもなく)'였다. 그래서 옆자리 사람에게 그것을 물었을 때, 나를 향한 것은 그 사람만이 아니었다. 통로 맞은편부터 앞뒤 좌석까지, 주변에 있던 승객들이 일제히 몸을 일으켜 나를 향했고, 그들은 나에게 '스구(すぐ, 곧, 당장)'와 '마모나쿠(まもなく, 곧, 머지않아)'의 미묘한 차이를 설명하기 위해 다투듯이 열심이었다. 그런 경험 덕분에, 도보 여행가라는 새로운 직종을 개발해 낸 김남희 씨 글에서 이런 대목을 읽었을 때, 이내 그 정경을 상상해 볼 수 있었다.

시코쿠 도보 여행 중, 필요 없는 물건을 보내기 위해 우체국에 도착하니 청소 중이던 직원들이 반갑게 맞는다. 그런데 소포를 보내고 난 뒤 이 우체국이 문을 연 이래 가장 심각한 사태가 벌어졌다. 우체국 안의 현금 자동 지급기(ATM)가 내 카드를 거부했기 때문이다. 전 직원(4명)이 기계로 몰려가 카드를 넣고 빼기를 수십 번, 머리를 맞대는 비상 회의가 이어진다. 곧 여러 곳과의 전화 통화 끝에 영어를 하는 은행 직원을 연결해 주지만 그녀라고 해답을 내놓지는 못한다. 별수 없이 짐을 챙겨 일어서는데 직원들이 한없이 걱정스러운 눈빛으로 묻는다. "오늘 어디서 머무를지 결정했어요?" "아뇨, 하지만 17번 절 근처까지 가려구요." 지도를 펴 든 그들, 절 주변 10km 내의 모든 은행의 이름과 위치를 꼼꼼히 짚어 준다. 직원들의 환송을 받으며 우체국을 떠난다. 동짜몽을 빼다 박은 우체국장님과 이곳 직원들에게 '지구에서 가장 친절한 우체국' 1등상을 드리며.

– 한겨레신문 2009년 1월 7일

'지구에서 가장 친절한 우체국'은 김남희 씨가 일본 경험이 많지 않기 때문일 듯하다. 일본을 여행하다 보면 일본 도처에서 이토록 '당혹스러운' 친절을 무시로 경험할 수밖에 없기 때문이다. 그러나 예외가 있다. 이를테면 당신이 남자이고, 그리고 한국 술집 여자 종업원에게 하듯이 일본 술집에서 무례하게 행동한다면, 당신은 친절한 얼굴 대신 일본 가면극에서 사용하는 노멘(能面)처럼 무표정하게 하얀 얼굴을 맞닥뜨리게 될 수밖에 없을 것이다. 그러니까 일본인은 그럴 만한 사람들에게만 친절하다. 일본 술집 여자들이 어떤 대접을 받고 있는지는, 뒤에서 쓰게 될 것 같다.

서울은 왜 피곤한 도시인가

오래전이었는데, 참 괜찮은 칼럼니스트 중 한 분이라 생각하고 있는 한국일보의 장명수 당시 기자는 '서울은 왜 피곤한 도시인가'라는 제목 아래 이런 글을 적어 독자들로 하여금 읽게 했다. 내가 다른 책을 쓰면서도 인용한 적이 있는데, 여기에 한 번 더 옮겨 적는다. "신경질은 어느덧 서울 사람들의 제2의 천성이 된 듯하다. 걷다가 또는 차를 운전하다가 누군가와 부딪쳐도 미안하다는 사과 대신 신경질부터 내고, 잘못 걸려온 전화는 으레 신경질로 끊어 버리고, 서비스 직종조차 누가 두 번만 질문하면 신경질을 부리고……." '신경질'이라는 낱말이 어림쳐 헤아려 쉰 번쯤은 나오는 이 글에는 이런 대목이 있다. "일본에서는 온 국민이 웃으며 일하고 있는데 우리는 왜 온 국민이 화를 내며 일할까?"

정말 그렇다. 우리는 웃고 있다가도 누군가가 다가오면 방어적이 되어 표정이 굳어지기 일쑤지만 일본인은 무표정하다가도 누군가가 다가오면 반기는 웃음부터 상큼하게 지어 보인다. 티를 잡으려는 사람들은 일본인의 그런 '버릇'을 남에게 맞아 죽지 않기 위한 필사적 기교라 한다. 사실 그런 '버릇'의 근원으로 거슬러 올라가 보자면 그런 상상을 부정할 수 없는 역사적 내력이 있기는 하지만, 오늘 현재 그들의 친절을 그런 쪽에서 보려는 것은 도무지 얼토당토않아 보인다. 그렇다면 한국인의 불친절한 '버릇'은 무엇 때문이라 하겠는가.

설령 그들의 친절 '버릇'이 생명에 대한 위협 때문이라 할지라도 짜증보다는 웃음을, 불친절보다는 친절을 선택하고 싶다. 친절은 명색이 인간으로서의 품격이나 가치이기 때문이다. 세계 여러 나라 문화권을 두루 겪어 보면 느끼지 않을 수 없을 듯한데, 불친절은 분명 후진국적 현상이며, 야만이다. 한국에서 20년 넘게 살아온 이케하라 마모루(池原衛)가 쓴 『맞아 죽을 각오를 하고 쓴 한국, 한국인 비판』(중앙M&B, 1999)에 이런 대목이 있다.

한국에서 몇 손가락 안에 꼽히는 대형 백화점을 경영하는 친구가 어느 날 나에게 이런 하소연을 늘어놓았다. "이케하라 상, 일본에서는 어느 백화점에 가나 엘리베이터 걸이 상냥하게 웃는 얼굴로 인사하는데, 우리 아가씨들은 아무리 말을 해도 되지 않아요. 언제 하루만 시간 내서 우리 아가씨들 교육 좀 시켜 주세요."

나는 껄껄 웃으며 이렇게 대답했다.

"그건 하루 이틀 교육시킨다고 될 일이 아닙니다. 아가씨들한테 진심에서 우러나오는 미소를 가르치고 싶으면 어머니 배 속으로 다시 들어갔다 나오라고 하세요."

서울에 살고 있는 어느 젊은 영국 여자가 말했다. "한국에서 조심하려는 것들 가운데 하나는 낯선 사람을 향해 미소를 보이지 않으려는 것입니다. 왜냐하면 그것이 나를 와전하거나, 아니면 상대방의 심기를 괜히 건드리는 게 되기 때문입니다." '와전'이라는 것은 자기를 창녀로 오인하게 한다는 거였다. 그 여자는 '얼마야?'라는 공격적인 질문을 여러 차례 받은 다음부터 서울 사람들처럼 무표정하기로 했다. 형편은 한국 여자도 마찬가지 같다. 낯선 사람이 아니라 더러 얼굴을 스치게 되는 사람에게 여자가 미소를 보일 경우, 창녀 까지는 아니라 할지라도 그 미소가 추파로, 그래서 자신을 헤픈 여 자로 오인시킬 가능성은 크다고 했다.

우리는 기차 좌석이나 엘리베이터 같은 좁은 공간에서 함께 있게 되어도 일쑤 못 본 체한다. 그 어색함 때문에 피차 불편을 느끼면서도 그렇다. 3년만 살고 시골로 떠나자는 굳은 언약을 나누면서, 우리 부부가 지금 아파트로 이사 온 지 어느덧 만 13년이 지났는데, 같은 엘리베이터를 쓰는 24가구 주민들 가운데 엘리베이터 안에서 만나면 목례라도 나누게 되는 이웃은 두엇밖에 되지 않는다. 다른 무엇보다도 어색한 순간에 대한 불편 때문에 노력했지만, 나의 노력이 호응되는 경우는 쉽지 않았다. 그래서 상대방을 불편하게 하기보다는 어색함을 견뎌 내는 게 온당한 것 같다는 판단에서 나도 얼굴에 무표정을 드리우다 보니 그렇게 되었다.

어느 날, 택배 기사가 인터폰을 통해 '택배'라고 하면서 문을 열어 놓아 달라 했다. 얼마나 바쁘면 그럴까 하는 마음에서 그다음부터는 택배 인터폰이 울리면 문을 열고 나가, 엘리베이터 앞에서 기다리고 있다가 택배를 받고 있는데, 감사합니다, 라는 나의 인사에 답례하는 사람은 드물다.

외국인들이 우리나라에 와서 당혹스러워하는 것들 가운데 하나가 '모두 화내고 있는 것 같다'와 '이야기를 할 때 보면 싸우고 있는 것 같다'이다. 일본에 특히 처음 간 한국인이라면 일본인의 친절을

'과도'하고 '거북'하게 느끼는 경우가 있다. 당연하다. 왜냐하면 불친절에 익숙해 있기 때문이다. 그 친절의 저의를 수상쩍어 하기도 한다. 그것도 당연하다. 친절에는 어떤 흑심이 깔려 있는 풍습에 젖어 있기 때문이고, 조금 더 고급하게는 '혼네(本音)와 다테마에(建て前)'니 하는, 그러니까 일본인은 겉 다르고 속 다르다는 편리한 설명을 들어, 기억에 저장해 두고 있기 때문이다.

웃음은 여유의, 짜증은 옹색함의 표현이다. 웃는 얼굴은 잘나 보이고 짜증 내는 얼굴은 못나 보인다. 애써 못나 보일 이유는 없다. 게다가 웃음은 만병통치약이라고 하지 않던가.

아줌마와 오바상

일본어 '오바상'은 쓰임새나 울림으로 보아 아줌마와 꼭 같아 보이지는 않지만 비슷해 보이기는 한다. 일본의 기혼 여자들이 '오바상'이라 불리는 것을 그다지 좋아하지 않는다는 것부터 그렇다. 그러므로 이 대목에서는 편의상 우리의 '아줌마'와 일본의 '오바상'을 비슷한 부류로 치는 것으로 하고 이야기를 해 보겠다.

여행지에서 만난 아줌마들

2003년 2월. 인도 아우랑가바드에 있는 아잔타에서였다. 기원전 1세기부터 기원후 7세기에 걸쳐 조각된 석굴과 그 석굴의 벽화로 유명한 그곳에서 나는 70미터쯤 떨어져 있는 황인종 여자들 무리를 잠깐 살펴본 다음, 아내에게 말했다.

"우리나라 아줌마들 같다."

"어떻게 알아?"

"두고 봐."

조금 뒤, 나는 나의 짐작이 맞았다는 것을 확인했다.

2011년 10월, 스페인 그라나다에 있는 알람브라 궁전에서도 같은 경험을 했다. 1일 입장객 제한 때문에 동이 채 트기 전부터 매표소에서 줄을 서 있어야 했는데, 50미터쯤 떨어진 곳에 한 무리의 황인종 여자들이 나타났다. 첫 장면에서 나는, 한국 아줌마들이다 했다. 그때부터 한 시간쯤 뒤, 우리는 그 아줌마들이 카를로스 5세 궁전에서 탭 댄스까지 추며 우렁우렁 떠들고 박장대소를 되풀이하는 장면을 만나야 했다. 나는 민망한 마음에 그들을 향해 등을 돌리고 있었는데, 아내는 그들과 대화했다. 단체로 7박 8일 여행 중이라는 것. 해외여행 중 동포를 만나면, 집이 아닌 밝은 거리에서 피붙이를 만난 것처럼 애틋한 연민을 느끼게 된다. 그 아줌마들을 보면서도 그랬다. 어찌하여 최소한의 공민 의식도 터득하지 못한 생애를 살게 된 것일까?

일본 체재 7년 차로 박사 과정에 있는 한국 유학생 하나가, 거리에서 만난 한국인을 대뜸 인지할 수 있는 방법으로 이런 이야기를 했다. "일본에 처음 오는 한국인들은 목소리가 좀 크고, 옷이 튀게 보이며, 행동을 크게 하고, 표정 변화가 너무 빠르다. 이에 반해 일본인들은 목소리를 작게 하며, 옆 사람과 소곤소곤 대화하고, 옷을 튀지 않게 입고, 행동반경을 좁게 하며, 표정 변화를 쉽게 하지 않는다. 그래서 피부색이나 생김이 비슷한데도 일본인과 한국인을 구분하는 것은 어렵지 않다.” 나도 이 경험담에 공감한다. 그러니까 비단 아줌마와 오바상의 비교만은 아니지만 아줌마와 오바상의 경우에서 그런 차이가 더 두드러지는 것 같다.

아줌마와 오바상 구별하기!

여행지에서 아줌마와 오바상을 구분하는 것은 그리 어렵지 않다. 흔히 일본인 여행객들을 이끌고 있는 깃발 같은 것 때문만은 아니다. 가까이에서라면 물론 아줌마들의 사정없는 떠들썩함 때문이지만 조금 멀리 떨어져 있을 경우에도 그들의 대열을 보면 분간이 된다. 오바상들은 자리 잡고 있는 터가 좁고 그들의 눈길은 어느 한 곳(안내자)을 향해 있어 비교적 질서 정연한 데 비해, 아줌마들은 터를 널찍하게 잡고 그 시선은 제각각이어서 대충 무질서하다.

조금 가까이 다가가 보면, 아줌마들은 오바상에 견줘 화장이 짙고 특히 입술연지와 눈언저리 화장에서 차이가 크다. 또한 옷이 화려하며, 오바상들은 입매나 눈매를 오므리고 있는 데 견줘 아줌마들 입술이나 눈은 넓게 퍼져 있고, 아줌마들 목소리는 우렁우렁한 데 견줘 오바상들은 언제나 소곤소곤하는 것 같아 보인다. 호텔에서 아줌마들이 들어 있는 층은 떠들썩하고 오바상들이 들어 있는 층은 적막한 느낌이 들 만큼 조용하다. 공항 대합실 같은 곳에서 앉은 자세로도 그다지 어렵지 않게 분별이 되는데 아줌마들은 넓게 앉고 오바상들은 몸을 한껏 오므리고 앉는다.

리우데자네이루의 명물인 팡 지 아수카르(Pão de Açúcar)는 럭비공 모양으로 396미터나 느닷없이 우뚝하게 솟아올라 있어 케이블카를 타고 올라가야 했는데, 우뚝한 그 바위 위에서는 공교롭게도 아줌마와 오바상들을 한꺼번에 보게 되었다. 그들의 대비는 이 대목에 묘사해 놓은 꼭 그대로였다. 그 바위 위에서 내려다보는 리우데자네이루 바다 풍경은 정말 별천지처럼 아름다웠는데, 나는 아내에게 그만 내려가자, 하고 말해야 했다.

일상생활권에서 조금 더 살펴보자면

자녀들의 '학교 성적'보다 '남에게 끼치는 폐'에 관심이 더 많은 오바상은 자녀들이 다른 아이들과 싸우고 들어오면 상대방 아이 집을 찾아가 사죄하고, 누군가가 자기 자녀를 나무라면 그 사람에게 사죄의 뜻과 감사의 뜻을 함께 표한다. 앞 문장 뒷부분은 설명이 필요해 보인다.

서울 대치동, 내가 25년째 다니고 있는 어느 치과에서였다. 내 옆자리서 열 살쯤 된 여자아이가 엉덩이가 아니라 등으로 길게 앉아 오락을 하고 있었다. "바르게 앉아야지." 나의 말에 아이는 그 자세 그대로 길게 앉은 채 "이게 편해요" 했다. 나는 나도 모르는 사이에 좀 더 엄격한 목소리가 되었다. "바르게 앉아야 해." 그때였다. 맞은편에 앉아 있던 30대 후반으로 보이는 여자가 팽 소리가 나게 다가와 아이의 손을 홱 낚아채 끌고 밖으로 나갔다. 나는 일본에서 치과에 가 본 적은 없지만 오바상의 이런 경우를 상상하기는 어렵다.

오바상들은 자신의 어린 자녀들에게 '시쓰케'를 쉴 새 없이 강조

한다. '시쓰케(躾)'는 사전에 "예의범절을 가르친다"라고 나오지만, 실제 뜻은 훨씬 더 광범위하여 일상의 버릇 같은 것까지 포함한다. 이런 강조는 '한 사람 몫의 독립된 인간이 되어야 한다'는 뜻인 '이치닌마에노닌겐(一人前の人間)'으로 이어져, 자녀가 남한테 의지하지 않고 독립된 인간으로 설 수 있도록 줄기차게 독려하여, 자녀들이 중·고등학생쯤 되면 자립 체제로 유도하고 대학에 들어간 다음이면 아예 손을 떼고, 학교를 끝낸 뒤에도 집에 남아 있으면 나중에 유산으로 도로 돌려주게 된다 할지라도 밥값은 물론 방세까지 받는다. 왜냐하면 독립된 인간으로 대접하지 않으면 독립된 인간이 될 수 없기 때문이다.

반면에 한국 아줌마들은 '헬리콥터족'이 되어 자기 자식을 '캥거루족'으로 키워서, 심지어는 다 큰 아들이 징병 신체검사를 하거나 입대할 때 그 현장까지 따라가고, 결혼 뒤까지 하나하나 보살펴 주지 않으면 안 되는 것으로 생각한다. 이런 과보호는 시간이 조금 더 지난 뒤에는 전통적인 고부 갈등으로 이어진다. 이 세상에 자업자득 아닌 게 없는데, 고부 갈등도 결국은 그런 것 가운데 하나다. 자기 가정까지 가진 아들을 왜 그토록 간섭하는가? 여러 연구에서 밝혀지고 있지만, 다른 나라 아이들에 견줘 우리 아이들의 자립심은 형편없이 낮다. 왜 이렇게 되었을까? 관점에 따라 답은 여러 가지가 될 텐데, 자기 자식을 정서적 불구로 만들고야 마는 어머니들의 극성 과보호도 그 답에서 제쳐 둘 수는 없을 것 같다.

황우석과 후지무라 신이치

나는 열광했다. 그렇다. 나는 지금 조금도 과장하지 않고 있다. 나의 생애에서 그때만큼 한 개인에 대해 열광했던 적이 없다. 어느덧 만 10년 전이 된, 2004년 2월 12일 『사이언스』 인터넷판 속보를 통해 세계에 타전된 놀라운 소식. '배아 줄기세포 성공.'

신의 손

나는 배아줄기라는 게 무엇인지도 모르는 상태였다. 단지 세계가 놀랄 일을 우리나라 과학자가 해냈다는 것 때문에, 우리 신문 보도만으로는 성이 차지 않아 「뉴욕 타임스」, CNN, BBC 등 몇 개의 외국 언론 사이트를 들어가 검색창에 'Hwang'을 찍어 넣은 뒤 기사를 찾아 읽고 또 읽었다. 되풀이하여 읽어도 지루하지 않았다. 기자에 따라 조금씩 다른 표현조차 재미있었다. 황우석을 더 영웅 만드는,

그래서 더 재미있는 무엇인가가 없을까 싶어 또 바빠야 했다.

텔레비전 화면에서는 젓가락으로 난자에서 '배아줄기'를 추출해 내는 장면이 되풀이하여 방영되었다. 나는 그게 무엇인지도 모르면서 신기해했다. 황우석이 환하게 웃는 얼굴로 말했다. 다른 나라 사람에게 없는 우리의 젓가락 기술이 이 일을 가능하게 했습니다. 그래서 사람들은 황우석을 '신의 손'이라 했다.

나의 열광은 다음 해 8월 4일, 황우석이 세계 최초로 개 복제에 성공하여 스너피를 탄생시켰다는 보도쯤에서 거의 절정 상태였다. 스너피를 안고 세계적인 과학자들과 환하게 웃고 있는 황우석. 자랑스러웠다. 우리도 이제 티 없이 자랑할 수 있는 사람 하나를 비로소 갖게 되었다는 뿌듯함, 실로 컸다. 더구나 주인공인 황우석은 준수한 외모, 빛나는 눈빛, 겸손하면서도 유려한 언변, 한 인간으로서도 더 이상 바랄 수 없을 만큼 아름다웠다.

물론 열광은 나만의 것이 아니었다. 온 나라가 황우석 열풍 상태였다. 훈장이 주어졌고, 최고 과학자로 지명되었고, 거액의 상금이 걸려 있는 상들이 쏟아졌고, 후원회와 팬클럽이 생겼고, 그를 주인공으로 한 책들이 수십 권이나 나왔으며 그의 생가 복원 작업이 서둘러 진행되었다. 그가 휴일도 없이 '월화수목금금금'으로 일했다 하여 '월화수목금금금'이 유행어처럼 되었고, 그가 정신을 가다듬을 때 찾아갔다는 전등사는 새로운 관광 명소가 되었다.

많은 사람들이 황우석과의 작은 인연마저 부풀리며 자랑했다. 황우석 농장에 가서 황우석이 키운 소의 고기를 대접받고 왔다는 사람들이 하나둘이 아니었다. 부평초 같은 정치인들은 어떻게든 황우석과 사진 한 장이라도 찍으려고 빤히 속 보이는 짓까지 마다하지 않았다. 그토록 목매던 노벨상은 따 놓은 당상이나 마찬가지 같아 보였다. 농대 학장인가 하는 행정직에 그가 앉으려 했을 때 범국민적 반대가 일었다. 그토록 위대한 사람이 그따위 행정직에서 머리를 썩이고 있다니! 결국 그는 그 자리에 앉을 수 없었다.

그런데 복제 개 스너피를 발표하여 한 번 더 세계적인 화제가 된 뒤 불과 몇 달 지나지도 않아서 뭔가 이상스러운 일들이 잇따라 일어나기 시작했다. 그 구체적 시작은 11월 초, 공동 연구자인 미국 피츠버그 대학교 교수 제럴드 섀튼이 황우석과 결별을 선언했다는 소식부터였다. 섀튼이 요구한 이권을 거부해서 그런 것이라는 추측 보도가 사실이기를 바랐다. 황우석의 신변에 무슨 일이 있을는지도 모른다, 그러니까 황우석이 자살할 수도 있으므로 조심하라는 해괴한 이야기까지 흘러나왔다. 설마 싶었다. 나는 그야말로 철석같이 황우석을 믿었다.

그리고 11월 22일, MBC PD 수첩이 마침내 그 사실을 방영했을 때 나는 오보라고 믿었다. 온 세상이 MBC를 향해 돌팔매질할 때, 나도 그들 가운데 하나였다. 담당 피디가 국적國賊 같았다. 그보다 더 밉상으로 보일 수 없었다. 따귀라도 냅다 한 대 때리고 싶었다. 진심이었다. 광고 중단 사태. 당연한 업보라고 믿었다. 촛불 시위를 하고 난자 기증 운동을 펼치는 이른바 '황빠'들이 내 혈친들 같았다.

두어 주일 뒤인 12월 4일 낮, YTN의 특종 보도 'MBC PD 수첩의 강압 취재가 있었다'가 보도되었을 때 나는 만세를 불렀다. 그러면 그렇지 했다. 그 보도는 시간마다 머리기사로 되풀이하여 보도되었다. 그때마다 나는 그 화면 앞에 앉아 있었다. MBC 사장이 사과문을 발표했고, 더불어 MBC는 단박에 초토화되었다. 황우석이 병실에 초췌한 모습으로 누워 있는 장면을 보아야 했을 때, 어느 이른 아침 복도에 도열해 있는 제자들 앞에 나타나 한 제자의 어깨에 얼굴을 기대고 눈물을 흘렸을 때, 나는 그를 그렇게 만든 사람들에 대해 치열한 분노를 느끼고 있었다……

만 10년이 지난 아직까지도 그 장면 장면이 생생하게 기억되는 이 이야기는 이쯤에서 멈추자. 단지 돌아보는 것만으로도 참 겸연쩍다. 결과적으로 황우석은 국민적 영웅이 아니라 희대의 사기꾼이었다. 세계를 속인 거대한 사기꾼이었다. 단군 이래 최대의 도적이라는 표현은 이미 있었는데, 그에게는 '단군 이래 최대의 지식 사기꾼'이라는 문패가 붙여졌다.

그러나 그는 어느 누군가의 근심처럼 자살하기는커녕 '그래도' 할 말은 있었다. 그의 사기 행적은 그럴 만한 사람들에게는 자살을 하고야 말리라, 그렇게 근심할 만큼 심각한 것이었던 것 같고 사실은 나도 마찬가지였다. 그 얼굴을 어떻게 세상에 드러낼 수 있을까? 아무리 얼굴에 철판 깐 인간들이 지천인 세상이라 할지라도 그가 그 얼굴을 세상에 다시 드러내는 일은 아무래도 불가능할 것 같았다. 그러나 그에게는 아무런 일도 일어나지 않았다. 그는 여전히 씩

씩했고, 현재도 마찬가지다. 그는 그 웃음을 그대로 웃고 있다.

일본판 '신의 손'

일본에도 '신의 손'이 있었다. 고고학자 후지무라 신이치(藤村新一), 황우석보다 세 살 위로, 그러니까 황우석과 비슷한 나이인 그는 1981년 미야기(宮城) 현 자자라기(座散亂木) 유적지에서 4만 년 전 유물을 발굴하면서 유명해지기 시작했다. 3만 년 이전의 유물이 없던 일본 고고학계에서는 그의 발견에 크게 고무되었고, 결국 그는 일본에 최초 인류가 60만 년 전에 출현했다는 주장을 뒷받침할 유적을 여럿 발굴했다. 그가 발굴하기만 하면 엄청난 유물이 쏟아져 나왔기 때문에 '신의 손'으로 칭송받기도 했다.

특히 후지무라가 전기 구석기 시대의 유물을 발굴하면서, 일본인의 기원에 대한 기존 학설보다 더 오래전부터 일본에 구석기 문화가 존재했음을 입증하는 증거로 사용되었다. 고대에서 중세를 거쳐 근세에 이르기까지 중국이나 한국에서 문화적 수혜를 받던 입장에서 메이지 유신 이후 근대화 과정에서 이를 역전시킨 일본이 현재의 선진적 위치에 만족하지 않고 과거의 역사마저 자신들의 지배사로 바꿔 버리기 위해 어떻게든 그들의 역사적 연대를 끌어올리고 싶어 안달하던 일본 고고학계가 뒤집어졌고 교과서는 다시 써야 했다. 일본인은 열광했고, 그는 일본의 영웅이 되었다.

그러나 그의 업적은 사기였다. 자기가 묻어 놓은 것들을 자신이 '발굴'해 낸 것이었다. 제보를 받은 마이니치 신문 기자가 석 달 동

안의 끈질긴 추적 끝에 그 현장을 촬영했고, 그 필름을 본 그는 '마귀가 끼었다(魔がさした)'는 말로 자신의 사기를 인정했다(2000년 11월 4일).

'그래도'로부터 시작되는 단서는 없었다. '마귀가 끼었다', 그것이 그의 마지막 말이었다. 그리고 그는 일본인의 시야에서 말끔하게 사라졌다. 지금 이 글을 쓰기 위해 야후 저팬에 들어가 그의 이름을 검색해 봐도 '구석기 날조 사건旧石器捏造事件' 외에는 아무것도 나오지 않는다. 반면에 우리 인터넷 다음 포털에서 '황우석'을 검색해 보니 그에 대한 최근 기사들이 화면에 온통 가득하다.

황우석의 부활

한국에서 후지무라 신이치 사건이 일어났다면 어떻게 되었을까? '그래도' 할 말이 있었지 않았을까? 나의 이런 의문이 지나친 것인가? 요즘 들어 자주 화제가 되고 있는 표절 사건. 그 주인공들 가운데 흉내로나마 참회의 빛을 보인 사람은 단 하나도 없다. 모두가 '관행'이라 했다. "나의 경우를 티 잡는다면 한국에서 살아남을 교수는 없다"라는 소리까지 나왔다. 어느 유명 대학 총장은 자신의 표절을 부끄러워하기보다는 '자신을 죽이려는 음모'에 대해 분개했다. 텔레비전에 나와서 옳은 말씀만 골라 하던 그 사람의 그 눈빛, 무서웠다.

이제 나는 문장을 고쳐 쓸 수 있을 듯하다. 한국에서 후지무라 신이치의 사기 사건이 있었다면, 그 사람은 아마도 틀림없이 '그래도 나는 할 말이 있다'가 되었을 것이고, 사라지는 대신 오히려 몸을 세우려 들었을 것이다. 아무래도 그랬을 것 같다.

추세로 보아 황우석은 부활할 것 같은데, 개인적으로도 영광일지도 모를 그의 부활은 한국 사회 전체로 보아서는 비극이 될 가능성이 크다. 여러 가지 면모에서 퇴영 상태에 있는 한국 사회의 병폐 가운데 하나는 쓰레기들의 상업적 득세다. 특정인, 특정 분야만이 아니다. 상업적, 정치적으로 효용만 있다 하면 그 품질에 관계없이 현실적으로 융숭한 대접을 받는다. 선량들 집단이라는 국회가 전과자들로 채워지는 경우는 세계 어느 나라에도 없다고 한다. 이를테면 유명해지기 위해서라고 드러내 놓고 유명한 사람들을 직업 삼아 참 지저분하게 물고 늘어지던 강용석이 상업적으로 융숭한 대접을 받고 있는 걸 보면 실로 한심하고 난감하다.

죽을 놈은 죽어야 하고, 죽일 놈은 죽여야 나라가 산다. 승속존비僧俗尊卑의 분별도 없는 상태에서 우리나라가 좋은 나라가 될 수 있을까? 세월호 침몰 이후, 무슨 변덕처럼 '국가 혁신'이라는 표현이 세상을 떠돌기 시작했는데, 그것이 또 하나의 정치적 프로파간다로 전락하지 않으려면 지표 설정이 제대로 되어야 하고, 그중 첫 번째는 당연히 가치 정립이다. 가치 포기 현상이 아예 일반화되어 있는 현실을 그대로 둔 채로는 국가 혁신이니 하는 것은 당연히 불가능하다. 우리는 내내 나무에 올라가 열심히 물고기를 잡으려고 했다. 지금도 그렇다. '국가 혁신'은 제대로 시작도 하기 전에 이미 확실하게 실패하고 있다. 실패할 수밖에 없는 길을 골라 가고 있기 때문이다.

최연희와 오카다 게이스케

2013년 봄, 청와대 당시 대변인이었던 윤창중의 희한한 성 추문이 터지면서 최연희의 이름은 한 번 더 거론되었다. 지식인의 추문이 터질 때마다 황우석 이름이 거론되듯, 정치인이니 하는 부류의 섹스 스캔들이 터질 때마다 거의 예외 없이 이야기되는 것이 최연희다. 그 이전에도 정치인의 성 스캔들은 허다했는데, 어쩌다 보니 그가 그 분야의 원조처럼 되었다. 우연이겠지만, 그로서는 억울할 것 같다.

2006년 2월 24일, 한나라당 당직자들이 동아일보 기자들과 상견례하는 자리에서 당시 한나라당 사무총장이던 최연희는 동아일보 여기자를 뒤에서 껴안았다. 문제가 되자, 최연희는 "음식점 주인인 줄 알았다"고 했다. 해당 신문사와 여기자 모임, 여성 단체, 심지어는 '음식점 주인'으로부터 시작하여 비난 여론이 비등하자 한나라당은 최연희를 당에서 내보내며 이 사건에서 손을 뗐고 최연희는 빗발치는 사퇴 요구에 슬그머니 잠적하는 형식으로 시간을 끌었다.

그러나 그는 결국 법정에 서야 했고, 1년여에 걸친 법정 투쟁 끝에 2007년 6월 14일 고등 법원으로부터 무죄에 준하는 판결을 얻어내는 데 성공했다. 그리고 그 뒤에도 무소속으로 국회 의원에 출마하여 당선되었으며, 최근(2014년 4월 7일)에는 어느 재벌 회사 회장으로 영입되었다는 보도까지 이어졌다. 최연희는 거푸 웃었고, 국민은 거푸 멀건 표정이나 짓고 있어야 했다.

일본판 최연희

정말 신기하게도 한국과 일본을 일대일로 비교하는 매우 산술적인 글을 쓰고 있는 나를 마치 도와주기라도 하는 것처럼, 역시 비슷한 시기에, 일본에서도 비슷한 일이 있었다. 그러나 그 결과는 우리의 경우와 전혀 달랐다.

일본 아사히 신문 여기자 성희롱 혐의를 받고 있는 오카다 게이스케(54) 도쿄 지바 현 의원이 14일 사임했다고 현지 언론 및 관리들이 전했다. 오카다 의원은 지난달 30일 밤 지바 현 시내 식당에서 지바 현 출입 기자 10여 명 및 자민당 관계자 6~7명과 만찬 간담회를 갖다 아사히 신문 지바 총국 20대 여기자에게 음담패설을 늘어놓고 몸을 만지는 등 성추행했다. 오카다 의원은 그 자리에서 여기자의 휴대 전화로 음란한 행동을 해 달라는 내용의 문자 메시지까지 보냈다. 아사히 신문 측은 4일 오카다 의원에게 공식 항의서를 보냈다. 일이 커지자 오카다 의원은 10일 아사히 신문 지바 총국에 사과 편지를 보냈지만 수그러들지 않는 성난 여론과 소속 자민당의 내부 판단 등에 떠밀려 결국 의원 직을 포기했다.

– 국민일보 2006년 7월 17일

후지무라 신이치와 마찬가지로, 오카다 게이스케는 그 뒤 대중의 시야에서 사라졌다. 그러나 황우석과 마찬가지로 최연희는 현재도 씩씩한 현역이다. 불법, 불의, 부정에 대한 대책 없는 관용은 결국 가치관의 혼란을 부추겨 세상을 망가뜨린다. 우리는 지금 스스로의 손으로 우리를 망가뜨리고 있다. 아무래도 그런 것 같다.

노무현과 다나카 가쿠에이

모든 것을 색깔 있는 안경을 쓰고 보는 세상이니, 이런 이야기부터 미리 해 두는 게 좋을 듯하다. 나는 최근에 예외 하나가 생기기 전까지, 노무현뿐만 아니라 어떤 정치인도 지지한 적이 없다. 왜냐하면 이성의 오류 가능성을 엄정하게 전제하는 비판적 합리주의자를 자처하고 있는 나의 관점에서 볼 때, 지지할 만한 정치인이 있기 어려운 것이 우리의 정치적 현실이기 때문이다. 2002년 대통령 선거 때도 그랬다. 나는 투표일 이틀 전인 12월 16일에 아내와 함께 출국했다. 편도 비행기 표만으로 언제 돌아올 예정도 없이 떠나는 것이어서 굳이 그날이 아니어도 상관없었으나, 굳이 투표일을 피해 그날 떠났다. 대통령만 바뀌면 새로운 세상이라도 올 것처럼 광란하는 그 풍경이 싫었기 때문이다.

노무현

일본도 학력 사회다. 유치원 시절부터 명문 사립 학교에 자녀를 입학시키려는 경쟁이 치열하고 도쿄 대학에 들어가기 위해 10수씩 하는 사람이 있고, 우리나라의 지식 경제부에 해당하는 대장성 안에서는 도쿄 대학 출신이 아니면 힘을 쓰지 못한다는 이야기가 있는 걸 보면 한국보다 오히려 더한 면도 있는 것 같다. 그러나 바닥에서부터 올라간 이른바 '다다키아가리(叩き上り)'에 대한 대접 또한 융숭하다. 모든 어려움을 딛고 그만한 업적을 이루느라, 또는 그만한 지위에 오르느라 얼마나 고생했겠는가 하는 인지와 존경도 만만치 않다.

하지만 한국에서는 다르다. 아무리 빛나는 업적을 이루었다 해도 그 사람 학력이 형편없으면 그 업적마저 사정없이 비하된다.『공자가 죽어야 나라가 산다』(김경일, 바다출판사, 1999)가 나온 뒤에 들은 이야기가 있다. 어느 의대 교수가 자기 전공 분야에서 세계적 권위자가 되었는데 한국에서는 아무도 그를 인정해 주지 않는다. 서울대 의대도, 연세대 의대도 아닌 '기타' 의대 출신이었기 때문이다. 이런 풍토에서 신정아류의 기형 불행은 태어날 수밖에 없다.

결국은 불행하게 인생을 끝내야 했던 노무현은 그야말로 입지전적인 인물이었다. 척박하기 그지없는 환경에도 불구하고 판사, 변호사를 거쳐 대통령이라는 최고의 자리에까지 올랐다. 그러나 그는 대학을 나오지 않았다는 것 때문에 줄기차게 조롱당해야 했다. 그를 조롱하는 것이 '국민적 스포츠'가 되었고, 심지어는 명색 대통령인 그를 앞에 두고, 한낱 평검사가 "당신 학번이 어떻게 되느냐"라는 소리까지 냈다. 생중계되고 있는 텔레비전 카메라 앞에서였다. 그리고 결국은 그를 죽음으로 몰아갔다. 어디 그뿐인가, 부관참시까지 되풀이되고 있다.

최근 한국 영화가 지향하는 꿈의 목표라는 1000만 관객을 가볍게 훌쩍 넘어 버린 영화 「변호인」 때문에 새삼스레 두드러진 바 있지만, 노무현에 대한 추모 열기는 역대 그 어느 치자治者에 견줄 수 없을 만큼 지극하다. 그것은 그의 인간에 대한 긍정으로부터 비롯되었을 텐데, 어찌하여 그가 살아 있던 시절에는 그토록 그에게 가혹해야 했던가. 지금 추모하고 있는 그들 가운데 적어도 상당 부분은 과거에, 묵시적이든 명시적이든, 스스로의 판단에 의한 것이었든 추세에 휩쓸린 것이었든, 그를 조롱하는 사람들 가운데 하나였지 않은가. 그래서 그에 대한 조롱의 가학성은 더 잔인해 보인다.

다나카 가쿠에이!

노무현과 견줘 볼 만한 일본인으로는 다나카 가쿠에이(田中角榮)가 있다. 그는 초등학교를 가까스로 마친 뒤 건설 현장에서 굴러다니다가 졸병으로 징집되었고, 의병依病 제대한 뒤에는 다시 건설 현장으로 돌아갔다. 그 뒤 스물아홉에 중의원에 당선되었고 서른아홉에는 일본 역사상 최초의 30대 장관이 되었다. 그리고 1972년 7월에 마침내 강력한 라이벌인 도쿄 대학 출신의 엘리트 후쿠다 다케오(福田赳夫, 1905~1995)를 물리치고 총리에 당선된다.

그에 대한 평가는 '정치적 천재', '여러 개의 얼굴을 가진 사람', '정치가인 동시에 정상배', '컴퓨터 달린 불도저', '금권 정치의 대명사' 등 다양하지만, 전후 일본 정치의 '최대의 풍운아'라는 데에는 이론이 없다. 그리고 가방끈 길이 때문에 그를 야유한 사람은 그의 현직 시절에도, 은퇴 후에도 없었다. 역대 총리 수십 명 가운데 가장 높은 평점을 받고 있는 것이 바로 그 사람이다. 일본 전통에서 이것은 새삼스러운 일이 아니다.

우리나라와는 악연인, 그래서 우리나라 사람들은 싫어하는 도요토미 히데요시(豊臣秀吉, 1537~1598)는 일본 역사에서는 위대한 사람으로 추앙받고 있다. 오사카 성에 우뚝 솟아올라 있는 덴슈가쿠(天守閣)는 도요토미 히데요시의 개인 신전과 같다. 그 거대한 건물이 온통 그의 업적을 기리는 것들로 가득 채워져 있다. 느린 걸음으로 둘러보노라면 귀신 집에 들어온 것처럼 으스스하다.

그런데 그는 천민 출신에 고아여서 비렁뱅이 노릇밖에는 먹고살 길이 없는 처지였다. 그렇게 떠돌다가 무사들의 심부름꾼이 되었고, 마침내는 두 살 위인 오다 노부나가(織田信長, 1534~1582)의 하인이 되었다. 그 시절 유명한 일화가 전해지고 있다. 추운 겨울날에도 오다 노부나가의 신발은 언제나 따뜻했다. 도요토미 히데요시가 자기 주군이 나올 시간에 맞춰 그 신발을 가슴에 품고 있었기 때문이다. 그 사실을 알게 된 오다 노부나가는 감격하여 그를 발탁했고, 그는 결국 오다 노부나가의 뒤를 이어 쇼군(將軍)이 되어 일본 통일을 이룩했다. 맨 밑바닥에서 가장 높은 곳에 이른 거였다.

　일본에서 '다다키아가리' 일화를 듣는 것은 어려운 일이 아니다. 교토 교외, 어느 샤부샤부 전문점에서였다. 나를 그 집에 안내한 일본인은 현재 주인이 8대이고, 8대 가운데 5대가 자기 자식이 아닌, 자기 집에서 일하던 사람을 양자 삼아 물려준 것이라는 이야기를 해 주면서, 일본에는 그런 경우가 많다고 했다. 곧 성실하고 능력이 있으면 그 성실과 그 능력을 사서, 자기 자식이 아니라 할지라도 가업을 물려준다는 거였다. 비가 추적추적 내리던 그날, 200년이 넘었다는 목조 고옥의, 천장이 높직한 방에서 기모노 차림의 안주인 시중을 받으며 샤부샤부를 먹는 동안, 혈연이나 학연에 우선한 능력이나 사람됨 위주의 가치관, 그것이 오늘의 일본을 만든 바탕 힘이 아닐까 하는 생각을 나는 뒤적거리고 있었다.

유순하와 가와시마 아무개

요즘은 어떤지 알 수 없지만, 내가 기업에서 밥벌이를 하고 있던 1980년대에, 일본에서 출장 오는 사람들은 장충동에 있는 앰배서더 호텔에 잘 묵었다. 나보다 열 살쯤 위인데도 친구처럼 지내게 된 가와시마(川島) 아무개 역시 그런 사람 가운데 하나였다. 어느 날, 그의 호텔 방에 함께 있을 때였다. 그는 자기 집에 전화를 하고 나서 교환을 다시 불러 부탁했다. 지금 전화한 것은 개인적인 것이니까 청구서를 따로 만들어 달라는 내용이었다. 그 장면이 잘 이해되지 않아 물었을 때, 가와시마는 대답했다. 공용과 사용을 구별하기 위해서라 했다. 내가 그냥 회사에 청구하지 왜 그러냐고 했을 때, 그는 나의 말을 잘 이해하지 못했다. 그 뒤에 유심히 살펴보았는데, 내가 확인 가능한 경우, 공용과 사용 비용을 분별하는 일본인은 가와시마만이 아니었다.

나로 하여금 선, 의리, 경우, 정의, 정직, 그런 것에 관심을 두게 된 것은 열두 살이 채 되기 전, 그러니까 비교적 어린 나이에 시작된 거리에서의 생활이었던 것 같다. 전쟁이 끝난 뒤, 그때 내가 가족의 생계비를 벌기 위해 떠돌고 있던 대전은, 특히 내 또래 소년들에게는 도시 전체가 우범 지역이나 마찬가지였다. 그러나 거기에서 내가 저지른 가장 나쁜 짓은 기차 정거장 담을 뚫고 들어가 조개탄을 훔친 것 정도였다. 막 달리기 시작하는 기차에서 뛰어내리기가 포함된 그것은 도둑질이라기보다는 비슷한 또래들과 함께 어울려 킬킬거리며 저지를 법한 악동 짓 같은 거였다.

나는 어떻게든 나를 지키려 했다. 당시 오로지 무시무시하기만 했던 그 우범성 현장의 분위기에서, 그것은 매우 어려운 일이었지만, 그런 노력을 포기하지는 않았다. 비록 거리에서 떠돌기는 하지만 불량배가 되어서는 안 된다는 자각이 비교적 확고했기 때문이었다. 그리고 나는 매우 신통하게도, 끼니를 건너뛰면서도 대본점에서 책을 빌려 읽었다. 내게 절대자였던 아버지께서 줄기차게 되풀이한 훈도 때문이 아니었나 싶다.

나이를 먹은 뒤에도 마찬가지였다. 정말 지독한 온갖 차별을 감수하며, 어쩔 수 없는 방외인으로 지리멸렬한 삶이나 살아가고 있는 처지에서 나 스스로 가치라 생각하는 것들을 포기한다면 나는 그야말로 벌레만도 못한 게 아닌가, 그런 생각을 자주 했다. 그러다 보니까, 더구나 몹시 버거워하고 있으면서도, 경제적 보상 가능성은 고사하고 출판 가능성마저 불확실한 이런 종류의 글도 일삼아 쓰고 있게 된 것일 텐데, 그러나 직장 생활을 하던 시절, 나는 공용과 사용을 그토록 엄격하게 구분한 적이 없다. 그보다는 전화뿐만 아니라, 회사 돈으로 핑계 댈 수 있는 경우에는 비용을 좀 낮게 쓰는 쪽이었다. 해외 출장 때는 근거 조작 등으로 출장비 여분을 만들어, 가족이나 친구들에게 줄 선물을 사 오는 것은 으레 하는 일이었다. 불감증 때문이었겠지만, 죄책감 같은 건 별로 느끼지 않았다. 아마 나뿐만은 아닐 듯하다.

지난 몇 해 동안, 그럴 만한 사람들에게 악명 드높았던 김재철 MBC 전 사장이나, 지난해 감사원장에 취임한 황찬현의 법인 카드가 어떻게 사용으로 쓰였는가 하는 게 화제가 된 적이 있는데, 비단 그 사람들 경우만은 아니다. 장담해도 좋을 듯싶은데, 우리네 법인 카드의 상당 부분이 법인 외 목적으로 사용된다. 창원이나 울산 등 기업이 많이 몰려 있는 곳의 식당이나 술집에서는 카드깡이 거의 일반화되어 있다. 슬며시 제안하는 경우도 체험했다. 카드깡은 '상리적相利的'이기 때문이다. 적어 나가다 보니, 겸연쩍다. 다만 내가 그런 척하고 싶을 만큼 나는 정직하지 않았다, 아니, 못했다. 그렇게만 적어 두기로 한다.

정주영과 도코 도시오

일본이나 타이완 또는 미국에 견줘, 한국의 반기업·반재벌 정서
는 꽤 심각한 것 같다. 구체적 숫자까지 제시된다. '일본: 30%, 타이
완: 18%, 미국: 23% 그리고 한국: 70%.' 한국의 반기업 정서가 이토
록 심각한 이유로는 '고리타분한 사농공상 의식', '반反배금주의 사
상', '사촌이 땅을 사면 배가 아프다는 사고방식' 등을 이유로 손꼽
은 글을 본 적이 있는데, 나의 소견은 전혀 다르다. 이를테면 사농
공상 의식, 과거가 아닌, 적어도 현재로 보자면 그런 것이 존재하고
있기나 한가. 대학 선호도가 한 예가 될 텐데, 공상 계열은 강이고
사농 계열은 약인 게 현실 아닌가.

한국의 반기업 정서는 아주 단적으로 표현하자면 한국 경제를
확실하게 지배하고 있는 재벌급 기업의 횡포 때문이다. 지난해 남
양유업 사태 때문에 남양유업이 갑甲질의 원흉처럼 되었는데, 남양

유업의 갑질은 규모 면에서 보아 아주 작다. 정치권력과 유착 관계에 있는 재벌급 기업들은 무소불위의 금력으로 중소기업들을 고사시켰고, 마침내는 골목 상권까지 장악하여, 사장 호칭 들어 가며 그런대로 자기 장사 하던 사람들을 대형 매장의 비정규직, 곧 상노商奴로 만들었다.

그들은 그렇게 벌어들인 돈으로 없는 사람들을 끊임없이 기죽인다. 좌절하게 한다. 혐오감을 자극한다. 2012년 기준, 10대 재벌의 총 생산은 GDP의 80퍼센트, 30대 재벌의 총 생산은 GDP의 108퍼센트다. 나는 문외한이어서 잘 모르겠는데, 소수 재벌 또는 기업 집단에 총 생산이 이토록 집중되어 있는 나라는 없다고 한다. 말하자면 국민의 생명 줄을 쥐고 있는 것이나 마찬가지인 그들이 행패까지 부리고 있으니 혐오감은 더 커질 수밖에 없다. 70퍼센트도 가공된 것 같다. 친기업이 되는 것은 쉽지 않다.

재벌들의 행패

또 국민들을 맥 빠지게 하는 재벌가 '형제의 난'은 우리에게 전혀 새롭지 않다. 삼성그룹, 대성그룹, 한화그룹, 두산그룹, 현대그룹, 금호그룹, 효성그룹 등 유수한 재벌가들은 형제들끼리 최악의 싸움을 벌였고, 그때마다 국민들은 '돈이 너무 많아 정신 나간 그 인간들'의 추악한 싸움판을 공손하게 구경하고 있어야 했다.

그들의 탈세나 편법 증여 같은 것도 아주 흔하다. 그들은 거의 공공연하게 범죄를 저지르지만 그로 인해 처벌되는 경우는 희소하다. 그들을 처벌하면 경제가 망가진다는 논리 때문이다. 김용철 변호사가 삼성 문제를 들고 나왔을 때, 삼성은 무너지고 적어도 몇은 잡혀갈 줄 알았다. 그러나 목숨마저 걸었던 김용철이 최악의 망신이나 당했을 뿐, 아무도 다치지 않았고 삼성은 건재했다.

이 글을 마무리해 가고 있는 2014년 5월 현재에도 재벌 총수로서 SK그룹의 최태원과 한화그룹의 김승연, 전 KT 회장 이석채, 동양그룹 현재현 회장, 효성그룹 조석래 회장, CJ그룹 이재현 회장, LIG 구자원 회장 등이 감옥에 들어가 있거나, 감옥에 들어가기 위한 사법적 절차를 밟고 있는데, 그들도 조만간에 어떤 형태로든 관용되리라고, 국민들은 대충 체념하고 있다. 왜냐하면 늘 그래 왔기 때문이다.

그뿐만이 아니다. '아무개 회장 노역 하루 5억 원'이니 하는 바람에 사람들이 비로소 알게 된 사실인데, 일반인은 노역이 하루 5만 원인데 회장이니 하는 사람은 5억 원이다. 속 터질 일이지만, 법원은 꿈쩍도 하지 않는다. 재벌에 베푸는 법의 관습적 관용에 지나지 않을 뿐이었고, 그들의 탈법적 횡포와 도덕적 파천황에 대한 법의 그런 관용에 대해 언론도 대충 눈감고 있다. 광고주로서 그들의 눈치를 살펴야 하기 때문이다. 이런 판국이니 국민으로 하여금 친기업이 되라는 것은 강간으로 사랑을 얻으려는 것과 같다.

지금 쓰고 있는 나의 이 글은 한국과 일본의 일대일, 철두철미한 산술적 비교인데, 참 신통하고 감사하게도 비교할 거리들이 그다지 어렵지 않게 나타나 주었다. 그런데 이번 항목에서만은 아무리 자료를 찾아봐도 우리 기업 또는 기업인의 행태에 견줄 만한 일본 쪽 예가 눈에 띄지 않았다.

어쩔 수 없이 일본인 지인에게, 지금 감옥에 들어가 있거나 법적 절차를 밟고 있는 재벌급 경제인이 있느냐고 물어보았더니, 그 사람은 인터넷 포털인 라이브도어의 호리에 다카후미(堀江貴文)가 주가 조작 혐의로 2년 6개월 형을 살고 지난해 3월에 출소했다는 소식과 함께, 무라카미 펀드의 대표 무라카미 요시아키(村上世彰)가 역시 주가 조작 혐의로 징역 2년, 집행 유예 3년에, 벌금 300만 엔과 추징금 11억 9000만 엔의 판결을 받았다는 소식을 보내왔다. 동문서답 같았다. 이런 정도가 재계의 뉴스가 되는 나라가 바로 이웃에 있다니. 놀랍다.

그러나 비단 일본만이 아니다. 최소한의 상식이나마 실천되고 있는 어느 나라에도, 그 나라의 대표적 경제인들이 이토록 줄을 서서 감옥에 들어가는 경우는 있기 어려울 것 같다. 그런데도 기업은 반기업 정서가 이토록 높은 현실에 대해 볼멘 불만을 되풀이한다. 자기들 덕에 먹고살면서 그 은혜도 모른다는 적의마저 느껴진다. 그 이유를 정말 모르겠다는 것인가? 행을 바꿔, 일본과 우리가 이토록 뚜렷하게 다른 현실의 근원을 살펴보기로 한다.

불도저 정신

5·16 이후부터 본격적으로 형성된 것으로 보아야 할 한국 자본

주의는 그 시작부터, 정신적 기조가 '하면 된다'는 군사적 저돌성이
었다. 오로지 승리라는 목적에 집착할 수밖에 없는 군사적인 게 대
개 그런 것처럼, 한국 자본주의에는 이윤 극대화를 위한 한탕 정
신이 만연했을 뿐, 기업 윤리니 상도덕이니 하는 것은 찾아볼 수도
없었다. 베트남이나 중동 특수는 좋은 기회였다. 무모하기 짝이 없
는 이른바 '불도저 정신'은 극찬 대상이었다. 모두가 하나같이 밀어
붙였다. 수많은 기업들이 뜨고 졌다.

한국 자본주의 '신화'에는 율산그룹이 있다. 1974년 9월, 스물일
곱 살의 동갑내기 몇이 당시 돈 100만 원을 자본금으로 시작한 오
퍼상은 순식간에 14개 계열사, 8000명의 종업원을 거느리는 그룹으
로 성장했다. 그리고 4년 7개월 만인 1979년 4월, 그야말로 순식간
에 무너졌다. 세계 기업사를 통틀어 최고속 성장, 최단 시간 몰락이
었다. 불도저 정신의 정화였다. 그리고 그런 정신은 약육강식의 정
화라 할 갑질이 새삼스레 논란이 되는 요즘까지 끈질기게 이어지고
있다. 반면에 늦춰 잡는다 해도 19세기 초반쯤에 이미 미쓰이, 미쓰
비시, 스미토모 등 재벌급 기업 집단을 이룩해낸 일본의 자본주의
는 그 역사가 깊다.

사혼상재

일본 근대 자본주의 정신은 대충 일본 심학心學의 창시자 이시다
바이간(石田梅岩, 1685~1744)으로부터 비롯되는 것 같다. 그가 "근면
하게 일하라. 당신의 직업에 충실하라. 그리하면 당신의 인격을 닦

을 수 있다"라면서, 사람들에게 가르친 근면, 검약, 안분지족安分知足 사상은 나로 하여금 그보다 80년 뒤에 독일에서 태어난 막스 베버(Max Weber, 1864~1920)의 프로테스탄티즘 윤리를 연상하게 한다.

그리고 보니 일본인은 프로테스탄트들과 닮은 부분이 많아 보인다. 그런데 내게 인상적인 것은 이시다 바이간의 가르침 그 자체다. 300년 전 그의 가르침이 오늘 일본 기업인들의 실천 정신이 되고 있기 때문이다. 그는 상업적 이익이 정당성을 가져야 한다고 강조한 동시에, 상인은 사치나 낭비에 흐르지 말고 검소하게 생활하며, 분수를 지켜야 한다는 주장을 되풀이했다. 그는 당시 만연해 있던 사치 풍조를 비판하고, 큰 부자들이 사치에 빠져 몰락한 사례들을 열거하면서 상업으로 돈을 벌더라도 겸허한 마음으로 이를 잘 지켜 가업을 영속시켜야 한다는 것을 역설했다. 이러한 검약 정신은 '상인의 도'에 대한 강조와 함께 상업과 상인의 정당성을 부여하는 데 기여했다.

그의 가르침은 당시 상인들로 하여금 전통적인 사농공상 계급 체계, 곧 천상 의식賤商意識으로부터 자유스러워지도록 했고 그의 사상은 메이지 시대에 들어서면서 사혼상재士魂商才 정신으로 이어졌다. 메이지 유신 정신의 근간인 화혼양재和魂洋才가 어원이 될 사혼상재는 곧 사무라이 정신과 상업적 재능의 결합이다. 메이지 시대 개막과 더불어 사무라이 계급은 공식적으로 소멸되었지만, '근검', '천하제일', '일격필살' 등으로 요약되는 그 정신은 상인들의 것이 되었다.

사혼상재의 전형적인 인물로는 고다이 도모아쓰(五代友厚, 1836~1885)와 시부자와 에이이치(澁澤榮一, 1840~1931)가 손꼽힌다. 도쿄 중심의 간토 지방과 오사카를 중심으로 한 간사이 지방의 기업 발전에 큰 역할을 한 이 두 사람이 모두 사무라이 출신이라는 것은 의미심장하다. 그리고 사무라이 정신의 긍정적 계승이될 그 정신은 이후 일본 기업인들에 의해 곧이곧대로 계승된다. 그 대표적인 예가 역시 사무라이 가문 후예인 도코 도시오(土光敏夫, 1896~1988)다.

도코 도시오

한국 전경련(전국경제인연합회)과 일본 경단련(경제단체연합회)이 흔히 같은 것으로 견줘지지만 다른 점도 많다. 우선 전경련은 오너들 모임인 데 견줘 경단련은 전문 경영인들 모임인 것부터 그렇다. 전경련은 정경 유착의 매개 역할이나 했던 데 견줘 경단련은 경제 분야 정책 입안과 실천의 실세 노릇을 하여 경단련 회장은 경제 총리로 불리는 것도 다른 점이 되겠다.

이제부터 요약하여 조금 이야기해 보려고 하는 도코 도시오는 1974년부터 1982년까지 경단련 회장을 지냈고, 정주영(鄭周永, 1915~2001)은 1977년부터 1987년까지 전경련 회장을 지냈다. 그러니까 1977년부터 1982년까지, 같은 시대 6년 동안을 양쪽 나라의 같은 자리에 앉아 있었으나, 도코 도시오(92세)와 정주영(86세), 모두 장수를 누리고 이제 고인이 된 두 분에 대한 사후 평가는 다르다.

　이시다 바이간의 가르침을 곧이곧대로 실천하는 생애를 살았던 전설적 기업인인 도코 도시오에 대한 일본인의 존경심은 절대적이다. 그에 대한 신화는 실로 무성한데, 그 무성한 신화들 가운데 오점이나 추문 또는 티 잡힐 일은 도무지 눈에 띄지 않는다. 그 신화들은 그래 봐야 별것도 아니다. 대기업 회장, 경단련 회장을 지냈으면서도 평생 15평짜리 집에서 검소하게 살았다는 이야기, 버스나 전철로 출퇴근했다는 이야기, 수입 가운데 최소한의 생활비만 남기고 나머지는 모두 어느 학교에 보냈다는 이야기, 대표적인 아침형 인간이어서 아침 6시 반에 출근했다는 이야기, 작은 공보다는 큰 공을 좋아하여 평생 골프를 치지 않았다는 이야기, 집 안 텃밭에서 채소를 손수 가꿔 먹었다는 이야기, 책을 많이 읽었다는 이야기, 그런 것들이다.

　그런데 위키피디아 일어판에 나와 있는 그의 이력에서 특이한 게 눈에 띈다. 1950년, 경영 위기에 빠진 이시카와지마 중공업(石川島重工業) 사장에 취임, 재건, 1965년, 경영난에 빠진 도시바(東芝) 사장에 취임, 재건, 그런 것들이다. 1974년, 경단련 회장에 취임한 것도 제1차 석유 파동(1973) 뒤의 경제 위기를 극복하기 위해서였다고 한다. 그러니까 그는 주로 '경영난'이나 '위기', 그런 경우에 특히 유용한 인재였던 것 같다.

　일본 재계 역사에는 도코 도시오 외에도 전설적인 인물들이 많다. 마쓰시타(松下) 전기의 창업자로 일본에서 '경영의 신'으로 불리

는 마쓰시타 고노스케(松下幸之助, 1894~1989), 혼다의 설립자 혼다 소이치로(本田宗一郎, 1906~1991), 27세에 단돈 300만 엔으로 창업하여 2005년에 은퇴하기까지 교세라(京セラ) 그룹을 세계적인 하이테크 기업으로 키워 놓았고, 은퇴 뒤에는 재산을 모두 자신의 모교 등에 기부한 다음 탁발승의 길로 들어섰다는 이나모리 가즈오(稻盛和夫, 1932~)도 그런 기업인들 가운데 하나다.

반기업 정서가 한국에 비해서는 훨씬 나은 일본도 타이완이나 미국에 견주어 보면 심각한 수준이기는 하지만, 그래도 일본인에게 단순한 존경 대상이 아니라 사표師表가 되고 지향이 되는 이런 기업인들을 하나하나 손꼽아 보기로 하자면 한이 없을 만큼 많이 눈에 띈다.

정주영

우리에게도 물론 존경할 만한 기업인이 있다. 내가 참 멋진 분이라 생각하는 기업인은 측근들의 반대를 무릅쓰고 단일 서점으로는 세계 최대라는 교보문고를 개장한 신용호(愼鏞虎, 1917~2003) 교보생명 전 회장이다. 1980년엔가, 그 공간에 처음 들어섰을 때의 뭉클하던 감동은 지금도 생생하다. 우리도 드디어 자랑할 거 하나 생겼군. 그런 생각도 했다. 그 금싸라기 공간에다 돈 되기 어려울 서점을 낸 사람이 누구일까 궁금했다. 부러웠다. 나도 돈 벌면 이렇게 멋진 일 한번 해야지, 뻔히 헛된 것일 그런 다짐도 해 보았다. 그 뒤, 나는 일 때문에 만나게 되는 외국인을 그곳에 안내했다. 교보문고는 나의 자랑이었다.

유한양행 설립자로서 모든 재산을 사회에 환원하고 회사도 자기 자식이 아닌 전문 경영인에게 물려준 유일한(柳一韓, 1895~1971) 박사 역시 많은 국민들로부터 존경의 대상이 되고 있다. 동업자로 출발하여 잡음 없는 분화를 이뤄 낸 LG나 GS그룹의 구씨나 허씨 일가도 추문을 생산해 내지 않은 드문 예로서 나는 좋게 생각하고 있다. 그러나 대개의 우리 기업인들은 부자로서 선망의 표적은 될지언정 존경 대상은 되지 못하고 더구나 사표, 그런 지향과는 거리가 멀다. 망자에 대한 폄은 삼가는 게 옳을 듯한데, 우리 경제사에서 대표적인 기업인이기에 이 대목의 제목으로 삼은 정주영은 이른바 불도저 정신의 원조와 같다. 시류에 따른 변신에 능했고 많은 것을 이루었지만, 이룬 것 못지않게 잃은 것도 많았다.

그리고 형제간 다툼부터, 이번 6·4 지방 선거에서 정몽준이 보여 준 행태까지, 그 아랫대가 줄기차게 보여 주고 있는 결코 유쾌하지 않은 자취들이 고인의 생전 업적을 더 유쾌하지 않은 것으로 만들어 가고 있다. 그에 대한 수많은 일화들은 그 하나하나가 도코 도시오의 경우와는 극명하게 빛깔 구분이 된다. 어떻게도 유쾌한 신화는 될 수 없고, 물론 귀감, 그런 게 될 수도 없다. 망자에 대한 이야기이기에, 이쯤에서 멈추기로 하는 대신, 그 아들에 대한 이야기를 한 토막 적겠다. 2014년 1월 13일 자 조선일보에서 깜짝 놀랄 기사를 읽게 되었다. 정몽구 회장에 대한 것이었는데, 이런 내용이었다.

2007년 10월, 고故 노무현 대통령의 모스크바 방문 당시 노 대통령을 수행했던 이건희 삼성전자 회장, 정몽구 현대차 회장, 구본무 LG 회장 등이 미니버스 한 대에 웅크리고 앉아 이동했다는 게 화제가 됐던 그때 얘기다. 빠듯한 공식 일정을 마치고, 정몽구 회장과 구본무 회장 일행이 모스크바 시내의 한 한식당에서 저녁을 먹게 됐다. 구 회장이 화장실에 갔다 나오다가, 화장실 앞에서 차례를 기다리던 현대차그룹 사장 몇 명과 마주치게 됐다. 사장들이 구 회장에게 인사를 하고 명함을 주자, 구 회장도 사장들에게 자신의 명함을 꺼내 건넸다. 이 광경을 보던 정몽구 회장이 갑자기 소리를 쳤다. "야 이놈들아, 어디서 명함질이야! 당장 회장님한테 절해!" 정 회장의 불호령에 사장들이 식당 화장실 앞에서 구 회장에게 절을 했고, 당황한 구 회장도 현대차 사장들에게 맞절을 하는 상황이 벌어졌다. 힘들고 어색했던 분위기가 갑자기 가벼워졌고, 구 회장은 당황하면서도 기분이 아주 좋아졌다.

왜 깜짝 놀랐냐고? 인터넷판 조선일보에서 이 기사를 읽어 보게 된 것은 '야, 이놈들아'라는 표제 때문이었는데, 믿어지지 않았다. 이것이 정주영 시대가 아니라 그 아들 시대의 풍경이란 말인가? 세계 경제 10위권인 대한민국의 기업 풍경이라는 게 이런 것인가? 아무리 오너라 하지만 사장급들에게 '야 이놈들아'라니? 그렇다고 하여 화장실 앞에서 큰절을 하는 것은 또 무엇인가? 정몽구가 얼마나 무섭기에 그토록 벌벌 기어야 하는가? 말단 사원도 아닌 사장급들이 말이다. 그토록 경직된 위계 상태에서 창의성이 전제된 독자적 경영 능력을 발휘할 수 있겠는가?

자업자득 아닌 게 없다

우리 국민의 반기업 정서가 없다면 오히려 이상스러워해야 한다. 기업으로 보자면 자업자득이라 할 수밖에 없을 텐데, 국민과 기업, 양편 모두를 위해 행복한 일이 아닌 것은 분명하다.

우리 역사에서 성공한 기업인은 많다. 그러나 국민들로부터 존경받는 기업인은 참 적어 보인다. 또 하나의 절망적 상황에 대해 이야기하고 있는 이 대목에서 우리가 심각하게 생각해야 할 것은 이런 이유 때문이다.

두루 알다시피 정치인은 국민의 최악 혐오 대상이다. 어쨌거나 민주주의와 자본주의를 표방하고 있는 나라에서, 이렇게 민주주의의 주축인 정치인과 자본주의의 근간인 기업인이 하나같이 국민적 경원 대상이 되어서야 어찌 국민적 일체감을 이룩할 수 있으며, 국민적 일체감 없이 어떻게 일본을 대적이나마 해 볼 수 있겠는가. 일본의 '일억일심一億一心'이야 이미 오래전이다. 이런 판에 국가 혁신이라니? 무엇을, 어떻게 혁신하겠다는 것일까?

비단 국가만이 아니다. 구심求心이 없으면 공동체는 바로 설 수도, 발전할 수도 없다. 일본은 절대의 구심인 천황부터, 국민 일반의 존경을 받고 있는 수많은 지도층 인사들까지 허다한 구심이 있다. 반면에 우리는 줄기찬 분열에 시달리고 있을 뿐, 구심이라 할 수 있는 게 없다. 국민들의 혐오 대상인 노추는 흔해도 국민들의 존경을 받는 원로는 희귀하다. 그래서 우리는 국민 수대로 갈라진 상태에서 무한 투쟁을 끝도 없이 감행하고 있다. 일억일심과 극단적 분열, 그 구도만으로도 섬뜩하다.

현상은 유기적이다

사회적 현상은 서로 유기적이다. 결코 재벌만의 문제가 아니다. 우리 국회의 이른바 '실력 행사'는 세계 어느 나라에서도 찾아볼 수 없는 것 같다. 대통령을 지낸 사람들이 통칭 '역사상 최대의 도적'이 되어, 자기가 통치하던 국민들 눈을 피해 구차한 삶을 살아가고 있는 경우 역시 세계 어느 나라에서도 찾아보기 어려울 것이다.

경제 규모가 우리와 비견될 만한 나라치고 검찰이 '권력의 개' 대접을 받는 나라는 우리나라밖에 없을 것이다. 인터넷 일본 쪽 포털을 뒤져 보니, 일본 검찰은 개 대접을 받는 게 아니라 국민적 신뢰 대상인 것 같다. "부자가 천국에 들어가기는 낙타가 바늘구멍을 통과하는 것보다 더 어렵다"면서도, '예수 믿으면 부자 된다'는 모순을 편안하게 무시한 채, 예수를 팔아 장사하는 기업형, 가업형 교회가 이토록 많은 나라 역시 찾아보기 어렵다.

굳이 짚어 보자니까 아프다. 무척 아프지만, 부정할 수 없는 이 슬픈 행태는 곧 우리가 극복해 내지 않으면 안 되는 당면 과제 첫 번째다. 이른바 지도층 인사들이 보여 주고 있는 이러한 행태의 극복 없이 우리는 언제나 일본이라는 거울에 비친 우리 자신의 일그러진 모습에 속상해하고 있을 수밖에 없다. 필요하다면 속상해해야 한다. 피하면 안 된다. 그리고 또 쉽게 잊어서도 안 된다. 우리는 너무 쉽사리 잊는다. 이른바 냄비 근성. 악습이다. 치명적 악습이다. 우리에게는 무쇠솥이 있었다. 양은 냄비보다는 무쇠솥이 더 튼튼하다.

태극기와 히노마루

이 지구에는 이런 나라가 있다. 부존자원이라고는 마실 물이나 농사지을 땅조차 없으면서도, 세계 모든 나라들 가운데 경제력이나 국가 경쟁력이나 국가 청렴도는 최상위에 속하고, 외채는 없는 것이나 마찬가지인 이 나라는, 거리는 가장 깨끗하고, 공무원 청렴도는 가장 높고, 교육 환경은 가장 좋고, 도심 공기는 가장 맑고, 실업률이나 인플레이션은 가장 낮은 반면 주택 보급률은 가장 위다. 노사 분규는 1978년 이후 단 한 건도 없었고 노사정위원회는 아주 순조로워, 외국인 투자 환경이 세계 모든 나라들 가운데 첫째인 데다가 물가마저 비싼 편이 아닌 까닭에 외국인이 살고 싶은 나라로서 언제나 첫째다. 어느 나라일까? 그리고 이런 나라는 어떻게 이룩될 수 있었을까?

오기와 마잇다

김용운 선생의 『일본인과 한국인』(뿌리깊은나무, 1981)에 보면 일본어 '마잇다(参った)'와 한국어 '오기傲氣'를 서로 상대되는 개념으로 소개하고 있다. 두 낱말 모두 한국어나 일본어로 곧이곧대로 옮기기가 쉽지 않은데, 우선 '마잇다'는 "항복할 뿐만 아니라 앞으로도 마음속으로라도 대항하지 않겠다는 승복 맹세"인 데 견줘, '오기'는 "패배를 인정하기는커녕 오히려 나중에 보복할 것을 다짐하는 그러한 마음"이라고 설명하고 있다.

그런데 선생은 '오기'를 "물론 우리는 이러한 악에 받친 태도를 미덕으로만 내세우지 않겠지만"이라는 단서를 붙여 "어떤 곤경과 압박 속에서도 똑똑히 자기의 생존권을 지켜 내야 한다는 어려운 과거의 역사 속에서 터득한, 한국 사람의 슬기를 담은 말일 것이다"라고 긍정하고 있다. 그러나 우리의 오기는 그리하여 얻게 되는 실질적 효과 쪽에서 계산해 볼 때 긍정보다는 부정적인 면이 더 커 보인다.

한국 씨름 역사를 거슬러 올라가 보면 4세기 것으로 추정되는 고구려 벽화에 나타나 있고, 일본의 스모는 『니혼쇼키(日本書紀)』의 기록으로 보아 대충 그 무렵부터 시작된 것 같다. 그러니까 씨름과 스모는 양쪽 나라에서 가장 오래된 격투기라 할 수 있을 것 같은데 씨름과 스모는 승자의 태도에서 볼 때 딴판이다. 씨름 승자는 마음껏 포효하면서 환호작약하여 패자를 더욱더 비참하게 만들지만, 스모의 경우 표정만으로는 승자와 패자를 분별하기가 쉽지 않다. 양편 모두 자신들이 겨룬 승부의 결과를 숙연하게 받아들인다.

승부에 대한 태도의 이런 차이는 전쟁이나 경기뿐만 아니라 정치 판이나 기업 경쟁, 심지어는 아이들 놀이에서도 그대로 나타난다. 문화적인 면에서의 이런 차이는 김용운 선생의 정의를 빌려 '마잇다'와 '오기'로 표현해 볼 수 있을 듯하다.

승복 문화

요즘만 해도 사실상의 부정 선거를 두고 대선 불복이니 하는 논쟁이 있지만, 우리 문화에는 '마잇다', 곧 깨끗한 패배와 그에 따른 승복이 없다. 적어도 꽤 드물다. 하나의 패배에는 구차한 변명이 뒤따르고 그 변명의 뒷전에서는 보복을 위한 앙심, 곧 오기가 도사리고 있다. 그런데 이 '보복을 위한 앙심'이 비단 패자만의 것은 아니다. 승자 독식으로 패자를 아예 묵사발 만드는 승자 보복도 당연한 것으로 존재하고 있다. 그래서 승부는 더 비열해진다.

우리 역사를 돌아보아도 그렇다. 승자든 패자든, 양심이 실천되지 않았던 승부를 찾아보는 것은 쉽지 않다. "뒤에 일어난 왕조가 전조前朝를 미워하여 역사적으로 자랑할 만한 것은 무엇이든지 파괴하여 소탕시키기를 위주하므로"라고, 단재 신채호 선생이 『조선상고사』에서 통절한 어조로 지적해 두고 있지만, 새 왕조는 전 왕조의 자취를 기왓장 하나마저 남기지 않은 채 철두철미하게 말살했다. 이런 '전통'은 지금도 어김없이 지켜지고 있어서, 전 정권은 어김없이 말살, 극복의 대상이다. 일종의 정치적 보복이다. 정치적 보복은 비열하다. 요즘만 해도 국가 혁신이니 하며 개편하는 정부 기구라는 것이, 이명박 정권 이후 폐지했던 노무현 정권 시절의 부처를 되살려 내는 것이다. 우스꽝스럽지만, 이런 경우는 드물지 않다. 비열한 짓이 대를 물려 가며 되풀이되고 있는 것이다. 그래서 더 비열하다.

반면에 일본 역사를 더듬어 보자면 '마잇다'라는 선언 하나로 결코 단순할 수 없는 상황이 상큼하게 매듭지어진 예는 흔하다. 멀리는 그만두고 최근세만 본다 할지라도 에도 막부와 천황 쪽 관군의 대결에서, 막부군 지휘자였던 가쓰 가이슈(勝海舟, 1823~1899)의 '마잇다'로서 사이고 다카모리(西鄕隆盛, 1827~1877)가 지휘하는 관군은 막부의 본거지인 에도 성에 무혈입성하였으며, 가쓰 가이슈는 그 뒤 적이었던 메이지 정부에 참여하여 요직을 역임했다.

막부파와 존왕파, 막부와 천황의 공존을 지지하는 공무합체파 公武合體派 그리고 막부를 미는 프랑스와 존왕파를 미는 영국 등의 외세까지 얽히고설킨, 복잡하기 짝이 없는 대립 국면을 피 한 방울 흘리지 않고 단칼에 해결해 버린 가쓰와 사이고의 담판은 일본 현대사에서 가장 인상적인 장면 가운데 하나다. 그런데 바로 그 사이고 다카모리는 자신이 주장한 정한론征韓論이 받아들여지지 않자 반란을 일으켰으나(세이난 전쟁) 중과부적, 마침내 궁지에 몰리자 자살한다. 마잇다, 곧 항복이었다. 그러자 메이지 정부에서는 동상을 세워 그의 공을 기려 준다.

전후 일본 정계의 가장 치열했던 권력 투쟁 가운데 하나는 다나카 가쿠에이와 후쿠다 다케오의 경쟁이었다. 적어도 초반에는 상대가 될 것 같지 않던 다나카 가쿠에이가 결국은 공공연한 돈의 힘으로 역전승을 거두었을 때, 후쿠다는 앙심 표명 대신 패배를 시인하고 다나카 내각에 장관으로 들어가 다나카를 모셨고 여러 해를 더 기다려 다나카파의 지지를 받아 마침내 총리가 되었다.

제2차 세계 대전이 끝난 뒤 맥아더가 이끄는 미군을 받아들인 일본인의 태도 역시 마찬가지다. 미군은 상당한 저항을 각오하고 준비했다. 그런데 일단 항복 뒤에는 저항은커녕 반감 표현도 없었다. 할복 자결이 잇달았지만 그것마저 저항이나 반감보다는 절망과 자책감의 표현이었다. 그들은 철두철미하게 승복했고, 그랬기에 그들은 가장 짧은 시간 안에 일본을 다시 일으켜 세울 수 있었다.

김용운 선생은 그들의 이런 태도를 '앗싸리'라는 표현으로 함축한다. "사이고 다카모리는 앗싸리 정신으로 메이지 유신의 기틀을 닦았으며, 반란을 일으키기는 했지만 앗싸리 항복함으로써 반란을 쉽게 수습할 수 있게 하였고, 그래서 일본인은 앗싸리 그 죄를 용서하고 그동안의 공을 생각해서 동상을 세워 주었던 것이다." 비단 이토록 굵직한 역사에서만이 아니다. 자잘한 개인 관계에서도 일본인은 일단 '마잇다'를 선언한 다음에는 단서나 변명 없이 '앗싸리'하게 승복한다.

내가 체험한 일본인들

사전에 보면, '앗싸리(あっさり)'는 '담박하게, 산뜻하게, 시원시원하게, 아예, 차라리, 깨끗하게', 그렇게 뜻풀이가 되어 있다. 윗대의 잇따른 항일 순절로 말미암아 집안이 폭삭 망한 뒤, 고모 댁에 얹혀 대구에서 중학교에 다니다가 고모 댁 가세가 기우는 바람에 학교를 그만두고 일본으로 건너가, 그곳에서 20년쯤 산 아버지가 가끔 하시던 말씀에는 "왜놈들 하여튼 경우 하나는 바르다"와 함께 "그놈들은 앗싸리하다"가 있다. 사뭇 긍정적인 평가인 셈이다. 그런 평가는, 아버지가 일본에서 여러 해 일하던 직장 사장이 아버지를 양자 삼아 자기 가업을 잇게 하려 했을 때, 아버지는 "암만 생각해도 일본 눔은 될 수 없다 싶어" 결국 그 집과 그 도시를 떠나 다른 도시에서의 생활을 시작했고, 해방 뒤에는 "암만 생각해도 너희들을 일본 눔으로 키울 수는 없다 싶어" 생활을 위한 아무 근거도 없는 한국에서의 궁핍한 생활을 각오하셨다는 말씀과 모순되는 것 같기도 하다.

"조선 사람이라 해서 차별, 설움, 그런 것 당하진 않으셨습니까?"라는 나의 질문에 대한 아버지 대답도 그랬다. "그런 거야 다지 할 나름이지." 그리고 덧붙인 말씀. "그눔들은 신실하고 정직하고 실력 있으면 인정해 준다." 신격호, 유봉식, 손정의 씨 등과 더불어 일본에서 성공한 한국 기업인 가운데, 요즘도 언론에 더러 그 이름이 오르내리는 한창우 씨도 이렇게 말한 적이 있다. "일본에서 실력, 신용, 교양 이 세 가지만 갖추면 어떤 차별도 넘어설 수 있다." 요즘으로 보자면, 일본에 진출한 우리 야구 선수들 경우다. 일본에서 실패하고 온 선수들은 '차별'과 '설움'에 대해 이야기하고 더러는 이를 갈기도 하지만, 성공하고 온, 이를테면 선동렬 현재 기아 타이거즈 감독 같은 이는 "실력대로여. 개들은 실력대로 대접해" 하고 말한다. 현재 일본에서 대접을 받으며 활약 중인 이대호(소프트뱅크) 선수도 아마 같은 말을 할 듯싶다.

나는 일본 미쓰이 물산 사람들과 함께 일하던 시절 실무적 파트너로서, 그리고 그 뒤 일 때문에, 또는 여행길에서 그들을 경험했는데, 내가 만난 일본인들은 '앗싸리하다', 그렇게 표현할 수 있는 정도였다. 일본인은 "겉 다르고 속 다르다"라든가 "무슨 꿍꿍이셈을 하고 있는지 통 짐작을 못하겠다"라는 소리를 많이 들었는데, 나는 그들의 본심을 읽어 내기 위해 애를 쓴 경우는 거의 없었다. 들은 그대로 이해하여 실패한 경우도 역시 그렇다. 물론 복선에 대한 두려움 같은 것을 경험한 적도 별로 없다. 사소한 것이라 할지라도 그들은 약속을 꼭 지켰다. 인도 바라나시에서 게스트 하우스를 경영하고

있는 40대 일본 여자 하나는, 그래 봐야 과객에 지나지 않는 우리 부부에게 일본인의 전형적 친절을 앗싸리하게 보여 주었다. 앗싸리가 군국주의적 실천이 될 경우, 우리에게는 없는 '옥쇄(玉碎, ぎょくさい)'나 '할복(腹切, はらきり)' 또는 '절복(切腹, せっぷく)'이 되지만, 일상생활에서 그것은 인간관계를 최소한 덜 피곤하게 하는 미덕이 된다.

그래서 일본인, 그럴 경우에 내게 다가오는 일차적 인상은 '신뢰'다. 이것은 나만의 느낌이 아니다. 다국적 기업에서 일하는 동안 여러 국적의 많은 사람들로부터 같은 평가를 들었다. 그런 통계가 있었는지 모르겠는데, '세계에서 어느 나라 사람이 가장 믿을 만한가?' 이런 설문 조사를 한다면 아마도 일본인이 가장 많은 지지를 받는 국민에 속할 것 같다.

여행을 하면서 은근히 마음이 불편했던 것은 대개의 나라에서 일본인은 무비자였기 때문이다. 동행하던 일본인은 휘파람을 휘휘 불며 국경을 넘어가는데 같은 살 빛깔, 비슷한 외모의 우리 부부는 비자를 받기 위해 뒤에 처져야 할 때 기분이 유쾌할 수 없었다. 비자 면제, 그것은 국가적 신뢰도의 바로미터 같은 것이 될 수 있다.

그런 일본인에 견줘, 나는 나의 동족들을 대할 때는 자주 복선에 대한 경계를 해야 했고, 진심이 무엇일까 하는 탐구를 해야 했다. '예'와 '아니요'가 분명하지 않은 경우가 흔했고, 시간 약속부터, 약속이 지켜지지 않는 경우나 대수롭지도 않은 일에도 두 눈을 질끈 감아 버리는 서글픈 풍경도 드물지 않았다. 배신, 그런 것을 경험한 것도 드문 일이 아니었다.

불가불가

전해져 오는 이야기가 있다. 조선조 말, 을사늑약 체결을 위해 일본의 이토 히로부미(伊藤博文, 1841~1909)가 조선의 대신들을 모아 놓고 일본에 모든 권한을 위임하는 것이 어떠냐는 논의를 했을 때 총리대신 한규설은 종이에다 '불가불가不可不可' 네 글자를 써 보였다. 이 말은 세 가지로 해석할 수 있다. '불가 불가'라고 끊으면 '안 돼 안 돼'라는 뜻이 되고, '불가불 가'로 끊으면 '어쩔 수 없이 그럴 수밖에 없다'라는 뜻이 되며, '불 가불가'로 끊으면 '할 수 있는 것도 아니고 할 수 없는 것도 아니다'라는 어중간한 뜻이 된다. 그토록 절박한 시간에 그런 말장난이나 하고 있었다니! 놀랍지만, 사실인 것 같다.

참 기막히게도, 비슷한 이야기가 하나 더 있다. 경술국치 당시 중추원 의장이던 김윤식이 왕의 하문에 대하여 같은 대답을 했다는 것이다. 나의 현실에서 이렇게 여러 가지로 해석될 수 있는 경우를 더러 경험하게 될 때 나는 조건 반사적으로 '앗싸리'를 연상한다. '앗싸리'하게 '예'와 '아니요'를 분명하게 해 주면 서로 편할 텐데 하고.

역사를 돌아볼 때 '앗싸리했더라면' 하는 장면은 허다하다. 이를테면 해방 뒤 반민족행위특별조사위원회가 박살 나는 바람에 친일 모리배들이 새 나라의 정권을 장악했고, 일본군이었던 사람들이 새 나라의 창군 주역이 되었으며, 일본 경찰이었던 사람들이 옷만 갈아입은 채 새 나라의 치안 담당자가 되었다. 죽어야 할 사람은 살고 살아야 할 사람은 죽었다.

전두환, 노태우 일당에 대한 태도도 그렇다. 특별법을 만들어서라도 그들을 '앗싸리'하게 처단했어야 한다. 그런데 그들을 처단했어야 할 세력들이 그들에게 빌붙어 시대의 과실을 탐하는 바람에 저지른 죄가 엄연한데도 그들은 제대로 처벌되지 않은 채, 아직도 시대의 지배자로서의 권능을 누리며 분노하고 있는 국민을 오히려 능멸하는 삶을 살아가고 있다.

첫째 가름에서 살펴본 황우석이나 최연희의 경우도 마찬가지고, 국회를 전과자들로 채우는 것도 역시 마찬가지다. 사소하게는 강용석류도 역시 그렇다. 죽여야 마땅할 사람을 살려 놓는 이런 현실에서 국가의 기강은 바로 세워질 수 없다. 죽도 아니고 밥도 아닌, 이것도 아니고 저것도 아닌, 이래도 좋고 저래도 그만인 뜨뜻미지근함이 우리 역사를 골병들게 하고 있다. '앗싸리'하게 죽일 놈은 죽였어야 했다.

『맞아 죽을 각오를 하고 쓴 한국, 한국인 비판』에는 "전 세계를 통틀어 국회의원 가운데 전과자가 차지하는 비중이 대한민국만큼 높은 나라는 어디에도 없을 것이다. 뇌물을 받아 교도소에 갔다 온 사람들이 버젓이 국회 의원으로, 지방 자치 단체장으로 당선되는 곳이 한국이다"라는 대목이 있다. 하도 궁금해서, 어느 일본인에게 물어보았다. "일본에서는 그렇지 않습니까?" 나보다 우리말이 더 유창한 그는 나의 천진성을 귀여워하는 것처럼 환하게 웃으며 대답했다. "일본에서 그런 사람들은 선출직에는 아예 나갈 수가 없습니다. 나가 봐야 표를 찍어 주지 않으니까요.”

그런데 한국에서 최근에만 해도 ‘전과 2범’ 서청원이 금의환향하여 요즘은 친박의 좌장 노릇을 하고 있다는데, 아무도 그것을 새삼스러운 일로 받아들이지 않는다는 게 더 놀랍다. 그래서 서청원은 전과자 대접을 받는 게 아니라 난세의 영웅이 되었다. 호통까지 친다. 서청원이 호통쳤다고 메이저 신문에서 대서특필까지 한다. 고위 공직자 검증을 위한 청문회 때마다 개탄 대상이 되고 있지만, 온갖 하자를 지니고 있는 사람들이 법 절차적 요식을 갖춰 ‘지도층’의 지위에 올라가, 권력의 칼날을 휘두른다. 가치관의 전도는 위험 수준을 넘어선 지 이미 오래다. 불의, 부정, 불법, 그런 것에 대한 불감증은 실로 심각해 보이는데, 아무도 심각하게 생각하지 않는다. 그게 문제다.

“대한민국을 세월호 사고 이전과 다르게 만들겠다”고 굳게 다짐한 대통령에게 삼가 건의한다. 나는 당신이 꼭 성공한 대통령이 되기를 바란다. 그것은 당신의 성공이 아니라 국가와 국민의 성공이 될 것이기 때문이다. 그렇게 하려면 당신의 다짐이 헛된 게 되지 않아야 하는데, 문제는 방법론이다. 어떻게 해야 할까? 우선 당신이 내려보낸 낙하산들부터 앗싸리하게 전량 회수하시라. 그러면 국민들이 비로소 당신을 믿기 시작할 것이다. 민무신불립民無信不立. 국민의 믿음 없이 가능한 일은 아무것도 없다. 국민의 믿음을 우선 얻으시라. 국가 기구 요소요소에서 종양이나 좀벌레 노릇이나 하고 있는 그것들을 그대로 둔 채, 무슨 국가 혁신인가. ‘법피아’니 ‘관피아'니 무슨 피아니 하는 타령만 주야장천 하고 있을 일은 아니지 않은가. 으름장으로 될 일이 아니지 않은가. 적어도 눈 가리고 아웅 할 수 있는 시대는 아니지 않은가. 분명한 거짓말을 하고 있으면서도 거짓말을 하고 있는 것은 아니다, 라는 식으로 깔아뭉개려 들지 마시고, 부디 앗싸리하시라. 그것이 당신이 살고, 국가와 국민이 함께 사는 유일의 혈로다. 당신은 지금, 조목조목, 반드시 실패할 수밖에 없는 길만 골라 걷고 있다. 단언하겠다. 당신은 이미 실패하고 있다. 길을 바꿔, 부디 성공하시라. 성공한 당신을 꼭 보고 싶다.

주먹부터와 네마와시

인터넷에서 '한국과 일본 고소 사건'을 검색해 보면 인구 비례 44 곱절에서 250곱절까지 다양한 정보들이 나온다. 모두가 언론의 보도이거나 전문 연구자들이 제시하는 자료니까 믿지 않을 수도 없다. 그래서 검사 한 사람이 하루 11건씩이나 처리해야 하기 때문에 제대로 된 수사를 할 수 없으니까 제발 좀 자제해 달라는 검찰측 호소도 눈에 띈다(동아일보 1997년 3월 7일). 그야말로 '소송 천국'인데, 고소의 대부분은 기소까지 이르지도 못한다. 겪어 본 분들은 대개 동감하실 듯싶은데 무고한 소송이나 고소는 최악의 폭력이다. 매 단계마다 비합리적 폭력이 느껴지는 법 절차는 그 자체가 사람을 지치게 한다. 송사 3년에 집안 망한다는 말이 헛소리가 아니다. 변호사만 배불려 줄 뿐, 이기든 지든 송사 쌍방은 한껏 지칠 수밖에 없다.

그런데 대부분 기소되지도 않는 고소가 이토록 남발된다. 법 절차에 이르기 전, 시비 건수의 대비가 대충 이런 비율이 될 듯하다. '소송 천국'이라는 표현에 빗대 보기로 하자면 우리는 '시비 천국'이 되겠다. 그것은 곧 '폭력 천국'과 같다. 논리가 거덜 난 곳에는 폭력밖에 없다. 그런데 우리 경우는 논리가 작동될 틈도 없이 대뜸 폭력이 작동한다. 주먹부터 먼저 나간 다음에 따지기(논리)가 시작되는 형국이다.

네마와시와 하나시아이!

네마와시(根回し)와 하나시아이(話し合い)는 우리말로 곧이곧대로 옮기기가 쉽지 않다. 그에 딱 맞는 우리말이 없기 때문인데, 다음(Daum) 일한사전의 뜻풀이는 아래와 같다.

ねまわし〔根回し〕

〔名〕

1 큰 나무를 옮겨 심기 한두 해 전에, 나무의 둘레를 파서 뿌리의 일부를 잘라 잔뿌리가 많이 나게 하는 일.

2 (교섭·회의 등의 원활한 타결을 위한) 사전 공작.

はなしあい〔話し合い〕

〔名〕 서로 이야기함. 의논. 교섭.

일본은 우리보다 표출되는 갈등이 훨씬 적다. '남 탓 이전에 우선 내 탓' 문화도 있지만 '네마와시'와 '하나시아이' 프로세스 덕분도 크다. 일본인에 대한 단골 비판 가운데 하나는 '회의가 많다'인데 '네마와시'와 '하나시아이' 때문이다. 물론 많은 시간이 걸린다. '빨리빨리'에 길들여진 우리 눈에는 지겹도록 지루해 보일 수도 있다. 당연하다.

네마와시의 우리말 표현이 있을 것 같아 찾아보았지만 눈에 띄지 않았다. 없는 것일까? 수목원에 물어보니까 '잔뿌리 키우기'라는 대답도 있고, '네마와시'라고 한다는 대답도 있는데, 정원수를 파는 수목원의 나무들은 모두가 본디 서 있던 자리에서 한 해 이상 '네마와시'된 상태여서 뿌리 부근에 새끼를 친친 동여매고 있다.

안동 댐으로 수몰당하게 된 나무 이야기를 지례 예술인 마을 주인인 김원길 시인으로부터 들은 적이 있다. 그 마을로 들어가는 길 오른편에 서 있는 나무였는데, 군에서 수억 원의 예산을 들여, 내가 보던 그 당시 이미 3년째 '네마와시'를 하고 있는 중이라 했다.

그러니까 갈등 해소를 위한 사전 작업도 시간이 걸릴 수밖에 없다. 시간이 걸리더라도 이해가 서로 부딪치는 사람들 사이의 최대 공약수를 어떻게든 찾아내려 하고, 궁극에는 찾아낸다. 덕분에 갈등은 최소화되고 더불어 갈등으로 말미암은 비용도 최소화된다.

정치권만 봐도 그렇다. 우리는 정권이 바뀔 때마다 국민들로 하여금 신물 나게 할 만큼 각 정파와 정당 사이의 극한투쟁이 추악하게 펼쳐지고, 해마다 연말이면 예산 투쟁은 당연한 것이 되고 있지만 일본에서는 그런 경우가 없다. 우리에게는 아주 흔한 의사당의 드잡이판이 일본 국회에서는 있을 수 없다. 대립되는 각 정파 또는 정당 사이에 사전 협상을 통해 기어코 최대 공약수를 찾아내고야 마는 절충 프로세스를 거쳐 갈등거리들을 중화해 내기 때문이다.

그것은 마치 큰 나무를 옮겨 심기 전에 나무 둘레를 파서 뿌리의 일부를 잘라, 잔뿌리들이 미리 자라게 하여 그다음에 옮겨 심어도 생존에 지장이 없도록 하는 지혜와 같다. 이런 지혜의 실천이 이른 바 '밀실 정치'로 비판받고 있지만 그들은 그런 프로세스를 거쳐서 우리가 대까지 물려 가며 지불하고 있는 막대한 사회적, 정치적 그리고 정서적 비용까지 확고하게 절감하고 있다.

정치권을 벗어나도, 집단 이기주의가 일본의 경우에는 한국처럼 극한적 형태로 표출되는 경우는 극히 적다. 개인 간 시비도 마찬가지다. 대개의 시비는 쌍방 모두 손실이다. 당연히 최소화해야 한다. 이 대목 서두의 인용처럼 일본은 표출되는 갈등이 우리보다 훨씬 적다. 모두가 역시 '네마와시'와 '하나시아이'의 프로세스를 거쳐 서로 만날 수 있는 최대 공약수를 찾아낸 지혜 덕분이다. 불필요한 갈등과 비용을 절감하면서 공존과 공영을 추구하는 그들의 이런 전통은 물론 하루아침에 이루어진 것이 아니다.

이를테면 막부 시대는 사무라이에게 즉결 처분권이 주어질 만큼 사무라이 절대 우위의 사회였지만 그렇다고 사무라이들이 전횡을 일삼을 수 있었던 것은 아니다. 만일 사무라이의 즉결 처분이 조금이라도 부당한 것으로 밝혀질 경우에는 그 사무라이에게 할복, 자결이 강요되었기 때문이다. 그래서 사무라이와 평민 사이에 어떤 갈등거리가 있을 경우에는 쌍방 모두 '네마와시'와 '하나시아이' 프로세스를 통해 갈등거리를 어떻게든 해결하는 노력을 기울였기 때문이고, 그것이 사무라이에 의해 지배된 막부 시대가 그토록 오래 이어질 수 있었던 제도적 이유들 가운데 하나이기도 했다.

쇄국 정책과 메이지 유신

이를테면 한 시절 '무하마드 깐수'로서 우리 민족사의 비극을 상징하고 있는 정수일 교수는 조선조 말기의 쇄국 이야기를 하는 것은 "무지에서 비롯된 사견邪見"이고 "자학적 역사 인식"이라 하면서, 일본의 쇄국은 241년(1612~1853)인 데 비해 우리의 쇄국은 10년(1863~1873)에 지나지 않았다는 주장을 여러 곳에서 되풀이하여 주장하고 있다.

쇄국보다 더한 것

그러나 정수일 교수가 지나친 게 있다. 일본은 쇄국 기간 동안에도 나가사키 남쪽에 있는 인공 섬 데지마(出島)를 서양에 개방하여 무역을 계속하면서 서양의 총포술을 받아들였고, 이를테면 네덜란드인에 의해 전해진 것이라 하여 난학蘭學이라 불리던 학문이 상당 수준에 올라 있어 의학, 생물학, 지리학, 철학 등의 근대적 서양 학문들이 구체적으로 연구되었다. 그러니까 통신사 교환 등의 방법으로 꾸준히 이어진 조선과의 관계를 통해 대륙 문물을 받아들이고 있었다는 것만은 아니다.

조선 쪽에서 보자면 쇄국은 결국 '양이洋夷'에 대한 것이었을 뿐, 그로 말미암아 조선은 일본과 청, 러시아 등 주변 열강의 각축장이 되었으며, 그리고 10년 뒤에는 지리멸렬된 역사를 거쳐 명성황후 피살(1895)이라는 치욕을 경험하면서 패망(1910)에 이르고야 말았다는 것이다.

그리고 정수일 교수가 간과한 또 하나 정말 중요한 것은, 일본이 쇄국을 끝낸 1853년과 조선이 쇄국을 시작한 1863년의 연대기적 중요성이다. 그 이전 수백 년에 견줘, 그 무렵의 10년이, 그 이후의 역사를 위해서는 훨씬 더 중요했다. 정수일 교수가 숫자만으로 대수롭지 않게 제쳐 둔 그 10년 동안에 일본의 적극적 개항과 그에 따른 새 시대의 개막이 포함되어 있었기에 이 책의 주제와 연관하여 그 10년은 더 쓰라릴 수밖에 없다. 대원군이 신미양요에서 이양선異樣船을 무찌른 여세를 몰아 기세 좋게 척화비를 세우고 있던 바로 그해(1871)에 일본은 우리에게 악명 높은 이토 히로부미가 포함된 대규모 구미 사절단을 보냈고, 그다음 해에는 도쿄와 요코하마 사이 철도를 개통했고, 또 그다음 해에는 천황이 상투를 잘라 버리는 것으로부터 시작하여 머리 스타일까지 구화歐化시키는 쪽으로 나아갔다.

그런데 우리는 어쨌거나 문을 닫은 채, 외세까지 끌어들이며 족

벌 싸움을 일삼았고 그 싸움은 곧장 패망으로 이어졌다. 그런 까닭에 당시의 쇄국 비판이 사견邪見일 수도 없고 '자학적 역사 인식'일 수도 없다.

일본의 개명

독살설이 있을 만큼 갑작스레 세상을 떠난 고메이(孝明, 1831~1867) 천황의 뒤를 이어 1867년 2월에 즉위한 메이지(明治, 1852~1912) 천황은 겨우 15세였고, 일본은 도쿠가와(德川) 막부와, 막부 세력을 완전히 궤멸시키려는 이른바 도막파倒幕派 사이에 권력 투쟁이 한창이었다. 막부 측의 '대정봉환상표(大政奉還上表, 1867년 10월 14일)'와 도막파 측의 '왕정복고대호령(王政復古大號令, 1867년 12월 9일)'은 어린 왕을 자기편으로 잡아 두기 위한 막부 측과 도막파 측의 긴박한 최후 대결이 되었다.

이 투쟁의 최종 승리는 사이고 다카모리(西鄕隆盛), 오쿠보 도시미치(大久保利通), 기도 다카요시(木戶孝允), 이른바 '메이지 유신 3걸'이 이끄는 도막파의 것이 되었다.

더불어 가마쿠라(鎌倉) 막부 이래 676년 동안 이어져 오던 막부 시대가 막을 내리고, 이때부터 본격적인 개명開明 또는 개혁 프로그램은 시작되었다. 1639년 막부에 의해 내려졌던 쇄국령은 당연히 소멸되었다. 그럴 수밖에 없기도 했다. 1853년 미국의 페리 제독에 의해 강제 개항된 이래 쇄국은 가능할 수도 없는 상황이었다. 그래서 당시 천황의 이름을 붙여 메이지 유신(明治維新)이라고 뒷날에 불리게 된 이 개혁 프로그램의 중심 이념은 탈아입구脫亞入歐가 되었다. 곧 아시아적 미개와 고루固陋를 벗어던지고 서구의 새로운 문물을 과감하게 받아들여 모든 제도를 개혁하면서 근대적 자본주의 체제를 이룩하자는 것이었다.

일본이 이처럼 새로운 일본을 만들기 위한 개혁에 한창 박차를 가하고 있을 때, 조선의 실권자 대원군은 전국 도처에 척화비를 세우며 쇄국 정책을 더욱더 굳건히 다져 가고 있었다. 일본과의 대화마저 거부했다. 일본이 '서양 오랑캐(洋夷)'를 받아들였기 때문이었다. 일본은 어떻게든 더 열어 놓고 더 많은 것을 받아들이려 애쓰고 있는 판에 우리는 어떻게든 더 닫고, 심지어는 이미 들어왔던 것들마저 없애 버리려 애쓰고 있었다.

따지고 보면 양이攘夷, 곧 외세 배척파였던 메이지 유신 3걸이 개국론자가 된 것은 막부를 상대로 한 권력 투쟁의 수단으로서였다. 막부와 싸우려다 보니 자신들의 이해관계로 말미암아 일본의 정치 정세 변화에 민감한 서구 열강과 손잡지 않을 수 없게 된 것이다. 그들은 자신들의 기치를 '존왕양이尊王攘夷'에서 '존왕도막尊王倒幕'과 '개국화친開國和親'으로 바꿀 수밖에 없었다.

그러니까 개국이나 향구向歐는 정치적 프로파간다에 지나지 않는 것으로, 과도기 권력 투쟁 과정에서 빚어진 우발 사건 같은 것이었지만, 사실은 우연으로 점철되는 역사의 속성 그대로, 결과적으로 그것은 이후의 일본을 결정지었고, 오늘의 일본과 한국의 위상

차이가 구체적으로 결정되기 시작한 것은 바로 그때부터였다.

검은 배 사건(黑船来航)

일본 근대사를 이야기할 때 맥아더 원수와 함께 결코 빠지지 않는 미국인이 있다. 해군 제독 매슈 페리(Matthew C. Perry, 1794~1858)가 그 사람이다. 1853년 7월 8일 오후 5시경. 바로 그 페리 제독이 이끄는 미국 함대가 일본의 에도(江戶)만灣 우라가(浦賀)항에 나타났다. 3500톤급 모선을 비롯하여 모두 네 척으로 이루어진 함대는 배마다 대포를 장착하고 있었다. 일본인들은 그것을 '검은 배(黑船)' 라 불렀다. 선체가 검었고, 굴뚝에서 검은 연기를 내뿜고 있었기 때문이다. 일본으로서는 검은 연기를 내뿜는 증기선의 존재조차 알지 못하던 때였다.

연기를 내뿜는 거대한 용이 왔다!

일본이 발칵 뒤집혔다

1853년이라는 연대를 주목해 보시기 바란다. 낯선 배를 보고 이토록 발칵 뒤집힐 만큼 미개했던 일본이 그 뒤 얼마나 빠르게 발전했는가를. 그들의 선택과 실천이 얼마나 중요했던가 하는 것을. 프랑스 로즈 제독이 군함 세 척을 끌고 강화도 앞바다에 나타난 것은 그때로부터 13년 뒤인 1866년이었다. 그러나 이 사건은 일본과는 달리, 여는 쪽이 아니라 더 굳게 닫는 쪽으로 귀결되었다. 그래서 두 나라의 미래는 딴판으로 변했다.

페리 제독은 수호 조약 체결을 원하는 밀러드 필모어 대통령의 친서를 갖고 있었다. 난생처음 보는 증기선에 혼비백산한 일본은 논란 끝에 친서를 접수했고, 페리 제독은 "1년 후 다시 올 때까지 가부를 결정해 달라"는 위압적 통고를 남긴 채 아흐레 뒤 일본을 떠났다.

다음 해 3월, 페리 제독이 예정보다 빨리 에도 만에 다시 나타났을 때는 함대의 수가 여덟 척으로 늘어나 있었다. 겁에 질려 있는 일본인들에게 페리 제독은 철도와 기차 모형, 포도주와 위스키 등이 담긴 미합중국 대통령의 선물 꾸러미를 전달했고, 권총 사격 시범까지 보였다. 일종의 위협이었다. 권총 정도가 위협이 되던 시대였다. 당시 일본을 통치하고 있던 막부로서는 어쩔 수 없었다. 미국과 일본 간 화친 조약이 맺어졌다. 하코다테(函館)와 시모다(下田)를 개항하고 미국에 대한 최혜국 대우를 약속했다. 미국 선박은 시모다 항과 하코다테 항에 정박할 수 있게 되었으며, 시모다 항에는 영사관이 세워졌다. 미국의 힘에 일본이 굴복한 결과였다.

역사에서 가정은 그야말로 부질없는 짓이다. 그러나 재미 삼아 병인양요(1866)나 신미양요(1871) 때 우리가 이른바 '양이洋夷'에 졌더라면 어땠을까 하는 가정을 한번 해 보자. 대원군이 척화비를 세운 것은 양대 양요에서 '승리'했기 때문이었다. 또 하나의 가정을 해 보자. 1854년에 일본이 승리했더라면 그 뒤 어떻게 되었을까? 쇄국 상태의 막부 정치는 계속되었을 것이고 일본의 근대화는 적어도 얼마

만큼은 뒤로 미루어질 수밖에 없었을 것이다.

결과적으로 보아 그 굴복은 일본 역사상 최대 행운이었고, 그 행운의 결과로 맺어진 미국과 일본의 화친 조약은 일본이 타국과 체결한 최초의 근대적 조약으로, 영사의 주재 등과 관련된 조항도 들어 있었다. 즉 미국과 정식 외교 관계가 수립된 것이며, 이를 계기로 일본의 쇄국 정책은 사실상 허물어지기 시작하여 1858년 6월에는 미일 수호 통상 조약이 체결되고, 같은 해 네덜란드, 러시아, 영국, 프랑스와도 잇달아 수호 통상 조약을 맺게 된다.

이렇게 시작된 일본의 개항과 입구入歐 또는 향구向歐는 결국 막부 붕괴 뒤 메이지 천황 즉위(1867)와 더불어 시작된 메이지 유신과 이어지면서 한층 더 적극적이 된다. 가능한 모든 노력은 일본의 구화歐化, 곧 서구 닮기에 집중되었다. 그 시작은 물론 서구 흉내였다. 요즘 식으로 표현해 보자면 서구 코스프레가 되겠다. 흉내 또는 모방은 창조의 모태다. 일본인다운 창조가 뒤이어졌다.

습합 문화

우리말로 그대로 옮기기 쉽지 않은 언어가 영어보다 일어 쪽에 더 많은 것 같다. '습합(꿰合, しゅうごう)'도 그런 언어들 가운데 하나다. 여러 문헌을 통해 찾아본 결과 일본 역사에서 이 말이 처음으로 쓰인 것은 쇼토쿠(聖德, ?~622) 태자가 숙모인 스이코(推古) 여제의 섭정 시절에 외래의 불교와 유교가 토착 신도神道와 갈등이 심해지자, "신불유神佛儒는 하나다"라고 선언하여 갈등을 무마했고,

그때부터 이것은 신불유 습합 사상神佛儒褶合思想이라 일컫게 되었다. 일어 사전에는 "종교 등에서, 서로 다른 교리를 절충, 조화함"이라 되어 있고, 구글에서 '褶合'을 검색해 보면 52만 8000항목이나 떠오르는데, 모두 '神佛褶合'이나 '褶合神道' 등 종교적인 쪽에서만 쓰이는 듯하고, 위키피디아 일본어판에서 '褶合'을 찾아 한국어판으로 가 보면 '혼합주의混合主義', 영어판으로 가 보면 '종교나 철학상의 혼합주의'라는 뜻으로 이해할 'syncretism'이라 되어 있고, 역시 종교 쪽 용도로만 설명되어 있다.

그런데 그 발상이나 정신의 기조 면에서 보자면 일본 문화 전반에 이 습합 경향은 매우 강력하다. '褶合'을 한자 뜻 곧이곧대로 풀이해 보면 '익혀서 합하다'가 될 것 같다. 그것은 내가 이해하는 '습합'의 뜻과 비슷하다. 그들은 익히는 데 열심이고, 합하는 데 신속하다.

'습합'은 일본 문화를 이해하는 주요 키워드다. '습합'을 제쳐 두고는 일본 문화를 이해할 수 없다. 그들은 외래의 것이라면 뭐든 저항이나 반감 없이, 열심히 익혀서 재빨리 자기 것으로 만들어 버린다. 그들의 문자인 '가나'부터 그렇다. 우리 한글처럼 자기네 것을 따로 만들려 하지 않고 중국 한자 일부를 따서 문자 모양을 만들어 쓴다. 우리 경우에는 중국에 없는 한자가 그다지 눈에 띄지 않는데, 일본에는 중국 간체簡體의 원조 격이 될 약자를 포함하여 중국에 없는 한자가 많은 것도 그들의 습합 사상을 반영한다. 덕분에 그들의 문자는 중국 문자보다 기동력이 훨씬 더 뛰어나다.

자주 이야기되고 있는 그들의 외래어 수용도 그렇다. 그들은 자기네 말로 옮기기 쉽지 않은 외래어가 있을 경우 고민할 것 없이, '워드프로세서'를 '와프로(ワープロ)'라 하는 식으로, 외래어를 일본어투로 재깍 바꿔 그대로 쓰고 곧 자기네 사전에 올려 버린다. '꼴깝 영어'라는 새 말을 만들어 낸 안정효 선생이 "왜 아파트먼트가 아니고 아파트냐"면서 짜증을 내는 '아파트'도 물론 일본 출신이다.

우리 선수들이 일본에 진출하면서 일본 신문의 야구 기사를 더러 찾아보게 되었는데, 어느 날 '가쓰포즈(ガッツポーズ)'라는 게 눈에 띄었다. 아무리 짜 맞춰 봐도 이해가 되지 않았다. 사전을 찾아보았다. 'guts pose'라는 영어를 일본어화한 것으로, "(운동선수 등이) 불끈 쥔 주먹을 가슴에 대거나 머리 위로 치켜들거나 내지르거나 하며 승리를 나타내는 자세"라는 뜻이었다. 일부러 찾아보았는데 'guts pose'는 영어에도 없는 표현 같았다.

yahoo.com Q/A에 "guts pose가 무슨 뜻인가요?" 하는 질문이 올라와 있고, 그에 대한 'best answer'는 이런 거였다. "뭔가를 축하하기 위해 주먹으로 펌프질을 하는 것이다. 일본화된 영어이고, 일본 밖에서는 이해되지 않을 것이다(It is the pumping of the fist in celebration. It is a Japanized English word, will not be understood outside of Japan)." 그러니까 영어에도 없는 'guts pose'라는 표현을 만들어 낸 것부터, 그것을 자기네 사전에 냉큼 올려 둔 것까지, 일본인이 아니고는 상상해 볼 수 없는 언어의 습합, 놀라운 느낌마저 들었다.

다른 문화권에서는 결코 쉽지 않은 언어에 대한 이토록 파격적인 개방성도 그들의 습합 문화 때문이다. 한반도를 통해 불교를 받아들였으면서도 한반도와는 달리 색과 음주를 함께 누릴 수 있는 대처승 제도를 재빨리 고안해 낸 것도 습합 문화가 아니면 가능하지 않았을 것이다. 우리나라의 대처승 제도는 일본에서 수입되었다.

제2차 세계 대전 뒤, 그들이 맥아더가 이끄는 미군을 '앗싸리'하게 받아들인 것도 역시 그렇다. 그들은 맥아더를 신처럼 모셨고, 미군을 위해서는 몸과 마음을 다 바쳐 봉사했다. 일본 고관 부인들이 미군 고급 장교들 섹스 파트너 노릇을 해 주었다는 이야기는 잘 믿어지지 않지만 여러 가지 정황으로 미루어 보아 사실인 듯싶다. 미군 장교들은 그 여자들이 자객으로 변할까 봐 경계하여 초기에는 '서비스' 전에 몸수색까지 했으나, 그 여자들은 미군 장교들이 신비한 감동을 느낄 만큼 헌신적이었을 뿐, 자객은 고사하고 저항이나 반감 표현마저 없었다. 그들의 정조 관념은 우리와 다르지만 결코 쉽지 않은 적응이었을 것 같다.

섹스와 관련하여 다른 쪽에서 보아도 마찬가지다. 종전 직후인 1945년 8월 28일, 미 진주군 선발대 150명이 도착하던 그날, 일본 정부는 특수 위안 시설特殊慰安施設, 곧 미 점령군을 위한 대규모 위안소를 22곳에 재깍 만들어 점령군의 섹스 수요를 소화하면서 자국의 '선량한 부녀자들'을 보호하려 했다.

한국 전쟁 특수特需를 누리기까지, 전후 몇 해 동안 일본 외화 수입의 상당 부분이 바로 이 매춘을 통해서였다고 하니까, 당시 정책 입안자의 계산에는 그것마저 포함되어 있었을는지도 모른다. 히로시마와 나가사키에 원자 폭탄이 떨어져 수십만 명이 떼죽음을 당한 끝에 무조건 항복을 해야 했던 그 경황 중에 그런 대책을 재빨리 수립하여 조직적으로 실천했던 것도 일본이 아니고는 쉽지 않을 대응이었겠지만, 그 시설에 투입되었던 상당수의 전쟁미망인들이 보여 준 태도도 다른 문화권 사람들에게는 예사로운 일이 아니었다.

그녀들의 고객은 자신들의 남편을 죽인 적, 곧 원수였다. 바로 며칠 전까지만 해도 '귀축미영鬼畜米英'이라고 저주하며 그들이 상륙할 경우 결사 항전하겠다고 집집마다 죽창을 마련해 두기까지 했다. 그런데 그녀들 역시 고관 부인들과 마찬가지로 자기 고객들에게 오로지 헌신적이기만 했다. 섹스 뒤에 공손하게 무릎을 꿇고 '감사했습니다' 하며 절을 올리는 일본 여자의 모습이 미국인 눈에 신비로워 보이지 않을 수 없었을 것 같다. 그 여자들 가운데 상당수가 이른바 '전쟁 신부'로서 미군의 아내가 되어 미국으로 떠났다. 그 수가 10만 명에 이르렀다. 미군들이 그녀들의 신비하기까지 한 헌신적 서비스에 감동한 결과였는데, 그 바람에 일본은 넘치는 전쟁미망인을 일부나마 해결할 수 있었고, 미국에는 거대한 일본인 집단이 생기게 되었다.

습합 정신의 정화 – 메이지 유신

일본인의 특질처럼 이야기되는 모방 심리의 정신적 기조가 될 이러한 습합 문화나 정신이 가장 치열하게 작동하던 때가 바로 메이지 유신 시절이었다. 그들은 흡습지가 잉크를 빨아들이듯 서구적인 것이라면 그것이 무엇이든 받아들였다. 그들의 구화歐化 지향이란 곧 서구 모방이었다. 그들은 복장이나 콧수염부터 모든 것을 모방했다. 그들은 서구를 향해 두 눈에 불을 켜고 있었다. 결국은 습합 정신의 발현이었으며, 필사적이었고, 무서운 속도였다.

로쿠메이칸

1871년, 한국인에게는 원흉으로 기억되고 있는 반면에 일본인에게는 역사적 위인으로 추앙받아 한때 화폐의 인물이 되기도 했던 이토 히로부미가 포함된 대규모 사절단이 구미를 향해 출발했고 천민 해방령이 내려졌으며, 1872년에는 차관을 얻어 도쿄와 요코하마 사이 철도 29킬로미터를 개통했고 호적법이 시행되었으며, 1873년에는 천황이 상투를 잘라 버리는 것부터 시작하여 머리 스타일까지 서구화시키는 쪽으로 나아갔다. 조선의 단발령은 22년 뒤인 1895년이었다. 권위의 상징으로 콧수염을 기르기 시작한 것도 이 무렵의 일이었다. 복장도 물론 양복, 양장으로 바뀌었다.

당시 일본인의 구화열歐化熱을 이야기하면서 결코 제쳐 둘 수 없는 로쿠메이칸(鹿鳴館)에 대한 위키피디아의 설명은 이렇다. "로쿠메이칸은 외빈이나 외교관을 접대하고 숙박하게 하고자 메이지 행정부가 1883년 도쿄에 2층 규모로 건축한 사교장이다. 당시 극단을 향해 치닫고 있던 구화歐化 정책을 상징하는 존재이기도 하다. 로쿠메이칸을 중심으로 한 외교 정책을 '로쿠메이칸가이꼬(鹿鳴館外交)'라고도 부른다."

당시 외상 이노우에 가오루(井上馨)는 제도뿐 아니라 국민들의 생활과 문화까지 철저히 서구식으로 개조해야 한다면서 로쿠메이칸 건설을 주도했고(1883), 이 클럽에서는 물론 서양인이 참석하는 무도회가 자주 열렸다. 정부의 고관이라면 부부 모두 당연히 서양 춤에 능해야 했다. 그들은 서양 옷차림으로 서양인과 서양 춤을 추고 서양 성 문화를 경험하며 서양을 익혀 나갔다. 한국인에게 특히 악명 높은 이토 히로부미가 부하 외교관의 아내와 간통하고, 그 남편은 유럽 어느 공관으로 보냈다가 나중에 외상으로 다시 불러들였다는 따위 대중적 흥미를 불러일으키는 허다한 '로쿠메이칸 스토리'는 그 과정에서 생산된 부산물이었다. 뒷날 미시마 유키오(三島由紀夫) 원작으로 「로쿠메이칸 스토리」가 무대에 오르기도 했다.

당시 문부상이었던 모리 아리노리(森有禮)가 일본어로는 안 되니까 국어를 아예 영어로 바꿔야 한다는 주장까지 했다니까 그 무렵 일본의 구화 의지가 얼마나 치열했는지 짐작해 볼 만하다. 그들은 그렇게 입구와 향구 의지를 조직적으로, 거침없이, 실현해 나갔다.

천황의 입신화

'인신人神'이니까 당연할 듯한데, 이 글을 쓰기 위해 내가 들춰 본 결코 적지 않은 분량의 어느 기록에도 그런 대목은 없었으니까, 어린 시절 그의 사진 정도를 바탕으로, 나의 상상력에 의지할 수밖에 없게 되었는데, 즉위할 때 열다섯 살이던 천황에게 일본 역사상 최대 격동기였을 이 시기에 대응할 최소한의 능력도 있었을 것 같지 않다. 오히려 일본 정치권력의 양대 축인 도쿠가와 막부의 14대 쇼군 도쿠가와 이에모치(德川家茂)와 고메이(孝明) 천황이 한 달 사이에 잇달아 죽은 다음에 생긴 권력의 과도기를 틈탄 권력 투쟁의 틈바구니에서 어쩔 줄 몰라 하고 있기나 했을 어린 천황[1]의 애처로운 모습이 상상되기도 한다.

그런데 우리 식으로 표현해 보자면 신군부라 할 수 있을 새로운 집권 세력은 도막倒幕, 곧 막부를 타도하려고 자신들이 내건 기치인 '존왕尊王'의 실현을 위해서나, 자신들의 집권 프로그램의 실천을 위해서나 강력한 천황의 존재가 필요했다. 그리하여 막부 정치가 시작된 이래 거의 700년 동안 내내 지방 영주인 다이묘(大名)보다도 낮은 대우를 받을 만큼 유명무실한 존재에 지나지 않았던 천황의 절대적 인신화人神化가 마침내 시작된다. 여왕벌 만들기였다.

아직 어린 데다 여성스럽기까지 한 소년이던 메이지 천황을 위엄 있는 군주로 만들기 위한 승마 훈련, 군사 훈련, 외국어 교육이 포

---

1. 혹시라도 '천황'이라는 표현에 대해 신경이 긁히고 있는 이가 있을는지도 모르겠는데, 그것은 한국의 '대통령', 타이완의 '총통' 또는 아프리카 원주민의 '추장'처럼 고유 직함일 뿐이다. 서양 사람들이 보기에 우리나라의 '과장', '계장', '교장', '선장', 이런 직함들이 우리에게 '천황'처럼 우스꽝스러워 보인다. 고유 직함은 고유 문화의 소산에 지나지 않는다. '천황'을 '일왕'이라 표현한다 하여 얻을 게 있는가? 그런 지엽 말단에 신경을 낭비하고 있을 이유는 없다. 우리에게 필요한 것은 본질이다.

함된 특별 훈련이 강도 높게 실천되면서 국민들이 그를 신으로 바라볼 수밖에 없도록 몰아갔다.

화재를 만난 학교에서 천황의 초상화를 구해 내지 못했다 하여 자신의 불충不忠을 자살로 반성한 교장 이야기도 그 시절의 것이었다. 그다음부터는 건물에 불이 났을 때, '진영眞影'이라 존칭되던 천황 초상화부터 우선 구해 내게 되었다. 조직적 상징 조작을 통해, 천황이 유명무실한 존재가 아니라 마침내 위광威光 드높은 인신으로서 국민의 절대적 구심이 된 거였다.

그렇게 추진되고 진행된 메이지 유신은 결국 일본을 모든 면모에서 완전히 새롭게 바꿨다. 경제적으로는 자본주의가 성립하였고, 정치적으로는 신구 세력의 마지막 충돌이었던 세이난 전쟁(1877)과 더불어 막부 잔당이 척결되었고, 서구식 헌법 제정(1889)과 민선 의회(1890)가 출범하면서 입헌 민주 정치가 개시되었으며, 사회·문화적으로는 근대화가 숨 가쁘게 추진되었다.

오늘의 일본적 번영의 시작이었으며, 그 번영의 구체적 산물 가운데 하나는 인구 증가였다. 줄기차게 되풀이되던 전쟁이 없다 보니 죽는 사람은 적어지고, 마비키(間引き) 같은 영아 살해 풍습이 금지되다 보니까 인구가 늘어날 수밖에 없었다. 그 결과 막부 말년인 1867년에 3500만이던 인구는 그들이 제2차 세계 대전을 일으키던 1939년에는 7000만을 넘어서게 되었다.

화폐의 인물이 될 만큼, 일본인에게 대단한 존경을 받고 있는 후쿠자와 유키치(福澤諭吉, 1835~1901)를 제쳐 둔 채로는 현대 일본을 설명할 수도 없고, 이해할 수도 없다. 그렇다고 이 글에서 그에 대해 장황하게 설명할 이유는 없다. 단지 그가 37세 때인 1872년에 펴낸 『학문의 권유(學問のすすめ)』에 대해서만 이야기하려 한다. 내가 이해하는 일본 현대사에서 이 책이 갖는 의미가 만만치 않기 때문이다.

이 책에 대한 위키피디아 일어판 설명에는 대충 이렇게 이해될 만한 대목이 있다. "이 책은 최종적으로 300만 부 이상이 팔렸다. 당시 인구 3000만 정도였으니까 열에 하나는 이 책을 읽은 게 되겠다. 요즘과 같이 대규모 판로나 광고도 어려운 시대였기에 더욱더 놀랍다."

인용문에서는 책이 팔린 수와 책을 읽은 사람 수를 같게 보았는데, 신문의 경우 열독률은 구독률의 3배쯤 된다. 책은 곱절쯤은 되지 않을까. 책이 귀하던 그 시절로 보자면 더욱더 그렇다. 책이 팔린 수보다는 책을 읽은 사람 수가 더 많을 수밖에 없다. 더구나 이것은 대중적 읽을거리가 아니다. 이런 것으로 미루어 보자면 그 당시 일본의 독서 능력이나 독서열은 상당했을 것 같다.

우리 문맹률은 그때로부터 75년쯤 지난 1945년경에도 90퍼센트였다. 『학문의 권유』가 나오던 당시로 볼 때 우리에게 책이라면 『천자문』이나 『동몽선습』 또는 『장화홍련전』이나 『심청전』부터 사서삼경 정도가 모두였고, 그나마 독서 계층은 이른바 양반들뿐이던 시절이다. 그런데 일본은 이미 대중 독서 시대에 접어들어 있었다. 비단 한국에 견줘서만이 아니다. 세계 모든 문화권에 견줘서도 당시 일본의 문맹률은 가장 낮았을 것 같다.

국력의 기본은 무엇일 수 있을까? 관점에 따라 대답은 제각각 다를 텐데, 나의 대답은 지식이고, 지식을 재는 잣대는 독서 능력 또는 독서열이다. 『학문의 권유』가 나올 당시 그만했던 독서 능력이나 독서열의 결과는 오늘 우리가 보고 있다. 일본인은 세계에서 책을 가장 많이 읽는 축에 든다. 그 독서가 세계 최강 가운데 하나가 된 그들의 현재 국력을 이룩하는 바탕이 되었다. 문화는 결코 하루 아침에 이루어지지 않는다.

『학문의 권유』가 간직하고 있는 의미에 대하여 하나 더 짚어 보아야 할 게 있다. 초간 출판으로부터 140여 년이 지난 아직도 일본 서점에서 이 책은 같은 저자의 다른 책들과 함께 현역이다. 그것은 사상의 영속성을 뜻한다. 살려 두어도 괜찮을 법한 것들까지 이현령비현령耳懸鈴鼻懸鈴식 편리한 온갖 이유들을 앞장세운 집요한 배제를 통해 줄기차게 박멸해 온 바람에 우리에게는 아예 없게 되어 버린 이런 영속성은 사상의 구심 존재를 뜻한다. 앞에서 일본이 보유한 인적 구심에 대해 이야기한 바 있는데, 일본에는 이렇게 사상의 구심도 있기에 그들 사회는 세계 어느 문화권에 못지않게 견고하다. 그리고 그 중심을 차지하고 있는 사람은 물론 후쿠자와 유키치다.

그의 탈아론

바로 그 후쿠자와 유키치가 1885년 3월 16일, 자신이 창간하여 운영하고 있는 신문인 「지지신포時事新報」에 「탈아론脫亞論」을 발표하면서 '탈아입구脫亞入歐'의 이념이 시작된 것으로 알려져 있지만, 앞에서 살펴본 것처럼 1853년 페리 제독이 '검은 배'를 몰고 일본 항구에 나타난 뒤 메이지 유신이 진행되는 동안 일본의 실천 과정에는 이미 '탈아입구'적 지향이 명확하다. 그의 「탈아론」에 "비록 일본이 이미 정신적으로는 아시아를 벗어났지만"이라는 구절이 나오는 것으로 보아서도 그렇다.

1884년 조선의 갑신정변이 실패하자 후쿠자와가 조선이나 중국 등 주변 국가의 변혁은 어렵다고 판단하여 일본만이라도 제대로 준비하자는 의도에서 '탈아론'을 주장했다는 학설도 있으나 그다지 설득력이 없어 보인다. '탈아'는 메이지 유신 이후 내내 일본의 절대적 지향이었기 때문이다. "역사 민속학자 주강현은 그런 일본을 두고 이미 '서구를 닮고 싶어 안달이 난, 백인 콤플렉스에 걸린 황인종'이라고 했다."(조선일보 2005년 11월 21일) 온당한 야유 같아 보이지 않는다. 야유가 온당하기는 어렵다.

19세기 말 서울 풍경 사진을 더러 보셨을 듯싶은데, 조선의 메인 스트리트였던 종로 거리에는 추녀가 낮은 초가집뿐이었고, 명동 거리에는 성당 건물 하나만 우뚝했다. 같은 시기, 에도(도쿄)는 한양(서울)보다는 훨씬 나았다. 역시 사진으로 보니까 목조 2층 건물 정도는 즐비했고, 석조 고층도 더러 눈에 띄었다. 그러나 빼어난 건물들부터, 오늘 우리가 유럽 여행 중에 감탄을 터뜨리는 유럽 주요 도시 풍경은 모두가 19세기 이전 것으로 한양이나 에도에 견줘 가히 압도적이다. 그 도시들을 방문한 일본인들로서 놀라워해야 했을 것들은 비단 그런 건물들이나, 그런 건물들이 중심 풍경이 되는 도시미만은 아니다. 산업 혁명의 정화精華라 부를 철도가 일반적인 수송 수단이 되어 있었고, 런던 박람회(1851)니 하는 것도 이미 오래 전 일이었다. 또 기계 문명에 저항하는 러다이트 운동(1810)은 그보다 훨씬 전이었다.

그리하여 몸피를 키운 유럽 열강은 식민지 사냥에 열을 올리고 있었다. 그 모든 것을 이미 보고 온 일본인들에게 '아시아적 미개와 고루'는 절실할 수밖에 없었다. 위기감을 느끼지 않았다면 오히려 수상쩍어 해야 할 일이었다. 당시 일본인의 향구열은 '콤플렉스'가 아니라 생존을 위한 필사의 몸부림이었다. 탈아입구는 절대적으로 선각先覺이었고, 타당했다. 「탈아론」에는 우리가 읽어 특히 아파할 수밖에 없을 대목이 있다.

옛것을 버리고 새로운 것을 얻는 과정에서 가장 핵심적인 것은 '아시아를 벗어나는 것' 탈아(脫亞)이다. 비록 일본이 이미 정신적으로는 아시아를 벗어났지만, 이웃의 두 나라, 한국과 중국은 개혁을 생각조차 하지 못하고 있다. 이 나라들의 유교적 가르침은 모두 위선적이고 뻔뻔스러울 뿐이다. 중국과 일본의 개혁이 실패한다면, 이들은 곧 세계열강에게 나라를 빼앗길 것이다. 서구인들은 언제나 일본, 중국, 한국을 같은 문화를 가진 비슷한 나라들이라고 생각하는데, 이는 일본에게 걸림돌이 될 뿐이다. 나쁜 친구를 사귀는 사람은 다른 사람들에게 마찬가지로 나쁜 인상을 주기 때문에, 일본은 이웃의 나쁜 아시아 나라들과 관계를 끊어야 한다.

김옥균과 후쿠자와 유키치

"이웃의 두 나라, 한국과 중국은 개혁을 생각조차 하지 못하고 있다. 이 나라들의 유교적 가르침은 모두 위선적이고 뻔뻔스러울 뿐이다. (……) 일본은 이웃의 나쁜 아시아 나라들과 관계를 끊어야 한다." 우리로서는 모욕을 느껴야 할 이 대목이 더 아프게 느껴지는 것은 김옥균과 후쿠자와 유키치, 두 사람의 관계 때문이다.

우리 역사에서 참 아쉬운 실패를 한 김옥균은 그의 나이 32세 때인 1882년에 여남은 살 위인 후쿠자와 유키치를 만났고, 그때 후쿠자와가 젊은 김옥균의 가슴에 개화 혁명의 불길을 댕긴 것으로 전해지고 있다. 그러나 김옥균은 그 두 해 뒤, 삼일천하로 끝난 갑신정변(1884)에 실패한 다음 일본으로 도망쳐, 이후 꼭 10년 동안 후쿠자와의 보호를 받고 있다가 후쿠자와의 만류에도 불구하고 새로운 길을 찾아 중국으로 건너갔고, 조선 정부를 장악하고 있던 수구파가 보낸 자객 홍종우에게 그곳에서 피살되었다.

곧, 같은 사상을 가졌던 후쿠자와는 성공했고 김옥균은 실패하여, 더구나 사후에 인천으로 실려 가 참혹한 난도질까지 당했다. 그 마지막 장면이 얼마나 처참했던가. 다른 사람도 아닌 후쿠자와 유키치가 경영하고 있던 「지지신포」 1894년 4월 28일의 기사는 그 현장을 다음과 같이 보도했다. 극사실적인 묘사가 실로 섬뜩하다.

김옥균의 시신은 중국 군함 위정호에 실려 4월 12일 인천에 닿았다. 왕명에 따라 시신은 능지처참됐다. 김의 시신을 관에서 끄집어내 땅 위에 놓고, 절단하기 쉽게 목과 손, 발밑에 나무판자를 깔았다. 목을 자르고 난 다음에 오른쪽 손목, 그다음 왼쪽 팔목을 잘랐다. 이어 양 발목을 자르고 몸통의 등 쪽에서 칼을 넣어 깊이 한 치, 길이 여섯 치씩 열세 곳을 잘라 형벌을 마쳤다.

후쿠자와 유키치의 성공과 김옥균의 실패가 곧 일본과 한국의 성공과 실패를 뜻하는 것은 아닐까? 그런 의문을 털어 버릴 수 없기에 후쿠자와 유키치의 글은 더 아프게 느껴지고, 김옥균의 종말은 더 비애스럽다. 또 정적政敵에 대한 이런 잔인함이 마치 포기해서는 안 되는 전통이라도 되는 것처럼 아직도 이어지고 있기에 더 놀랍다. 다음 대목으로 넘어가기 전에 일본의 옛날과 현재에 대한 짧은 묵상의 기회를 마련해 보기로 하겠다.

왜구와 가라유키

일본은 한반도 넓이의 1.7곱절쯤 되지만, 해발 2000미터가 넘는 산은 백두산 하나밖에 없는 우리나라와 달리, 3775미터짜리 후지산 등 300개쯤 된다. 그야말로 산악 국가다. 그러다 보니까 주거나 농지로 사용할 수 있는 땅은 우리보다 오히려 좁을 수밖에 없다. 바로 그런 땅에서 살고 있는 인구는 1939년 통계가 있는데, 세계 총인구가 20억이던 당시 한반도에는 2340만 명이었는데, 일본은 7138만 명이었다. 그러니까 한반도에 견줘 인구 밀도는 월등하게 높았다. 그 이전에도 내내 그랬을 테니, 산업화 이전 농경 시대에, 그들에게 먹고사는 일은 언제나 긴박할 수밖에 없었다. 그들에게 일반화되어 있던 '마비키' 풍습은 그들의 삶이 얼마나 긴박했던가를 잘 이야기해 준다.

'마비키(間引き)'는 한자로도 짐작해 볼 수 있을 듯한데, '솎음질'을 뜻한다. 그들은 밭에서 채소를 솎아 내듯이 갓난아기를 골라 죽였다. 굶어 죽이기, 가슴에 돌을 얹거나 물수건으로 코를 덮어 숨을 쉬지 못하게 해서 죽이기 등 죽이는 방법도 잔인했다. 그렇게라도 먹는 입을 줄여야만 했다. 그토록 긴박했던 이 먹고사는 과제 해결을 위해 써먹은 수단 가운데는 우리가 왜구라 부르는 도둑질과 그들이 가라유키라 부르는 인력 수출이 있었다.

왜구는 우리나라뿐만 아니라 중국이나 필리핀 쪽에서도 큰 위협이었는데, 특히 지리적으로 가까운 우리나라에서 더 심했다. 한반도 서남 해안은 언제나 왜구의 위협에 노출되어 있어서 이를테면 낙안 읍성 같은 방어 수단이 특별히 강구되었다. 그래 봤자 추수 때를 맞춰 쳐들어와 곡식들을 빼앗아 가는 데는 거의 속수무책이었다. 당할 수밖에 없었다.

　그런데 일본인들로 보아 더 절박하고 더 처절했던 것은 가라유키(唐行き)였다. '가라유키'는 "에도 시대부터 제2차 세계 대전까지에 걸쳐 일본에서 동남아시아 지방까지 외지로 돈을 벌러 나간 여성을 칭한다."(다음/일어 사전) 그러니까 일본은 그 시절부터 여자들을 수출하여 돈을 벌었던 셈이다. 「나라야마 부시코」(1983)와 「우나기」(1997)로 칸영화제 황금종려상을 두 차례나 수상한 일본의 세계적인 감독 이마무라 쇼헤이(今村昌平)의 극영화 「가라유키상」(1975)의 모델이 된 기쿠요 할머니 경우가 있다.

　제2차 세계 대전이 한창이던 시절에 납치되어 말레이시아 사창가에 팔린 다음 다시는 고향에 돌아오지 못한 기쿠요는 납치당해 실려 온 뱃삯부터 당장 벌어야 했다. 납치 당시 열아홉 살이던 기쿠요는 빚을 겨우 갚고 몇 남자와 살림도 차려 자식도 낳았지만, 그 자식들로부터마저 경멸받는 노년을 보내고 있다. 일본은 외화벌이에 이용한 그녀를 기억하려 하지 않았고, "담배만 있으면 족하다"고 말하는 할머니는 자기를 착취한 포주나 자기를 버린 조국에 대한 증오 같은 것도 느끼지 않는 적막한 생애를 살아가고 있다.

　이러한 이야기들을 찾아 읽으며 내게 다가온 느낌은, 현재보다 훨씬 더 가난했을 말레이시아로 돈벌이를 떠날 수밖에 없었을 만큼 그 당시 일본은 가난했을까 하는 의문이다. 그러나 아시아 전 지역에 퍼져 나갔다는 가라유키의 존재로 보아 일본의 옛날은 그 시절

아시아 여러 나라보다 형편이 더 나빴던 것 같다. 왜냐하면 여자 수출은 국빈國貧의 절대적 상징이고 원정 매춘은 대부분 자기 나라보다 조금이나마 더 잘사는 나라로 갔을 것이기 때문이다.

그리고 일본의 그 지극한 국빈은 그리 오랜 옛날의 일도 아니었다. 그런데 일본은 오늘 세계적인 부자 나라가 되어, 일본 여자 값을 세계 최고로 올려놓아, 일본 남자들로 하여금 섹스 여행을 일삼게 만들어 버렸다. 그 계기가 바로 메이지 유신이었다. 그래서 우리의 쇄국 정책과 그 뒤의 지리멸렬이 더 아쉽다.

주자학과 양명학

주자학과 양명학은 한국과 일본 비교 연구의 키워드다. 주자학과 양명학에 대한 사실적 이해는, 한국인과는 다른 일본인의 의식이나 사상의 구체적 뿌리를 더듬어 보는 중요한 전제라고 생각되기 때문이다. 대목대목에서 잠깐씩 생각을 머물러 보시기 바란다. 어쩌면 역사적 미스터리를 풀어 나가는 것처럼 몸이 근질근질해지는 재미를 느껴 볼 수 있을는지도 모른다.

주자학이나 양명학, 양편 모두 골 때리지만, 곧이곧대로는 도무지 이해할 수 없게 된 나 자신이 그 분야에 고명하신 현상윤 선생(1893~납북)의 해석에 의지하여 그렇게 이해하기로 한 것처럼, 약간, 또는 꽤 무지막지하게 단순화해 보기로 하자면, 주자학의 요체는 '지선행후知先行後'이고, 양명학의 요체는 '지행합일知行合一'이다. 먼저 앎을 익히고 그다음에 실천한다는 주자학이 존재(being)를 위한

학문이라면, 실천이 없는 앎은 참된 앎이 아니라는 양명학은 행동
(doing)을 위한 학문이다.

붓과 칼, 명분과 실질

표현을 조금 바꿔 보자면, 주자학은 지배자를 위한 학문이었는
데 견줘 양명학은 사민四民을 위한 학문이었으며, 주자학은 붓의
학문이었는 데 견줘 양명학은 칼의 학문이었으며, 주자학은 세월아
네월아 하는 학문이었으나 양명학은 찰나를 다투는 학문이었다.
좀 더 본질적인 쪽으로 나아가 보자면, 명분을 숭상하는 주자학은
보수의 길이었고 실질을 추구하는 양명학은 진보의 길이었으며, 보
수의 길을 고집한 조선은 퇴영의 늪에 빠져 마침내는 나라마저 빼
앗긴 반면에, 진보의 길을 선택한 일본은 개명의 대지에서 세계열
강 가운데 하나가 되었다.

나의 이런 단순화가 주자학과 양명학의 본질과는 거리가 먼 것
이라 할지라도 상관없다. 왜냐하면 내가 이 책에서 이야기하려는
것은 주자학과 양명학 그 자체가 아니라 선비 중심의 한국 문화와
사무라이 중심의 일본 문화가 어떻게 다르고, 어떻게 같은가를 알
아보려는 것이기 때문이다.

주자학과 양명학에 대해 당신의 머릿속에는 지금 어떤 그림이 그
려졌는가. 확실하지 않다고? 마냥 불확실한 것이기를 바란다. 그것
은 바로 이제부터 당신이 풀어 가야 할 미스터리의 수數가 무궁하
다는 것을 뜻하기 때문이다. 사실이다. 한국과 일본 관계는 당신이

이때까지 경험한 어떤 미스터리보다도 더 복잡다단하다. 따라서 그 수가 무궁무진할 수밖에 없다. 자, 그러면 미스터리 대하소설을 읽는 심정으로, 바로 그 미스터리의 세계에 우리 함께 발을 들여놓아 보기로 하자.

두 가지 의문

우리나라 역사를 들여다볼 때 어김없이 다가오는 두 가지 의문이 있다. 빤한 의문 같은데 답은 쉽지 않다. 그래서 의문은 더 까다로워진다. 우리는 외래 사조나 문물에 약한 것 같다. 역사상 고증이 가능한 그 처음 자취는 신라 김춘추 시대가 될 듯하다. 『삼국사기』에 이런 대목이 있다.

온 나라 안에는 당의 물결이 넘쳐, 당의 물건만을 따로 파는 저 잣거리가 생기고, 덩달아서 그런 시류에 편승한 약삭빠른 장사꾼들이 당의 물건들을 다투듯이 사들여 와 폭리마저 취하게 되었다. 폐해 또한 만만치 않았다. 풍속이 차츰 더 부박해지고, 백성들은 다투어 사치와 호사를 일삼게 되어, 당에서 들어온 물건들만 진기하게 여겨 숭상하고, 제 나라의 토산물은 더럽고 낮은 것으로 싫어하게끔 되었다.

그리고 그때로부터 1500년쯤의 세월이 흐른 현재 한국에서는, 본바닥 유럽에서는 퇴조 상태에 있는 기독교가 번성하고, 역시 본바

닥에서는 힘을 쓰지 못하는 마르크스주의도 사실상 현재 진행 상
태여서, 북에서는 아예 통치 이데올로기가 되어 있다. 유학도 마찬
가지다. 비공批孔 운동까지 벌어진 유교의 본바닥 중국에서는 유교
나 공자에 대한 신뢰도가 20퍼센트쯤인 데 견줘 한국은 90퍼센트
다. 우리가 외래 사조나 문물에 특별히 약한 이유는 무엇일까?

또 하나의 의문이 성큼 다가온다. 일본도 초대 진무(神武)부터 현
재의 제125대 헤이세이(平成)까지 만세일계萬世一系, 곧 천황가에 의
해 그 법통이 이어져 왔다고 하지만, 그것은 상징 조작에 지나지 않
아 보인다. 그동안 천황가가 세 차례 바뀌어 왔다는 설이 여전히 존
재하고, 천황이라는 존재가 유명무실했던 막부 시대(1192~1868)를
제쳐 두고 본다 할지라도, 돈이 없어서 고쓰치미카도(後土御門, 재위
1464~1500) 천황은 사후 40일이나 지나서야 겨우 장례식을 치를 수
있었고, 고카시와바라(後柏原, 재위 1501~1526) 천황이나 고나라(後
奈良, 재위 1527~1557) 천황은 각각 21년과 10년이 지난 뒤에야 즉위
식을 올릴 수 있었다든가, 고다이고(後醍天皇, 재위 1318~1339) 천황
은 가마쿠라 막부를 상대로 쿠데타를 일으킨 적이 있다든가, 도쿠
가와 막부에서는 막부의 봉록이 800만 석이었던 데 견줘 천황은 지
방 영주인 다이묘(大名)의 3분의 1에도 미치지 못하는 3만 석이었다
든가 하는 기록으로 보아 천황가는 사실상 있으나 마나 한 존재였
던 것 같고, 많은 때는 100여 개국으로 나뉘어 있던 것을 도요토미
히데요시가 통일했다든가, 막부 교체도 사실상 유혈 역성혁명이었

으니까 실제로는 왕조 교체가 잦았던 셈이다. 중국도 200년을 넘긴 왕조가 드물고 300년을 넘긴 왕조는 아예 없다.

그에 견준다면 우리는 조선(1392~1910, 518년)뿐만 아니라 고려(918~1392, 474년)나 신라(B.C 57~935, 992년), 고구려(B.C 37~668, 705년)나 백제(B.C 18~660, 678년)도 모두 장수를 누렸다. 이런 예는 세계사적으로도 드물다. 그러므로 주자학적 교리를 조선 왕조 장수 이유로 보는 것은 온당하지 않다. 그렇다면 같은 유교 문화권인 중국이나 일본보다 한반도에 있는 왕조들이, 더구나 중국과 일본 틈새에 끼여 있는 지정학적 불리에도 불구하고, 장수한 이유는 무엇일까?

모든 습속은 사소한 것이라 할지라도 역사적 산물이다. '불가불가'와 '앗싸리', 이를테면 그런 습속의 역사적 근원을 찾아보기 위해, 주자학과 양명학이 조선과 일본에서 어떻게 받아들여지고 어떤 영향을 미치게 되었는가를 간략하게나마 짚어 보려 들다 보니까 또 이런 의문이 다가왔다. 답은 역시 쉽지 않다. 쉽지 않은 답을 그대로 둔 채 다음 이야기를 이어 나가 보기로 한다. 이야기를 이어 나가다 보면 그 이야기 중에서 답을 가려 볼 수 있을 것 같기도 하니까.

무룻주의의 탄생

사상은 시대의 산물이다. 선비의 코할아버지(鼻祖)인 공자(B.C.

552~479)의 시대는 공자보다 100년 뒤 사람인 맹자(B.C. 372~289)의 묘사대로라면 "사설邪說과 폭행이 일어나고, 신하가 임금을 죽이고, 자식이 어버이를 죽였다". 실제로 공자의 시대인 춘추 240년 동안 36명의 시군弑君이 있었고 살부殺父는 비일비재했다.

생몰연대가 확실하지 않지만 공자가 생전에 만난 적이 있다 하니까, 대개 그 시대 사람으로 추정되는 노자는 "극형도 쓸모가 없다. 백성이 죽음을 두려워하지 않는데 죽음으로써 백성을 두렵게 한들 무슨 소용이 있겠는가" 했다. 그야말로 '천하무도天下無道', '천하무례天下無禮'의 혼란 상태였던 것 같다.

공자는 이런 상태를 인간 본성의 보편적 동정심인 '인仁'에 근거하여 해결하려 했다. 그래서 도덕에 바탕을 둔 공자의 무릇주의는 태어났다. 공자의 무릇주의는 물론 '군자지도君子之道'도 논했지만 주로 아랫사람, 약한 사람의 도리를 강조했다. 그의 사상이 대체적으로 충과 효로 요약되고 있는 것으로 보아 그렇다.

무릇 인간이라면,
무릇 신하라면,
무릇 자식이라면,
무릇 아내라면,
당연히 어떠해야 하느니라.
이것이 내가 '무릇주의'라 이름 붙인 사조의 졸가리다.

주자의 비공

무릇주의를 공자의 언어로 바꿔 놓으면 "임금은 임금다워야 하고 신하는 신하다워야 하며, 아버지는 아버지다워야 하고 아들은 아들다워야 한다"가 되고, 이것은 공교롭게도 공자가 죽은 다음 70년이나 지나 아테네에서 태어난 플라톤(B.C. 428~347년경)의 "지배자는 지배하고, 노동자는 노동하고, 노예가 노예일 수 있다면 국가는 정의롭다"라는 진술을 연상하게 하여 그 느낌이 야릇한데, 공자의 가르침은 결과적으로 보아 별 효과가 없었다.

공자 시대 이후에도 시군과 살부는 줄기차게 되풀이되었고, 왕조는 쉴 새 없이 지고 떴다. 때문에 이런 상황에서 유가의 도덕주의가 무슨 쓸모가 있으랴 하는 비판을 전제로 한비(B.C. 281~234)의 법가가 태어났다. 법가 사상은 진시황에게 채택되어 잠깐 빛을 보기도 했고, 그 뒤 유가에 흘러 들어가 일정 변형을 주기도 했지만 결과적으로는 별 힘을 쓸 수 없는 상태가 되었다. 도덕을 앞세운 명분주의는 그만큼 힘이 셌다. 그래서 공자보다 1500년 뒤에 이 세상에 온 주자(1130~1200)는 깊이 탄식했다. "1500년 동안 요순과 공자에 의해 전해 내려온 도는 이 세상에서 단 하루도 실천된 적이 없다(千五百年之間堯舜孔子所傳之道 未嘗一日得行於天地之間也)."

요순은 전설 속 인물이니까, 위 문장은 그대로 공자 비판이 된다. 그래서 주자는 루쉰(魯迅)이나 마오쩌둥(毛澤東)보다 적어도 800년은 앞서서 공자 비판, 곧 비공批孔을 감행한, 비공의 선구자가 된다. 그런데 주자는 공자보다 오히려 더 율법적인 교시를 만들어 냈

다. 이른바 주자학이 그것인데, 주자학의 실행 지침 같은 게 될『주
자가례』가 한 예가 되겠지만, 가혹한 체벌을 곁들여 나를 집요하게
훈도한 아버지의 이론적 근거가 되는 바람에 내 생체에 아예 새겨
지다시피 한 그것은 공자의 무릇주의를 더 섬세하게 가다듬어, 걸
음걸이부터 숨 쉬는 것까지, 거짓 꾸밈 없이는 실천해 내기 어려운
것들이었다. 결국 도덕주의의 기형 변종인 무릇주의는 인간의 이성
적 분별보다는 보편적 허위의식을 자극하여 인간을 명분이라는 굴
레에 사정없이 예속되도록 했다.

무릇주의, 그 참혹한 결과

주자 시대부터 이미 시작된 비공 움직임이 구체적 예가 되겠지
만, 이런 무릇주의 경향은 본바닥인 중국보다 한반도에서 더 위력
적이었다. 당에 아부하여 처음으로 이 땅에 외세를 끌어들임으로
써, 결국은 동족인 백제와 고구려를 멸했던 김춘추가 그 시작이 될
사대주의 때문일 수 있다. 그리고 이런 경향은 억불숭유抑佛崇儒 정
책을 펴, 유교를 사실상의 국교國敎로 삼은 조선조에 들어서면서
활짝 꽃을 피웠다. 허구한 날 수신修身에나 힘쓰는 선비적 퇴영이
나라를 지배하는 주된 분위기가 되었고, 매관매직이 흔하게 되었
고, 그러다 보니 청백리를 따로 골라 기려야 할 만큼 탐관오리가 넘
쳐 나게 되었다.

따로 골라 기려야 할 것들 가운데에는 충신이나 효자도 있었다.
충효라는 절대적 지배 이데올로기와는 달리 충신 아니고 효자 아

닌 사람은 그만큼 썼다. 다른 문화권에서는 찾아보기 쉽지 않은, 그래서 더 한심스럽기 짝이 없는 예송禮訟과 사화士禍는 줄기차게 되풀이되었고 조정은 허구한 날 당파 싸움판이었다. 승복하는 사람이 없었으므로 싸움은 끝이 있을 수 없었다. 권모술수밖에는 정론도 지조도 없었다. 그 시대를 살아보지는 않았으나 오늘 우리네 정치판의 역겹기 짝이 없는 모습으로 미루어 그 시대를 짐작해 볼 수는 있을 것 같다.

자금성, 황거 그리고 경복궁

그 시대를 미루어 짐작해 볼 만한 역사적 증거로는 이런 것도 있다. 예를 들어 유교 문화권 세 나라의 궁성을 비교해 보면 중국의 궁성인 자금성紫禁城이나 일본의 궁성인 황거皇居와 우리나라의 경복궁이나 창덕궁은 확실히 다르다. 우선 자금성이나 황거는 특별한 공성攻城 장비에도 끄떡없을 만큼 튼튼하다. 나의 소설 『고궁—오사카 성』을 쓰는데, 오사카 성의 밤 장면이 필요하여, 일부러 밤에 가서 어디든 좀 비집고 들어갈 틈이 없는지 꽤 오래 살펴보았으나, 그야말로 빈틈이 없었다.

그런데 우리 경복궁이나 창덕궁 담은 사다리 정도만 있으면 얼마든지 뛰어넘을 수 있다. 두세 사람이 겹무동만 타도 넘어갈 수 있을 것 같다. 조선조에서 가장 오래 으뜸 궁성으로 사용된 창덕궁의 경우, 역시 일부러 가서 살펴보았는데, 전면을 제외하고는 여염집 담장이나 비슷했다. 그런데 명성 황후 시해 사건을 제쳐 두고 본다면 우리 궁성이 공격당했다는 기록은 없다.

비단 궁성만이 아니다. 지방 관아도 마찬가지다. 일본은 번(藩, 지금의 현)마다 궁성에 견줘 손색이 없는 튼튼한 성이 있다. 그런데 우리의 지방 관아는 허술하기 짝이 없다. 동학 농민 운동 때 그래 봐야 농기구 따위로 무장한 농민군이 거의 순식간에 온 나라를 위협할 수 있었던 것은 바로 이 허술함 때문일 텐데, 무능 정부와 부패 관리들의 가렴주구에 줄기차게 시달리면서도 백성들이 어찌 그 담을 범할 생각은 하지 않았을까?

일본의 경우, 자료마다 그 수가 차이 나는데, 에도 막부 시대에만 3200건에 이르렀고, 메이지 초기 10년 동안에만도 190건이나 있었다는, '잇키(一揆)'라 불리는 각종 반란이 줄을 이었고, 그것이 사회 변혁의 주요 동기가 되기도 했는데, 조선조에서는 홍경래洪景來의 난(1811), 임술민란(1862), 동학 농민 운동(1894)과 이 전쟁에서 살아남은 사람들의 활동이었던 광무 개혁 운동(1897~1904) 정도를 제쳐 두고 본다면 그런 시도도 없었던 것 같다. 그랬기에 궁성 담이 그토록 허술할 수 있었을 것이다.

중국의 자금성은 그 시대 권력자들이 자객을 얼마나 두려워했는가를 알 수 있다. 그토록 넓은 자금성 안에 나무 한 그루도 없다. 동행한 조정래 선생이 들려준 이유는 자객이 숨을 곳을 없게 하기 위해서라 했다. 그리고 또 미루어 짐작해 볼 수 있는 것은 나라의 행정 조직이다. 오늘 우리 공무원들의 부패나 비능률은 대충 자타가 공인하는 바다. 탐관오리, 매관매직, 가렴주구가 일상적 용어였던 그 시대가 오늘보다 나았기를 기대해 보기는 어려울 듯하다.

이렇게 왕궁부터 행정 조직까지 실로 허술하기 짝이 없었는데도 조선 왕조는 518년 동안 이어질 수 있었다. 그 이유가 꼭 주자학적 명분이나 그 명분을 뒷받침하고 있는 인간의 보편적 허위의식 때문이라고는 생각하지 않는다. 왜냐하면 그 이전, 이 땅에 존재했던 대개의 왕조들이 장수를 누렸기 때문이다. 그러니까 굳이 정리해 보자면 기왕의 맹종 습속과 주자학적 명분 체계가 이룩해 낸 상승 효과 때문으로 볼 수는 있을 것 같다. 어쨌든 주자학을 통치 이념으로 삼은 조선 왕조는 500여 년을 버텨 냈다. 결과적으로 그 500여 년은 그 이후 500여 년의 치유 기간을 필요로 할는지 모를 만큼 병을 앓고 있는 시간이기도 했다. 왜냐하면 실질이 배제된 명분을 앞세워 무릇주의가 실천될 수 있었던 것은 그나마 거죽이었을 뿐, 내면에까지 이르지는 못했기 때문이었다.

공자가 죽어야 나라가 산다

비공을 실천하면서 공자보다 오히려 더 까다로운 율법을 만들어 낸 주자보다 600년 뒤에 이 세상에 온 박지원(朴趾源, 1737~1805)은 그의 작품 『양반전』과 『호질』을 통해 선비를 게으름쟁이나 도적이나 위선자나 아첨꾼으로 아예 깔아뭉개 버린다. 박지원은 한껏 신랄한데 그의 글을 읽는 사람은 뱃살을 거머쥐고 웃게 된다. 그래서 선비는 더 서글픈 존재로 전락한다. 그리고 박지원보다 300년 뒤에 이 세상에 온 사람 김경일은 마침내 '공자가 죽어야 나라가 산다'라고 생짜배기 목소리로 외친다.

> 공자의 도덕은 '사람'을 위한 도덕이 아닌 '정치'를 위한 도덕이었고, '남성'을 위한 도덕이었고, '어른'을 위한 도덕이었고, '기득권자'를 위한 도덕이었고, 심지어는 '주검'을 위한 도덕이었다. 때문에 공자의 도덕을 딛고 선 유교 문화는 정치적 기만과 위선, '남성적 우월', '젊음과 창의성 말살', 그리고 '주검 숭배가 낳은 우울함'으로 가득할 수밖에 없었다.　　　　　－『공자가 죽어야 나라가 산다』(창해, 1999)

그래서 김경일 교수는 선언한다. 유교의 유효 기간은 끝났다고. 이미 죽은 공자의 명예를 훼손했다 하여, 세계 문화사에 그 유례가 전혀 없다는 고소까지 당하게 된 김경일 교수의 이 선언은 불가불 프리드리히 니체의 '신은 죽었다'를 연상하게 한다. 그러나 니체의 선언에도 불구하고 서구 문화권은 신으로부터 자유스러워지지 못했다. 한국 사회도 마찬가지다. 한때 베스트셀러가 되었던 그의 책은 이제 잊혔고, 한국 사회는 내내 그렇게 본바닥에서도 부정되고 있는 유교적 선비 문화에 젖어 있다. 니체의 '신'이 그랬듯 김경일 교수의 '공자'도 쉽사리 죽어 사라질 것 같지 않다. 이것은 민족사적 측면에서 매우 심각한 문제다. 아무도 심각해하지 않는 듯하기에 더욱더 심각해 보인다. 이럴 때는 노래를 들어야 한다. 짠 소금물로 성대를 단련했다는 조용필의 목소리다.

이국땅 삼경이면 밤마다 찬 서리고
어버이 한숨 쉬는 새벽달일세
마음은 바람 따라 고향으로 가는데
선영 뒷산에 잡초는 누가 뜯으리
어야~어야~어야~

강항은 몰라도, 이렇게 시작되는 조용필의 「간양록」을 아는 분은 더러 있을 듯싶다. 그러나 강항을 알고 이 노래를 듣거나 부르는 사람은 많지 않을 것이므로 대중가요 가운데 가장 어려운 노래가 될 듯한데, 나는 이 노래로 말미암아 조용필을 다시 평가하게 되었다. 시장에 아첨하지 않고, 시장을 창조하는 가수가 몇이나마 더 있었으면 하고 바란다. 이런 바람은 물론 대중가요 분야만은 아니다. 우리는 내남없이 지나치게 시장 지향적이다. 시장이 지배하는 세상이어서 어쩔 수 없기는 하지만, 더러 시장을 지배하려는 시도라도 있다면 이 세상은 조금이나마 더 나아질 것 같다. 그런 쪽에서 이 노래에 더 귀를 기울여 보게 되는데, 바로 이 '간양록看羊錄'이라는 제목의 기념비적 책을 지은 분이 강항(姜沆, 1567~1618)이다.

강항은 사서삼경을 기억만으로 필사해 낼 만큼 기억력이 비상했고, 포로 생활 중에도 자기 지조를 지킬 만큼 용기가 대단했으며, 포로로 잡혀갈 때 자기 시야에서 죽은 자식이나 종들에 대한 죄책감 때문에 포로 생활에서 풀려난 뒤에도 벼슬길에 나아가지 않았을 만큼 절의가 뛰어났다는 것만으로도 관심을 가져 볼 만하다.

정유재란 때 포로가 되어 일본으로 끌려가, 3년 동안 그곳에 머문 조선의 선비 강항은 일본 주자학의 개조開祖라 일컬어지지만 꼭 그렇게 생각되지는 않는다. 그가 그렇게 일컬어지는 주된 이유는, 일본 근세 유학의 아버지라고들 하는 후지와라 세이카(藤原惺窩, 1561~1619)가 그로부터 주자학을 배웠다는 것 때문이다. 그런데 후지와라 이야기를 읽어 보면, "1590년 조선의 국사國使인 허성許筬 등과 교류하여 주자학에 경도되었다, 1593년 도쿠가와 이에야스(德川家康, 1543~1616)의 초청을 받고 에도에 가서 『정관정요貞觀政要』를 강의했다, 1595년 중국으로 도항하려고 기도했으나 악천후 때문에 실패했다"는 기록이 있기 때문이다.

어쨌든 강항과 후지와라의 만남이 있었던 것은 사실이고, 그 이후인지 그 이전인지는 알 수 없으나, 강항이 스스로 필사한 사서삼경으로 교토 쇼코쿠지(相國寺)의 승려였던 후지와라에게 주자학을 가르친 것도 사실이다.

후지와라는 주자학을 배운 뒤 불교의, 특히 불멸론不滅論의 비현실성과 주자학의 현실 효용성을 깨닫고 환속하여 자신의 제자였던 하야시 라잔(林羅山, 1583~1657)을 도쿠가와 이에야스에게 천거했으며, 하야시로부터 주자학을 배운 도쿠가와는 충효를 강조한 주자학적 위계를 바탕으로 라잔이 정립한 '상하 정분上下定分의 이理', 곧 상하 간의 신분 관계를 명확하게 금 그은 그 질서를 마음에 들어

했다.

그것은 치자에게 필요한 질서였다. 그때까지 일본을 지배하던 불교가 아득한 사후나 이야기하고 있는 데 견줘 주자학이 현세를 다스리는 철학이라는 것도 치자의 입장에서는 선호할 만했다. 그래서 주자학은 관학官學으로서 도쿠가와 막부의 통치 이데올로기가 되었고, 하야시 자손들까지 대를 물려 가며 도쿠가와 막부 쇼군들의 정치 자문 역으로 활약했다.

당연한 결과로 주자학은 도쿠가와의 에도 막부 말기까지 유일무이한 관학의 위치를 차지했다. 그래서 대개는 일본의 도쿠가와 막부 시대는 주자학의 시대였고, 덕분에 일본 역사에서는 드물게 평화를 누릴 수 있었다, 그렇게들 이해한다. 그러나 사실은 다르다.

일본의 양명학

무엇보다도 하야시에 의해 도쿠가와에게 소개된 주자학은 "일본의 신도神道는 왕도王道이고 왕도는 곧 유학儒學이니 신도와 유학은 차별이 없다"라든가, "일본의 신도 역시 우리의 마음을 바르게 하고 만민을 사랑하며 자비를 베푸는 것을 가르치는데, 이것을 중국에서는 유교라 하고 일본에서는 신도라 한다. 이름은 다르나 내용은 같다"라는 신도와 유교의 합일론이었다. 이런 이론 덕분에 도쿠가와가 별다른 거부감 없이 주자학을 받아들일 수 있었다. 그러니까 도쿠가와에게 소개된 유학 또는 주자학은 소개 단계부터 이미 변질, 곧 일본화日本化가 시작되었고, 이런 변질은 실천 단계에서 줄기차게 되풀이되었다. 그런데 더 중요한 것은 반주자학적 흐름의 엄연한 존재였다.

도쿠가와 막부에서는 주자학이 관학으로서 통치 이데올로기가 되었지만, 조선조에서처럼 지배 이데올로기가 되지는 못했다. 조선에서는 주자학 이외의 학문은 양명학뿐만 아니라 정학正學이나 선학禪學까지 사학邪學으로 배척했던 데 견줘 도쿠가와 시대에는 막부의 제재가 있었는데도 불구하고 고학古學이나 국학國學, 심학心學과 더불어 양명학이 학파를 이룰 만큼 번성했기 때문이다.

다산 정약용 선생의 말씀이 있다. "일본은 과거 제도가 이루어지지 않았음에도 불구하고 그 학문은 우리보다 뛰어나다. 정말로 부끄러운 일이다." 그런데 이 말씀은 조금 손질해야 할 듯하다. 암기능력 테스트 같았던 과거 제도가 없었기에 자유로운 분위기에서 여러 분야에 걸쳐 학문다운 학문을 할 수 있었다.

특히 양명학이 두드러졌는데, 이 학문이 개인의 심성 훈련과 지행합일知行合一, 곧 실천을 강조한 까닭에 사무라이들로부터 크게 환영받았기 때문이다. 존재(being)를 강조하는 주자학의 강령인 '지선행후知先行後'는 찰나를 다투는 칼의 논리에 도무지 맞지 않았다.

행동(doing)을 강조하는 양명학에서는 알고도 행하지 않는 것은 아직 진정으로 안다고 할 수 없다고 하여, 실천함으로써 지와 행이 일치한다는 것을 역설한 실천 중시, 체험 중시의 입장을 취했다. 이런 입장에서 지행知行의 괴리는 곧 위선이 된다. 사무라이들에게는 주자학의 위계 강요나 실천이 거세된 궁리보다는 사농공상, 사민四

民이 평등한 입장에서 우선 실천을 강조하고 개인의 능력을 중시하는 양명학이 훨씬 더 호소력이 클 수밖에 없었다.

고학파古學派 유학자 오규 소라이(荻生狙徠, 1666~1728)의 표현대로라면 "유학의 절대적 실천 지향인 8조목, 곧 격물格物, 치지致知, 성의誠意, 정심正心, 수신修身, 제가齊家, 치국治國, 평천하平天下, 그거 모두 필요 없다. 마지막의 치국평천하만 있으면 된다. 그것이 제왕학의 요체다"였다. 칼로 무를 내리치는 듯한 기막힌 요약 같다. 궁극적 승부수 이외에는 말짱 헛것이라는 주장이었고 그것이 반주자학쪽 대세였다. 음풍농월이나 하고 허공이나 더듬는 듯한 공론空論의 배제, 실질의 추구였다. 일본판 실사구시實事求是였다고나 할까.

물론 막부의 제재가 있었지만 반주자학, 특히 양명학 세력은 사무라이 고유의 분위기나 지향과 맞아떨어져서 거의 자연 발생적으로 그 세력을 키워 갔다. 변형된 것이나마 보수 성향의 주자학이 치자의 길이었다면, 진보 성향의 양명학은 피치자의 길이었다. 그리고 막부 말년에는 피치자의 길인 양명학이 대세가 되어 갔고, 막부가 마침내 망하고 메이지 시대가 문을 여는 과정에서는 양명학 세력이 대거 현실의 전면에 나섬으로써 치자의 길과 피치자의 길이 바뀌게 되었다.

조선 말기, 사학자·언론인·독립운동가로서 임시 정부 대통령으로 추대되기도 했던 박은식(朴殷植, 1859~1925) 선생의 이런 말씀이 있다. "일본 메이지 유신의 호걸들이 대부분 양명학파다(日本維新豪傑多是王學派)." 제목만으로도 가슴 뭉클함을 느끼게 하는 『한국 통사『韓國痛史』의 저자인 선생이 헛된 말씀을 했을 것 같지는 않다.

박은식 선생은 또 이런 말씀도 했다. "양명학이 일본 사회에 깊이 영향을 미쳤고 또한 근대라는 세계사적 변화에 발 빠르게 일본이 대응할 수 있었던 이유도 바로 주자학이 아닌 양명학에 기반했기 때문이다." 일본의 메이지 이후는 굳이 표현해 보자면 그대로 양명학의 시대였고, 오늘의 일본은 굳이 정의해 보자면 양명학적 실천의 결과다.

조선의 주자학

유교적 가르침의 절대적 전제인 수기치인修己治人, 수신제가 치국평천하修身齊家治國平天下. 이런 것들은 모두 지선행후知先行後, 곧 공부 먼저, 실천 나중의 강조다. 마음과 몸을 닦는다는, 또는 지식을 키우고 정신을 수양한다는 뜻이 될 수기나 수신, 양편 모두 음풍농월, 곧 세월아 네월아를 필수적으로 한다. 한이 없다. "우리 집 샌님은 쌀독에 쌀이 얼마나 있는지, 부엌에 땔감이 있는지 통 모른다", 이런 종류의 푸념은 그 시대에는 은근한 자랑이고 자부심의 표현이었다.

그런 만큼 수기나 수신은 나태나 도피의 좋은 구실이 된다. 밤낮으로 사서삼경만 왼다. 선비들의 궁극적 목표인 국가 고시의 텍스트도 사서삼경이다. 결국 실학이 싹텄지만, "정약용 선생이 꽤 새로운 생각을 가지셨지만 무슨 사업을 시작한 것은 없다"는 이광수(李光洙, 1892~1950) 선생의 지적대로 실천은 없는, 곧 실학이 아니라 공학空學이었다.

실천 신학에 견줘 볼 수 있다. "만일 어떤 미친 사람이 자동차를 몰고 사람이 걸어 다니는 보도 위를 달리기 시작했다면, 나는 목회자로서 그 자동차에 희생된 사람의 장례를 치르고 그 친족들을 위로하는 것으로 내 임무를 다했다고 생각할 수 없다. 내가 그 장소에 있었다면, 나는 그 자동차를 빼앗아 타고 그 미친 사람에게서 핸들을 빼앗았어야 했다"(본 회퍼, 1906~1945)가 되어야 하고, "굶주린 자에게 필요한 것은 복음이 아니라 빵이다"(구스타보 구티에레즈, 1928~　)가 되어야 하며, "예수님이 살아 계셨다면, 아프리카 수단 톤즈 마을에 교회 대신 학교를 세웠을 것이다"(이태석, 1962~2010)가 되어야 한다.

유고슬라비아 출신의 자그만 수녀가 '콜카타의 테레사'가 될 수 있었던 것은 그가 복음이나 외고 있는 기존의 교회 울타리를 벗어나 자기 신념에 따른 실천을 했기 때문이다. 나는 명목상 천주교 신자인데 성당에 거의 나가지 않는다. 이유는 미사 전에 "내 탓이오, 내 탓이오, 내 큰 탓이로소이다" 하고 올리는 통회의 기도 때마다 마음이 찔리기 때문이고, 미사 끝난 뒤에 신부님이 "이제 미사가 끝났으니 복음을 전하러 갑시다" 하는 소리가 듣기 싫어서다.

필요한 것은 복음을 전하는 게 아니라 복음을 실천하는 것이다. 한국 기독교가 그 극성세에도 불구하고 많은 사람들에게 배척받고 있는 것은 실천이 부재한 위선성 때문이다. 그래서 테레사 수녀 같은 실천이 더 돋보인다. 나는 생전의 테레사(Teresa, 1910~1997)수녀를 볼 수 없었으나, 그가 평생을 보낸 집에서 그의 등신대 입상을 보았을 때 저절로 고개가 수그러들었다. 여행 중에 수많은 동상을 보았지만, 동상 앞에서 내가 고개를 숙인 것은 그게 처음이고 마지막이다. 자기 신념을 실천한 사람에 대한 승복이고 경의였다. 그 승복, 그 경의 때문에, 내 체력에 버거운데도 불구하고 테레사 수녀가 세운 시설 가운데 하나인 '니르말 흐리다이(Nirmal Hriday, 죽어 가고 있는 사람을 위한 집)'에서 며칠 동안 봉사했다.

병자호란 당시 최명길(崔鳴吉, 1586~1647)이 강화를 주장할 수 있었던 것도 그가 양명학자여서 명분보다는 실질 가치를 존중했기 때문일 수도 있다. 그러나 명분에 사로잡혀 있을 수밖에 없는 근본주의자인 주자학자들은 강화를 택할 수 없었다.

요즘 이른바 매파들이 흔히 그런 것처럼, 근본주의자들은 대개 강경론자이고 호전론자이다. 조선 유학자들의 상당 부분은 허구한 날 수기와 수신에 정진하다 보니 자신들의 생애 마지막 순간까지도 실천할 틈이 없었다. 왜냐하면 그들이 신봉하는 또 하나의 교조가 "수기와 수신에는 끝이 없다"였기 때문이다. 끝이 없는 수기와 수신을 하느라 실천할 틈이 없었으니, 그 수기와 수신이 도대체 무슨 소용이 있었단 말인가.

조선의 유학자들 가운데 양명학에 동감하는 사람들이 없었던 것은 아니다. 그러나 그것은 역시 이단이고 사학邪學이었기에 최명길이나 정제두(鄭齊斗, 1649~1736), 장유(張維, 1587~1638) 정도를 제쳐 두고 보면 대부분은 이른바 '외주내양外朱內陽', 곧 실제로는 양명학을 하면서도 겉으로는 주자학을 하는 체하는 보호색을 택하게 된다. 주자학적 위선이었다.

위선이 전제된 상태에서 학문적 성취는 불가능할 텐데, 그렇다면 조선조에서 양명학은 왜 그토록 혹독한 대접을 받아야 했던가. 앞에서 주자학과 양명학의 속성을 보수와 진보로 분류해 본 바 있는데, 혹시 요즘 보수 인사들에 의해 이른바 좌파 학문이 무작정 사갈시蛇蝎視되고 있는 것에 견줘 볼 수는 없을까?

조선에서 양명학을 배척한 이유

현상윤의 『조선 유학사』(민중서관, 1949)에 이런 대목이 있다. "양명학이 조선에서 떨치지 못한 것은 그 학설 자체에 결함이 있거나 가치가 적다는 것보다는 유학자 간의 사상 구속과 배척에 기인한 것이니, 당시 유학 사상계의 완루頑陋함과 편협한 것을 우리는 고소苦笑하는 동시에 그 부진을 일대 유한사遺恨事로 생각하지 않을 수 없다."

이 책은 이어 장유의 소견을 소개하고 있다. "중국은 학술이 다기多岐하여 정학, 선학, 주자학, 양명학을 자유롭게 배우는데 우리나라는 주자학 이외에는 다른 학문이 있는 줄도 모른다……. 우리나라 사람들은 사상이 편협하고 구속이 심하여 까닭도 모르고 남들이 주자학을 존중한다고 하여 형식적으로 나도 따라가는 것이다." 이 장章의 마지막 행은 다음과 같다. "이때에 만일 지행합일을 역설하는 양명학이 좀 더 유력하였더라면 학계의 이익도 적지 않았을 것이라고 생각한다."

조선조에서 양명학이 배척받은 이유는 사실은 양명학의 사민평등四民平等사상 때문이다. 양명학의 창시자인 왕양명은 사농공상, 사민의 우열을 인정하지 않았다. 왕양명에게 사민은 이업동도異業同道적 존재였다. 반상의 구분이 엄격하고, 그런 체제에서 불로不勞의 호사를 누렸던 양반들에게 평등사상이란 곧 기득권의 박탈을 뜻한다. 시대나 문화에 관계없이, 기득권자치고 수구, 보수가 아니었던 적이 있는가. 그래서 조선조에서는 받아들여지지 않았던 이러한 사상이 당시 일본의 지배 계급이었던 사무라이에게는 오히려 환영받을 수 있었다. 왜 그랬던가?

일본에서 양명학이 환영받은 이유

왜냐하면 그런 사상은 바로 일본의 고유 분위기였기 때문이다. 일본은 일종의 불가촉천민 계급인 '에타(穢多)'나 '히닌(非人)'을 제쳐 두고 보기로 하자면 사민 간의 차별이 우리만큼 심하지 않았다. 18세기에 들어설 즈음에는 현대적 도시의 근원인 조카마치(城下町)가 제 모습을 갖춰 가고, 상인 중심의 조닌(町人) 문화가 번성하면서 뒷날 일본 자본주의의 토대가 된 부의 축적이 시작되었고, 부상富商과 막부의 쇼군이나 번의 영주인 다이묘는 공생 관계에서 서로 의지했다. 환락가가 생겼지만 수입이 한정되어 있는 무사들에게는 그림의 떡이었다.

물적 우세가 세상을 지배하기 시작했다. 자본주의의 시작이었다.

무사들은 시장의 지배자인 조닌을 쉽사리 건드릴 수 없었다. 사농 공상의 맨 위 계급인 '사'와 맨 아래 계급인 '상'이 어깨를 나란히 겨루게 된 셈이었다. 계급에 대한 실질적 인식의 변화는 불가피했다.

그러니까 줄잡아 그때쯤부터는 조선조와 같은 엄격한 사민 구분이 없었다고 봐야 한다. 한국에서 사농공상의 위계가 사실상 무너지기 시작한 것은 해방 이후였다. 양명학의 영향일 수도 있지만, 그런 풍토였기에 양명학이 뿌리를 내릴 수 있었던 것일 수도 있다. 그리고 그 뿌리로부터 한국과는 현저히 다른 오늘의 일본이 형성되었다. 학문에 대한 관심과 실천은 이토록 중요하다.

한국 돈과 일본 돈

다음 대목으로 넘어가 이 이야기를 좀 더 이어 나가기 전에 한국 돈과 일본 돈의 도안이 되고 있는 인물에 대해 잠깐 비교해 보기로 하겠다. 이 비교는 두 나라의 지향이나 현재와 연관하여 여러 가지를 생각해 보게 한다.

한국 돈은 신사임당(5만 원권), 세종 대왕(1만 원권), 이이(5000원권) 그리고 이황(1000원권)이고, 일본 돈은 1만 엔권에는 메이지 시대의 계몽사상가 후쿠자와 유키치, 5000엔권에는 스물네 살에 요절한 소설가 히구치 이치요(樋口一葉, 1872~1896) 그리고 1000엔권에는 입지전적인 세균학자 노구치 히데요(野口英世, 1876~1928)다. 한국의 인물은 일본에 견줘 훨씬 나이 들었다는 것이 우선 눈에 띈다. 일본 쪽은 가장 먼저 태어난 사람이 1835년생인 후쿠자와 유키치인데 견줘 우리 쪽은 가장 나중에 태어난 사람이 1536년생인 이이다.

또 하나 눈에 띄는 것이 일본 쪽은 모두가, 굳이 정의해 보기로 하자면 양명학적, 그렇게 분류될 수 있을 실천가, 행동가들로서 그들의 실천이 현재에도 생생한 영향을 미치고 있는 반면에 한국 쪽은 하나같이 대표적인 골수 주자학자들로서, 역사상의 존재일 뿐, 현재에 미치고 있는 영향 면에서 미미하다는 것이다.

여기서 조금 더 상상력을 뻗어 나가 보면, 숙적으로 서로 대결하고 있는 두 나라의 전략 기조가 한국은 주자학이고 일본은 양명학이라는 잠재적, 무의식적 증거를 보게 된다. 명분과 실질의 대결이다. 일본과 무슨 갈등이 생기기만 하면 기껏 해 봐야 명분 충족을 위해 일본 대사를 불러 항의하는 것밖에는 아무런 대책도 궁리해 내지 못한 채, 결국 실질은 줄기차게 빼앗기고 있는 한국 관리들은 결코 우연의 산물이 아니다. 한국 관리들이 그렇게 세월아 네월아 하고 명분 놀음이나 하는 사이에 일본은 야금야금 실질을 획득해 간다. 오랜 세월에 걸쳐 독도를 국제 분쟁 지역으로 만들어 가고 있는 것도 그 증거 가운데 하나다. 대일 무역의 항구적 역조 현상도 역시 마찬가지다.

어느 나라든 돈의 인물은 국가적 고심의 결과다. 대한민국 관료들의 상상력이라는 게 얼마나 형편없이 빈곤한지를 나타내는 것일 듯한데, 한국과 일본에서 현재 통용되는 돈에 나타난 인물의 이런 대비는 결코 예사로워 보이지 않는다. 시대의 새로운 깃발이 된 국가 혁신을 구두선처럼 외고 있는 사람들에게 제안한다. 화폐의 인물을 포함하여, 언제나 실질은 놓치면서 명분에나 집착하는 잠재적, 무의식적 자취들부터 뒤집으시라. 그 정신, 그 시각은 그대로 둔 채 국가 혁신이라고? 국가 혁신이라는, 빤히 헛것이 될 그 명분을 위해 우리는 또 얼마나 잃을 것인가, 그것부터 계산해 보는 것이 국가 혁신 프로젝트, 최우선 과제가 되어야 한다.

선비와 사무라이

이 꼭지를 쓰려고 생각을 정리하기 위해 묵상하고 있을 때 오래된 기억 하나가 문득 다가왔다. 책장에서 책 하나를 골라내, 기억에 남아 있는 대목을 찾아 다시 읽어 보았다.

> 김 선생! 일본을 긍정적으로 볼려면 반드시 실패합니다! ……일본은 야만입니다. 본질적으로 야만입니다. 일본의 역사는 칼의 역사일 뿐입니다. 칼싸움의 계속일 뿐입니다. 뼛속 깊이 야만일 뿐입니다.
> — 김용옥, 『도올세설』(통나무, 1990)

저자는 이어 "박경리 선생의 논지는 내가 접한 어느 조선인의 논리보다도 심오한 어느 진실을 꿰뚫고 있다는 신선한 감흥에 사로잡히기 시작했던 것이다"라고 아예 영탄조로 적고 있고, 그 뒤 어느 날, 도쿄 대학 중국철학과 오가와 하루히사(小川晴久)교수를 만났을 때, 그에게 "박경리 선생의 야만론을 소개했다". 그러자 오가와 하루히사 교수는 "아탓테이루(들어맞는 이야기다)!"를 연발했다.

나는 주저할 수밖에 없다. 당대의 내로라하는 문사와 철인이 한 목소리로 동감하고 있는 그대로라면 사무라이 문화는 야만일 뿐이며 일본을 긍정적으로 보려 할 경우 반드시 실패할 수밖에 없다는데, 바로 그 실패할 수밖에 없는 쪽 이야기를 이토록 열심히 해 나가고 있는 판이니 나로서는 주저되지 않을 수 없다. 숨이 막히기까지 한다.

그러나 나는 무릅쓰기로 한다. 이 세상에는 하나의 목소리만 있는 것이 아니고 사물은 여러 관점에서 바라볼 수 있다. 광장에는 별의별 것들이 다 모여들 수 있다. 그것이 광장이다. 그리고 더 중요한 것은, 틀린 이야기도 진술될 수 있다. 그것이 광장의 미덕이다. 이미 내디딘 발걸음 그대로 조금 더 걸어 보기로 한다.

그런데 나는 사실은 이 두 분의 글을 즐겨 읽기는 하지만, 그 관점은 그다지 존중하지 않는다. 다른 무엇보다도 두 분은 비판적 합리주의에서 강조되고 있는 이성의 오류 가능성을 가장 오만하게 부정한다. 자신에 대한 비판을 아예 상종도 하지 않으려 하는 독단은 위험하다. 합리성이라는 걸 아예 무시하는 셈인 두 분은 위험한 그 독단을 자신들의 가치라 생각한다. 이 대목에서 인용한 야만론도 위험한 독단이다. 비단 일본만이 아니다. 이 세상에서 그토록 딱 잘라 정의할 수 있는 대상은 없다.

사무라이는 칼 찬 선비라고?

"한국은 선비의 나라이고 일본은 사무라이의 나라다." 맞다. 과거만이 아니라 현재도 그렇다. 한국은 여전히 선비(士)의 나라이고, 일본은 사무라이(侍)의 나라다. "선비와 사무라이는 성리학이라는 같은 뿌리에서 나온 동반자였다."(호사카 유지, 세종대 교수) 아니다. 앞에서 살펴보았듯이 선비의 뿌리는 주자학(성리학)이고, 사무라이의 뿌리는 양명학이다. 선비와 사무라이를 같은 뿌리로 보아서는 일본을 오독할 수밖에 없다.

"사무라이는 칼 찬 선비다." 틀렸다. 그토록 얼토당토않은 비유는 없다. 그 사상적 뿌리가 주자학과 양명학으로 갈라지는 선비와 사무라이는 종자가 다르고 지향이 다르고 실천이 다르다. 눈빛이 다르고 식성이 다르고 사생관마저 다르다. 그 다름이 한국과 일본을 다르게 했다. 수학적 증명을 위해, 누구도 부정하기 어려울, 좋은 예가 있다.

이인영의 경우

일제 강점기 의병사에서 이인영(李麟榮, 1867~1909)을 제쳐 둘 수 없다. 1907년 8월 1일 군대 해산령이 내려지면서 의병 활동이 본격화되고, 그리하여 모인 것이 13도 창의군이었다. 그 수가 1만 명에 이르렀으니까 단위 의병으로서는 우리 역사상 최대 규모였을 듯하다. 창의대장(총사령관)은 당시 이름 높은 선비 이인영이었다. 군대의 최고 지휘자가 군인이 아닌 선비였다는 것부터 여러 가지 의문을 피할 수 없게 하는데, 1만 명이나 되는 그들은 양주에 집결하여 서울 공격을 준비했다.

그런데 바로 공격 전날인 1908년 1월 28일, 이인영은 아버지가 죽었다는 소식을 듣고 곧 장례를 치르기 위해 문경으로 내려갔다. 그의 선택은 그것으로 끝이 아니었다. 그는 3년 동안 시묘살이를 해야 한다면서 의병 복귀를 거부했다. 그 바람에 대장을 잃은 13도 창의군은 일본군에 패배했고, 그것은 우리 역사에서 대규모 의병 활동의 끝을 의미했다.

이인영도 결국 '무릇 인간이라면 효자여야 한다'는 명분에 무너진 거였다. 명분 집착 때문에 실질을 잃는 경우는 현재도 이어지고 있기에 이인영의 경우가 더욱더 지나칠 수가 없다. 한번 몸에 밴 습속은 결코 쉽사리 사라지지 않는다.

비단 이인영만이 아니다. 조선조 선비들이 벼슬 거부나 사퇴 이유로 가장 자주 내세웠던 것이 부모님을 모시기 위해서였다. 그리고 그들의 선택은 지극한 효심으로서 극단적 찬양 대상이 되었다. 이렇듯 조선조 선비들에게는 '충'보다 '효'가 월등하게 우선했다.

반면에 사무라이에게는 '충'이 절대적이었다. 주군에게 충성하기 위해서는 가족도 버렸다. 물론 자기 생명마저 아끼지 않았다. 1만 의병과 국가의 존망이 걸려 있는 판국에서 1만 의병의 총지휘자이기를 포기하고 죽은 아버지에 대한 '자식'으로서의 도리라는 명분을 선택한 이인영 같은 경우가 사무라이에게 있을 수 있는가? 돌연변이 같은 예외가 아니라면 있기 어렵다. 사무라이와 선비는 이렇게 다르다.

사무라이와 양명학

일본은 칼이 지배했고 조선은 붓이 지배했다. 칼과 붓은 다르다. 용도가 다르고 기능이 다르고 지배 방법이 다르다. 붓은 글자 하나를 쓰는 데도 몇 숨 쉴 시간이 필요하지만, 칼은 같은 시간에 몇 사람의 목을 벨 수도 있다. 칼 찬 사무라이와 붓 쥔 선비가 같을 수 없고, 칼이 지배한 사회와 붓의 지배를 받은 사회가 같을 수 없다. 붓의 승부는 유장하지만 칼의 승부는 찰나적이다. 사무라이는 바로 그 찰나적 승부에 언제나 직면해 있는 존재였다.

사무라이를 뜻하는 '侍'로 짐작해 볼 수 있듯이 권력자의 몸종이나 보디가드 같은 역할을 하던 사무라이가 계급적 존재가 된 것은 12세기 말 가마쿠라 막부가 성립되어 무가武家 통치가 시작되면서부터였다. 명예를 지키기 위한 '할복'이나 '절복'이 시작된 것도 이 무렵부터라는 기록으로 보아서도 그렇다. 그러다 농민군에 한계를 느낀 오다 노부나가가 직업 군인제를 처음으로 만들면서 병농兵農·병상兵商 분리 정책이 차츰 더 강화되었고, 1591년에는 당시 실권자였던 도요토미 히데요시가 계급 간 직업 이동을 엄격히 금지시켰다. 도요토미의 뒤를 이어 권력을 장악한 도쿠가와 이에야스도 도요토미의 정책을 계승 발전시키면서 무사 계급의 특권이 강화되었고, 더불어 사민의 계급 구분이 더 확실해진 듯하지만, 그 구분이나 그로 말미암은 차별이 조선조 경우처럼 그토록 엄격한 것은 아니었던 것 같다.

일본 역사를 훑어보면 이른바 '다다키아가리'는 도요토미 히데요시만은 아니기 때문이다. 꼭 필요할 경우에는 혈연에 우선하여 능력을 택하는 오늘날 일본의 능력 존중 사상이나, 세속적 상명尙名보다는 하찮은 것이라 할지라도 가업을 잇는 풍조, 이를테면 그런 것들은 하루아침에 이루어진 것일 수 없다.

기록을 보면 이른바 메이지 유신 3걸이라는 사이고 다카모리, 오쿠보 도시미치, 기도 다카요시도 하급 무사 출신이었다. 막부 체제 아래에서 그들이 바로 그 막부에 대항할 만큼 클 수 있었다는 것은 그만큼 계급의 장벽이 엄격하지 않았다는 뜻이다. 그래서 양명학의 사민평등사상이 조선에서와는 달리 큰 저항 대상이 되지 않았고 특히 그들에게 매력적이었던 것은 양명학의 '지행합일'이었다. 지행합일, 그것은 실천하지 않으면 살아남을 수 없게 되어 있는 풍토에서 비롯된 일본의 고유 정신이기도 했기 때문이다.

더 좁은 가용 농지에 더 많은 인구. 우리보다 척박한 생존 환경에 처해 있던 그들로서는 공리공론에 매달려 있을 수 없었다. 생존을 위해 실천해야 했다. 그 실천에는 우리가 왜구倭寇라 부르는 도둑질도 있었다. 신라 초기부터였고 고려조쯤에 이르러서는 우리나라뿐만 아니라 중국까지도 국가적인 문제가 될 만큼 그 규모가 커졌다. 농사만 지어서는 먹고살 수 없으니까 도둑질이라는 '실천'을 하지 않고는 살아갈 수가 없었다. '오닌(應仁)의 난'(1467) 이후 도요토미 히데요시의 통일(1590)까지를 특히 전국 시대라 하지만 그 이전과 그 이후에도 일본은 내내 무가武家 간 전투와 농민을 포함한 각종 반란(一揆)이 줄을 이었다.

도쿠가와 막부 시대는 일본 역사에 드문 평화기였다고들 하고, 다른 막부에 견줘 장수(268년)한 것이 사실이기는 하지만, 그 시대에도 이를테면 번의 모반을 경계하여 막부에서는 번 영주의 가족을 인질로 잡아 두고 번 사무라이들의 동태를 제도적으로 감시했으며, 번과 번 사이에 사활을 건 경쟁도 치열했기에 전시적 긴장 상태는 필연이나 마찬가지였다. 그런 시대, 그런 상태에서는 무력, 곧 칼만이 유일한 해결책이나 호신책이 될 수밖에 없었다.

양명학과 프래그머티즘에 바탕을 둔 문화의 유사성을 뜻하는 것이 될, 메이지 이전 시대의 일본은 개척 시대 미국이었다. 구로사와 아키라(黑澤明) 감독의 「7인의 사무라이」가 곧장 존 스터지스 감독의 「황야의 7인(The Magnificent Seven)」이 된 것은 하나의 상징이다. 컴퓨터 게임으로 인기 있는 것 가운데 하나가 '사무라이 건맨(サムライガンマン)'이었다.

푸른 눈의 건맨이
바다를 건너서 무사 수행
극한에 달한 총과 검으로써
이 세상에 필요 없는 악을 벤다.

주제곡이 이렇게 시작되는 이 게임에서 건맨과 사무라이의 정신적 기조는 쉽사리 일치한다.

일본을 지배한 것은 칼이었고 미국을 지배한 것은 총이었다. 순간에 삶과 죽음이 갈린다. 지선행후를 강조하는 주자학적 사유를 할 여유가 없었다. 굳이 이야기하자면 익혀서 뛸 틈조차 없었으므로 뛰면서 익혀야 했다. 그런 그들의 습속에 '지선행후'보다는 '지행합일'이 호소력이 더 클 수밖에 없었다. 그래서 양명학이 그들 실천에 대한 이론적 뒷받침 같은 게 되었다.

사무라이 정신

사무라이는 배를 주릴망정 명예에 죽고 사는 것을 좌우명으로 삼았다. 그들에게는 충성, 희생, 신의, 염치, 예의, 결백, 명예, 용기 등의 철칙이 따랐다. 사무라이에게는 세 가지 특권이 부여되었다. '기리스테고멘(切捨御免)'은 평민이 사무라이에게 누를 끼쳤을 경우 그 자리에서 목을 벨 수 있는 특권이며, '다이토(帶刀)'는 칼을 허리에 차고 다닐 수 있는 특권 그리고 '묘지(名字)'는 성姓을 말하는 것으로서 성姓을 가질 수 있는 특권을 말한다. 호사카 유지 교수는 '묘지'와 '성'은 다르다고 하면서도 어떻게 다른가는 설명하고 있지 않는데, '묘지'가 다음 일한사전에 '성'으로 나오고, 구글 번역에도 'Family Name'이라고 나오니 '성'으로 이해해도 괜찮을 듯하다.

그러나 특권이 부여되는 만큼 특권을 누리는 자로서 지켜야 할 생활 규범 또한 엄격했다. 그들은 무사도에 어긋나지 않는 사무라이로서의 생활 규범을 철저히 준수해야 했으며 생활 또한 사치스러워서는 안 되었다. 이 기준에서 어긋날 경우에는 자결로써 자신의 명예를 지켜야 했다.

일본인 또는 사무라이에 대한 환상을 서양 사람들에게 심어 준 니토베 이나조(新渡戶稻造, 1862~1933)의 『무사도』를 보면, 사무라이들은 마치 신이나 천사처럼 흠결이 없는 완벽한 사람처럼 묘사되어 있지만, 사무라이들이 그들의 철칙을 지키려 했고 명예를 중히 여겼던 것은 그들의 인간성이 특별히 고결하거나 우아했기 때문이 아니었다. 인간은 모두 같다. 장점과 단점, 선과 악을 고루 간직하고 있다. 그런 그들을 다스린 것은 칼의 논리였다. 스스로 다스리지 못하면 칼의 심판을 각오해야 했다. 목숨이 걸린 일이었기에 사무라이로서의 철칙을 지키려 들 수밖에 없었다.

메이지 유신과 더불어 그들에게 주어졌던 모든 특권이 거두어지면서, 당시 200만을 헤아리던 그들 가운데 일부는 황군으로, 관리로, 교사로 옷을 바꿔 입었고, 일부는 실직 상태에서 '로닌(浪人)'이 되어 떠돌다가 야쿠자가 되기도 했다. 그래서 그들의 시대는 끝났지만, 그들의 정신, 그들의 사상, 그들의 사생관은 현대에도 그대로 살아 있다.

오늘의 일본인은 그 존재나 그 행태 자체로서 사무라이다. 스모를 흔히 우리 씨름과 비유하지만, 선비와 사무라이가 생판 다른 것이듯, 앞에서 살펴본 승부에 대한 태도에서처럼, 스모와 씨름은 전혀 다르다. 씨름은 삼판 양승제여서 한 판을 져도 다른 기회가 주어지지만, 스모는 단판 승부, 기회는 딱 한 번뿐인 것도 역시 그렇다. 전체 게임의 절반쯤은 10초 이내에 끝나는데, 그 짧은 시간의 단판 승부를 위해 일격필살의 독한 의지로 공격을 감행할 수밖에 없다. 그리고 그 결과에 '앗싸리'하게 승복한다. 그것이 곧 사무라이의 칼 문화다.

붓과는 달리 칼의 심판은 비정하고 순간적이다. 기회가 두 번 주어지지 않는다. 죽지 않기 위해 죽을힘을 다해야 한다. 고양이 앞의 쥐라는 표현이 있지만, 고양이는 쥐를 잡을 때, 대부분 사람들이 생각하고 있듯이, 쥐를 발견하는 순간 곧바로 공격하지는 않는다. 쥐를 본 순간, 고양이는 자신과 쥐의 거리나 쥐의 심리 상태, 쥐의 움직임 등을 예리하게 주시하다가 기회라고 생각될 때 잽싸게 공격해서 쥐의 목줄을 냅다 물어뜯는다. 일격필살, 그것이 곧 사무라이 정신의 요체다. 일본인들은 그런 정신, 그런 자세로 여러 분야에서 차근차근 세계를 제패해 나갔고, 오늘의 일본은 그 결과이다.

천하제일

오다 노부나가의 하인이던 시절, 도요토미 히데요시의 지향은 '천하제일의 하인'이었다. 도요토미는 추운 계절에 실내에 있던 자기 주군이 외출할 시간에 맞춰, 주군의 신발을 품에 품어 따뜻하게 했다. 물론 천하제일의 하인이 되기 위해서였다. 자기 신발이 따뜻한 것에 의문을 품게 된 노부나가가 그 이유를 알았을 때, 도요토미의 운명은 이미 결정되었다.

천하제일은 역대 무가의 정책적 지향이기도 했다. 각자 생업에 열중하라. 서툴게 곁눈질하면, 곁눈질한 사람뿐만 아니라 그 고을 사람을 모두 벤다. 실제로 수백, 수천 명을 한꺼번에 벤 적도 있다고 기록은 전하고 있다. 그러다 보니 사람들은 베임을 당하지 않기 위해서라도 자기 생업 분야에 승부를 걸어야 했고, 그 지향의 궁극은 천하제일이 될 수밖에 없었다.

라면이나 초밥, 주먹밥처럼 흔해 빠진 음식도 저마다 천하제일의 명품을 노려 특색 있는 것을 만들어 내려 했다. 어디 그뿐인가, 대장장이, 거울장이, 도자기장이, 기와장이, 솥장이, 칠장이 그리고 다도茶道나 분재, 술의 장인에게도 천하제일의 칭호가 주어졌다.

심지어는 유곽의 유녀(창녀)에게도 천하제일 타이틀이 있어서 '다유(太夫)'라 했고, '다유' 타이틀을 얻은 유녀는 큰 부자나 높은 벼슬아치들만 상대했으며, 그것도 여러 달 전에 예약해야 했다. 믿어지지 않을는지도 모르겠는데, 이것이 일본이고, 요즘도 술집 여자들을 대하는 일본인의 평균적 태도는 한국인의 그것과 딴판이다. 술집 여자들을 마구잡이로 대하는 그런 경우는, 나의 체험 범위 안으로 제한하고 볼 때, 없다. 그들은 진심으로 상경相敬하며, 쉽사리 깊은 마음마저 터놓는 정인情人 같은 분위기를 풍긴다. 우리에게는 흔하지만, 술집 여자에게 행패 투 거드름을 피우는 경우는 일본 문화엔 없는 것으로 보는 게 맞을 듯싶다.

모든 분야에서 천하제일을 노리는 그것이 그들의 전통이 되어, 그들의 후예인 오늘의 일본인들도 마찬가지다. 그들은 무엇을 위해서든, 어떤 분야에서든, 아무리 사소한 것이라 할지라도, 자신의 능력이 미치는 한, 천하제일이 되기 위해 모든 힘을 다한다. 세계인들이 그것을 인정한다. 그것이 천하제일을 줄기차게 추구하는 일본인의 장인 정신이다.

그래서 일본인은 한국이나 중국을 제외한 세계 모든 나라에서 호감도 첫째가 되었고, 일본 기술이나 상품은 신용의 대명사가 되었다. G7이든 G8이든, 거기 모인 사람들 가운데 황인종은 일본 총리 하나뿐이다. 키가 작아 더 눈에 띈다. 백인종 지배 체제에서 구색을 갖추기 위해 황인종 하나를 섞어 놓은 것일까? 아니다. 일본은 천하제일의 자세로, 실력으로 토양적·지정학적 모든 불리를 극복하고 그 자리를 획득했다. 우연이 아니다. 우연으로 보아서는 답을 얻을 수 없다. 그들은 일격필살, 사무라이 정신으로 세계를 제패했다. 눈을 안으로 돌려 보면 이런 것들도 있다.

무라하치부

무라하치부(村八分)는 일본의 지역 공동체에서 공동체 질서 유지를 위해 필요한 규칙이나 질서, 곧 공중도덕이나 공공질서를 어긴 사람에게 부과하는 제재로서, 말하자면 그런 사람을 배척하는 것이다. 그래서 장례식을 도와주거나 화재가 났을 때 불을 함께 꺼 주는 것 외에는 일절 상종을 하지 않는다. 철두철미한 배척이며 이 계율은 엄격하다. 비단 지역 공동체에서만이 아니다. 직장 공동체에서도 마찬가지다. 칼날처럼 준엄하다. 혼자만 튀려 하면 죽는다.

공동체 우선이다. 예외는 없다.

만일 무라하치부 제재를 받은 사람에게 동정을 보이면 그 사람도 무라하치부가 되어야 한다. 얼핏 요즘 청소년들의 왕따나 해병대의 기수 열외 습속을 연상시키지만, 무라하치부의 판단 근거는 절대적으로 공동체 의식이다. 따라서 그들은 죽을힘을 다해 가며 공중도덕이나 공공질서를 지킬 수밖에 없다. 이것도 사무라이 정신이고 이런 정신으로부터 일본인 특유의 집단주의는 만들어질 수밖에 없다. 그들의 전체주의적 구호 가운데 하나인 '일억일심'은 단순한 구호가 아니다. 그들은 불멸의 구심을 중심으로 그야말로 일심, 한마음이 되고, 깃발 따라 죽음마저 불사하는 군국주의의 바탕은 바로 그것이다. 5000만이 5000만 조각으로 갈라져 있다 할 만큼 국론이 극단적으로 분열되어 있는 듯한 우리 현실에서는 부러워해야 할 일심이다.

칼과 무라하치부

일본 민담에 사무라이 행패에 대한 것들이 많다. 그럴 수밖에 없다. 그들도 오욕칠정의 노예가 될 수밖에 없는 인간이기 때문이다. 사무라이는 전체 인구의 대충 6~7퍼센트 정도였던 것 같다. 그것은 곧 서너 가구에 사무라이 하나씩은 있었다는 이야기가 되는데, 그들에게는 '기리스테고멘' 곧 즉결 처분권이 주어져 있었다. 재판이니 하는 선악, 정오 분별 절차도 없었다. 사무라이 하나하나가 타인의 생사여탈권을 쥔 절대자였다. 판단하고, 칼로 내리치면 그만이었다.

그 권리의 행사가 정의의 실현이 될 수도 있었겠지만 '수틀리면 칼로 내리친다'는 식의 감정풀이도 없었다 하기 어렵다. 일본 민담에는 자기 아내를 범하려는 사무라이에게 용감하게 항거하다가 칼을 맞은 여염집 사내의 무용담도 있다. '다이토'의 특권을 지닌 그들은 두려운 존재일 수밖에 없었다. 여기에 무라하치부라는 민간 계율이 덧붙여진다. 이 칼과 무라하치부라는 무시무시한 타율은 일본 사회에 몇 가지 중요한 관습이나 전통을 만든다.

첫째는 가업 존중이다. 칼의 위세로부터 가족을 보호하는 길은 가업을 키우고 지키는 것밖에 없었다. 어설픈 상명尚名 추구는 곧장 패가망신으로 이어질 수 있다. 그러므로 몸을 한껏 사려 작은 가업이라도 대를 물려 가며 지킨다. 이런 정신은 오늘 일본의 남다른 근로정신이나 완전주의나 천하제일주의의 근간일 수 있다.

'앗싸리'도 마찬가지다. 어물어물하다가는 목이 달아난다. '앗싸리'해야 했다. 우리가 때로 놀라기도 하고 때로 빈정거리기도 하는 일본의 친절이나 청결이나 질서도 역시 그렇다. 친절하지 않으면 목이 달아날 수도 있고, 청결하지 않고 질서를 지키지 않으면 사정없이 왕따가 될 수도 있다.

일본인은 대화를 하면서 '하이 하이' 하며 쉴 새 없이 허리를 굽실거리는데, 그것은 생명을 애걸하는 행위로부터 비롯된 버릇일 수도 있다. 요즘 일본 영화에서 쉽게 볼 수 있는 것이지만 강자는 굽실거리지 않는다. 오히려 뻣뻣하다. 굽실거리는 것은 약자뿐이다.

그러면서 그 입에서 되풀이하여 나오는 '도우조 요로시쿠(どうぞよろし
く, 잘 부탁드립니다)'는 '제발 살려 주십시오'의 변형일 수도 있다.

일본인은 속을 잘 드러내 보이지 않는다. 그래서 일본인의 진심
을 알 수 없다. 자주 들먹이는 '혼네와 다테마에', 운용의 묘가 가능
한 여유가 될 수 있을 그것도 그들로서는 절대적 생존술로부터 비
롯되었을 수 있다. 말 한마디 잘못 나가면 목숨이 왔다 갔다 하는
장면에서 곧이곧대로 속을 드러내 보이기가 어디 쉬웠겠는가. '혼네
와 다테마에'는 '앗싸리'와 모순된다. 그러니까 목숨 걸고 상대방의
눈치를 살피며, 모순되는 이 두 가지 대인 기교를 절묘하게 구사하
며, 자신에게 다가온 또 하나의 위기로부터 벗어나기 위해 그야말
로 혼신의 힘을 다했을 것이다. 어떤 과정을 거쳤든, 그렇게 이룩된
그들의 관습이나 전통은 오늘의 일본을 만들어 냈다. 이것이 그들
의 사무라이 정신을 눈여겨봐야 하는 이유다.

선비 정신

선비 하면 떠오르는 연상은 기개, 지조, 고매, 청빈, 충절, 학식,
박덕薄德, 그런 것들이다. 선비의 자격 조건이기도 한 그것들은 선
비로서 당위다. 그런 당위는 줄기차고 엄격한 수신修身, 수기修己에
의해서만 이룩된다. 선비는 대의를 위해서는 목숨을 초개처럼 알
아야 하고, 물론 황금 보기를 돌같이 해야 하며, 얼어 죽어도 곁불
을 쬐어서는 안 되며, 명리名利를 위하여 지조를 굽혀서도 안 된다.
멸사봉공과 인격의 완성, 그것이 선비의 목표이고, "아침에 도를 들

으면 저녁에 죽어도 좋다(朝聞道夕死可矣)", 공자의 이 말씀은 선비의 궁극적 지향이라 할 수 있다.

선비의 이런 기준이나 정신은 사무라이의 철칙인 '충성, 희생, 신의, 염치, 예의, 결백, 명예, 용기'와 그다지 다를 게 없다. 다른 점이라면 사무라이의 그것은 절대적으로 지켜야 하는 쪽이었지만 선비의 그것은 잘 지켜지지 않는 쪽이었던 것이다. 그것은 사무라이들이 선비들에 견줘 특별히 고매한 인품을 타고났기 때문이 아니라 지켜지지 않았을 경우에 각오해야 하는 형벌의 차이 때문이다. 그것은 곧 붓의 계율과 칼의 계율 차이다.

심각한 의문 하나

유교, 선비, 이런 쪽에서 내가 간직하고 있는 심각한 의문들 가운데 하나부터 적어 보겠다. 실천이라는 면에서 참 적막했던 듯한 우리 근대사에서 가장 주체적 실천은 아마도 3·1 독립운동이었을 듯한데, 이 운동의 주동 인물인 민족 대표 33인에 천도교, 기독교, 불교 대표뿐, 유교를 대표하는 이는 없다. 조선조 500년을 장악하고 있던 그들이 왜 그 민족적 대의의 실천에서 빠졌을까?

그 이유를 찾아봤지만 대답이 될 만한 것은 없고, 이이화 선생의 이런 추측만 눈에 띈다. 『한국사, 나는 이렇게 본다』(한길사, 2005) "유림 측이 빠진 이유로 추측해 볼 수 있는 것들 가운데 하나는 너무 촉박하게 준비하면서 지방에 거주하는 유림의 거두에게 연락을 할 수 없었다는 것, 둘째는 유림에게 참여할 것을 종용했으나 유

림들이 사도邪道라고 본 천도교·기독교도들과 이름을 나란히 적을
수 없다고 거절했다는 것, 셋째는 유림들이 거절할 것을 미리 알고
아예 연락을 하지 않았다는 것"이다. 이처럼 중요한 이유가 밝혀지
지 않은 채 왜 추측뿐일까? 어쨌든 그토록 중요한 그 시간에 조선
조를 지배했던 유교는 '민족'에서 제외되어 있었다.

그 시간에만 그랬던 것일까? 그렇지 않아 보인다. 선비들 상당수
는 조선유림연합회나 조선유도연합회 등의 친일 선비 단체를 다투
듯이 만들어 매우 조직적, 적극적으로 친일 행각에 나섰다. 단군과
일본의 건국 시조인 천조대신天照大神이 한 뿌리라는 동조동근론同
祖同根論부터 백인종이 화를 불러온다는 백화론白禍論까지, 그들이
만들어 낼 수 있는 이론은 쌨다.

생업마저 나 몰라라 한 채 애써 배우고 익혔기에 그들의 논리는
정연했고 그들의 문장은 유려했으며, 명분에 길들여져 있었기에 그
들은 당당했다. 그리고 그들은 시국 강연, 국방헌금, 황군 위문, 징
용·징병과 정신대 동원 격려, 공출 장려 등으로 바빠야 했다. 경성
제국대학 교수로 한국에서 40여 년을 살며 한국의 사상과 문화를
깊이 있게 연구한, 조선 유학의 권위자 다카하시 도루(高橋亨)에 의
해 주창된 이른바 '황도유학皇道儒學'의 실천이었다. 그들의 길라잡
이로는 이를테면 '을사오적'이 있고, 그들의 뒤를 잇는 이들로는 이
를테면 해방 뒤, 친일 부역자를 처단하기 위한 반민족행위특별조사
위원회(반민특위)를 박살 낸 거대한 세력이 있다.

이것이 붓의 문화였다면 칼의 문화에서는 어땠을까? 참 서글픈

이 의문에 대한 답은 이 글을 읽은 이들의 가슴에 그냥 묻어 두자. 답을 꼭 만들어 내야 하는 것은 아니니까.

또 하나의 의문

유교, 선비, 이런 쪽에서 내가 간직하고 있는 의문들 가운데 하나를 더 적어 보겠다. 김용운 선생의 섬뜩한 증언이 있다. "한국(조선)의 관리가 거의 불필요한 악적인 존재였음에 비해 일본의 무사단은 적어도 필요악이었다. 무사는 평소에는 수리 사업에 깊은 관심을 가졌고 싸움이 일어났다 하면 일단 농민에 대한 보호 의식을 가졌기 때문이다."(『일본인과 한국인의 의식 구조』, 한길사, 1985) 조선의 선비와 일본의 사무라이에 대한 대비인데, 조선의 관리가 거의 불필요한 악적인 존재였다고? 이토록 극단적인 대비라니! 그러나 선뜻 부정하게 되지는 않는다.

조선조 선비들의 궁극적 목표였다 할 수 있을 과거를 통해 선비들의 품질이나 행태를 짐작해 볼 수 있다. 우선 그 규모가 놀랍다. 이를테면 정조 24년 3월 21일에 치른 과거는 응시자가 21만 5417명이었다. 한양 인구가 25만쯤 되던 시절이었다. 그러니까 한양 인구와 비슷한 숫자가 시험을 친 셈이다. 우선 숙식 해결을 어떻게 했을까 하는 따위 의문은 크지만, 『조선왕조실록』의 기록이니 믿지 않을 수도 없다. 숫자도 끝자리 '7'까지 구체적이다. 이들 가운데 합격자는 3년마다 치르는 식년시式年試 경우가 가장 많아 33명이었다. 거의 8000대 1에 가까운 무시무시한 경쟁이었다.

그러니까 33명을 제쳐 둔 나머지는 '고시 낭인'이라는 요즘 표현을 빌려 보면 '과거 낭인'이 되어야 했을 듯한데, 서울 인구보다 오로지 입신양명을 위한 낭인의 수가 훨씬 더 많았다는 게 우선 놀랍다. 온통 과거 낭인의 시대였던 것 같고, 이른바 양반의 자제는 생산적인 일은 하지 않고 오로지 과거 공부를 한답시며 세월아 네월아 하고 있기만 했던 것 같다.

좀 더 나아가 보면 문제는 더 심각해 보인다. 요즘 '고시 낭인'과는 달리 그 시절의 '과거 낭인'은 그 가족들까지 사실상의 불로 기생不勞寄生 계급이었다. 그 계급에 속해 있는 사람을 줄잡아 열 곱절만 잡아 본다 할지라도 불로 기생 계층에 속하는 사람은 200만을 쉽게 넘어선다. 그 당시 한반도 전체 인구가 2000만 명쯤 되는 시대였다. 불로 기생 계급에 의해 형성된 그 시대의 퇴영적 분위기는 쉽게 짐작해 볼 수 있을 것 같다.

그런데 과거와 연관하여 더 놀라운 것은 이 시험에는 대리 시험, 채점관이 봐주기, 책 베끼기, 장원할 사람 미리 정해 놓기 등 온갖 부정이 횡행했다는 것이다. 요즘 식으로 표현해 보자면 '커닝'을 하는 방법까지 전수되었다는 기록도 있다. 그리고 또, 이거야말로 본질적인 것일 듯한데, 이런 문제도 있었다.

현재 치르는 과거에서는 과체科體의 기예技藝를 통하여 인재를 시험하고 있다. 그런데 그 문장이란 것이 위로는 조정의 관각館閣에 쓸 수도 없고, 임금의 자문에도 응용할 수 없을 뿐만 아니라 아래로는 사실을 기록하거나 인간의 성정을 표현하는 데에도 불가능한 문체다. 어린아이 때부터 과거 문장을 공부하여 머리가 허옇게 된 때에 과거에 급제하면 그날로 그 문장을 팽개쳐 버린다. 한평생의 정기와 알맹이를 과거 문장 익히는 데 전부 소진하였으나 정작 국가에서는 그 재주를 쓸 곳이 없다. — 박제가, 『북학의』

'과체'는 '과거용 문체', 그러니까 시험에 합격하기 위한 특별한 문체를 뜻하는데, 결국 그 시험에 합격하려고 암기 위주로 죽어라 공부한 게 말짱 아무 소용도 없는 것이었다. 죽은 공부였다.

그렇게 하여 과거를 거쳐 벼슬자리에 나간 사람들은 이를테면 지금의 서울시장인 한성부윤의 경우 조선조를 통틀어 평균 재직 기간이 130일이었다. 요즘 표현으로 하자면 낙하산 전성시대였다고나 할까. 매관매직이 성하다 보니 교체가 잦을 수밖에 없었다. 때문에 임관이 되면 다음 사람에게 밀려나기 전에 재빨리 본전을 뽑아야 했다.

어느 사공 이야기가 있다. 새로 부임하는 원님을 건네줄 때는 배가 가벼운데, 그 원님이 떠날 때는 배가 무겁다는. 왜냐하면 재임 기간 동안에 긁어모은 돈을 가지고 탔기 때문이었다. 내가 잘 알고 있는 어느 명문 씨족 마을에 가면 특히 좋은 집을 가리키며 마을 사람들은 이런 이야기를 한다. 그 집 윗대 아무개 어른이 어느 고을 사실 적에 돈을 많이 벌었거든. 약간의 시샘이 섞인 야유다. 말하자면 목구멍 문제가 걸려 있는 물적 획득에 대하여 항목을 바꿔 조금 더 이야기해 볼 필요가 있을 것 같다. 수염이 석 자라도 먹어야 산다. 우리 선비들은 이 절대적인 목구멍 문제를 어떻게 해결했을까?

선비의 생계 수단

사무라이는 전원 유급有給이었다. 급수와 관계없이 급료는 빠듯하여 상인은 물론 농민보다 오히려 더 가난한 경우도 많았다. '마비키'라 불리던 영아 살해를 통해 가족 수가 늘어나는 것을 억제하면서도 극도로 검소할 수밖에 없었다. 왜냐하면 모두 짐작하고 있는 것보다 더 잘살 경우에는 의심을 받고, 마침내는 '무라하치부'가 되거나 아예 처벌을 받기 때문이었다. 가렴주구, 그런 것이 가능한 풍토도 아니었다. 병농兵農·병상兵商 분리 정책으로 말미암아 부업으로 농사를 짓거나 장사를 할 수도 없었다. 그들은 지배·통제 계급이기는 했으나 피지배·피통제 계급보다 물질적 누림이 더 낫지는 않았다.

조선조 선비의 수입원은 대충 세 갈래였다. 하나는 벼슬을 하여 국록을 받거나 가렴주구, 곧 가혹하게 세금을 거둬들이거나 백성들의 재물을 빼앗는 것, 다른 하나는 종이나 소작인을 부려 농사를 짓는 것, 나머지 하나는 외재外財였다.

마지막 것에 대한 설명이 필요할 듯한데, 지체가 좀 빠지지만 경제적 형편은 좀 나은 집에서 며느리를 보면 그 며느리에 딸려 재물이 들어온다. 요즘으로 치자면 여자에 딸려 오는 열쇠 세 개, 그런 것이 되겠고, 그것을 외재라 했다. '정성을 바리째로 보낸다'는 표현도 있다. 그러니까 사돈집에 보내는 정성, 즉 공물을 실은 소까지 모두 보낸다는 뜻이다.

그런데 옛날의 외재와 요즘 열쇠 세 개는 다른 면이 있다. 요즘 열쇠 세 개는 야유와 지탄의 대상이 되기도 하지만 옛날의 외재는 당시를 지배하는 문화로서, 대충 당연한 흐름으로 이해되었고, 그래서 형편이 궁한 양반집에서는 그런 쪽 혼처를 일부러 찾기도 했다. 그 시절, 불로 기생 계급인 선비 사회의 퇴영적 분위기를 짐작해 볼 수 있게 하는 대목이다.

그런데 선비들 태반은 이 세 갈래 수입원으로부터 소외되어 있었다. 따라서 강제된 가난을 감내하는 수밖에 없다. 이른바 청빈이나 적빈赤貧. 상당 부분의 선비들이 이 부류에 속했다. '과거 낭인'이 좋은 구실일 수도 있었을 그들이 배우는 덕목에는 의식족이지예절衣食足而知禮節이나 창고실이지예절倉庫實而知禮節이라는 게 있다. 목구멍 문제가 우선 해결되어야 예절을 알 수 있다는 뜻이 되겠는데, 삼순구식三旬九食, 그러니까 한 달에 아홉 끼만 먹는다는 표현이 있을 만큼 굶주려야 했던, 그러면서도 밥을 얻기 위한 노동은 천시했던 그들에게 '예절'을 기대하기는 어려울 수도 있었을 것이다. 그러나 다른 한편으로는 청빈낙도淸貧樂道라는 표현도 있다.

이제 이 대목의 결론 겸, 조선조 유학의 결산서처럼 읽히는 『조선유학사』 쪽으로 다시 돌아가 보아야 할 차례가 된 것 같다.

『조선 유학사』의 세계

『조선 유학사朝鮮儒學史』는 대체적으로 명저로 인정받고 있으며 국내외 유학 연구자들에게는 제쳐 둘 수 없는 고전인 것 같은데, 이 책은 '조선 유학의 공과 죄'에 대한 이야기부터 시작하고 있다.

공功은 ① 군자학의 면려勉勵 ② 인륜 도덕의 숭상 ③ 청렴 절의의 존중이고, 죄罪는 ① 모화사상 ② 당쟁 ③ 가족주의의 폐해 ④ 계급 사상 ⑤ 문약 ⑥ 산업 능력의 저하 ⑦ 상명주의尚名主義 ⑧ 복고사상이다.

'죄'가 '공'보다 수적으로 훨씬 더 많다는 게 우선 눈에 띄고, '공'의 상대어는 '공과功過'의 '과'가 되는 게 맞을 텐데, 굳이 '죄'라 해 둔 것도 잠깐이나마 생각을 머물러 보게 하고, '죄'는 구체적인 데 견줘 '공'은 모호하고 몽롱하다는 것도 그냥 넘어가게 되지 않는다. 그리고 『조선 유학사』를 쓰면서 하필이면 책 맨 앞에다가 '공'과 '죄'부터 논했을까 하는 저자의 집필 의도에 대한 의문도 가볍지 않다. 저자는 유학의 역사를 쓰기보다는 유학의 죄를 논고하고 싶어 했던 것은 아닐까? 열거되어 있는 '공'과 '죄'의 내용으로 보아 그런 생각이 든다.

'공'으로 적어 둔 세 가지 모두 포장, 곧 명분이었을 뿐 실질은 아니었다. '청렴 절의'는 유학자인 선비가 절대적으로 추구하는 가치였지만 매관매직이나 가렴주구나 탐관오리가 무성했던 것으로 보아 청렴은 선언적 의미였을 뿐, 실천 가치가 되지 못했고, 배신이나 훼절은 흔한 것이었으므로 절의라는 덕목도 역시 마찬가지였다. '인륜 도덕의 숭상'도 선언적이었던 것뿐, 앞에서도 이미 이야기했듯, 효자나 효부를 일부러 가려 상을 주어야 할 만큼 오히려 사실상의 패륜이 더 흔했다. 모두가 유학의 고매한 가르침대로 했다면 굳이 효자니 효부를 가려 상을 줄 이유는 없었을 것이기 때문이다.

'군자학의 면려'도 그것을 제왕학으로 이해한다면 조선 왕조는 그야말로 골육상쟁의 잔인한 역사였으며, 제왕학의 첫째 덕목인 위민爲民의 자취를 찾아보기 어렵다. 임진왜란 때 백성들을 버리고 도망친 임금의 경우를 보라. 그런 전통은 한국 전쟁 때 국민들을 버리고 자기만 살자고 도망친 다음 한강 다리를 아예 폭파해 버린 대통령으로 이어진다. 그런 군자학은 있을 수 없다. '죄'만 이야기하기 어려우니까 구색을 갖추기 위해 '공'이라고 적어 놓은 듯한데, 그것은 그대로 '죄'의 역설적 표현 같다.

다분히 추상적인 '공'의 그런 면모에 견준다면 '죄'의 여러 항목은 굳이 설명이 필요 없을 만큼 구체적이고 촉감적이다. 유학의 실천 주체인 선비들은 대개 이 '죄'를 그 정신에 지니고 있고, 대충 대한제국의 멸망(1910)과 더불어 선비라는 존재는 사라졌지만 그 정신은 오늘에도 생생하게 살아 그 '죄'를 실천하고 있다.

다시 읽어 보며, 나는 탄식했다. 60여 년 전의 그 기록들이 어쩌면 이다지도 현재적일까? 위에 열거된 '죄' 여덟 항목뿐만 아니라, 그 앞에 아마도 역설적 표현으로 '공'이라고 적어 둔 것일 듯한 세 가지까지 그대로 현재에 적용해 보면 어긋나는 게 없다. 퍼즐 놀이라도 하듯이 재미 삼아 한번 대입해 보시라. 정말 단 하나도 없이 그 진술이 현재적이다. 놀랍다.

　첫 번째 '공'인 '청렴 절의'는 오늘날 공무원들의 상습적 부패가 자주 '관행'이라는 게 방패 노릇을 할 만큼 오히려 당연한 게 되어 있고, 정치판을 포함한 이른바 '지도층 인사'들의 배신이나 이합집산은 실로 무쌍하다. '청렴 절의', 그런 것은 찾아보기가 쉽지 않다. '인륜 도덕의 숭상' 쪽은 어떨까? 대형 패륜 사건이 빈발하고 있다는 면에서 그런 것을 들먹인다는 게 오히려 면구스럽다. 기만과 위협이 주된 통치 수단이 되어 있는 현실이므로 '군자학'이니 하는 것은 물론 찾아보기도 어렵다.
　'죄' 쪽으로 가 보아도 마찬가지다. '모화사상'도, '당쟁'도, '가족주의'도, '계급 사상'도, '문약'도 그 시절과 꼭 같다. 오히려 더 심해졌다. '산업 능력의 저하'는 3D 업종 기피 현상이나 노동력의 서비스 업종 편중 현상이 좋은 예가 될 수 있다.
　'상명주의'에 대해서는 조금 자세하게 이야기해 보자. 유학의 '죄' 여덟 가지를 축약한다면, 실질적 가치의 거세가 아예 전제된, 바로 이 상명주의가 될 수 있을 것이기 때문이고, 학벌주의, 성형 열풍, 모르고도 아는 체하기, 아니면 말고 식 막말, 보다 더 큰 집, 보다 더 큰 차, 보다 더 잘난 자식, 보다 더 돈 많고, 보다 더 잘생긴 배우자, 그런 것들도 바로 이 상명주의에 포함되기 때문이다.

간호원이 간호사가 된 사연

요즘 젊은 세대들은 잘 모르고 있을 듯한데, 25년쯤 전까지만 해도 '간호사'가 아니라 '간호원'이었다. 그런데 간호원 노동조합에서 의사와 간호원의 동등한 대우를 요구하여 간호원도 의사와 마찬가지로 '간호사 선생님'이 되었다.

나는 그 무렵 어느 날, '그러면 같은 병원에 근무하는 원무과 직원이나 영안실 근무자는 왜 선생님이라고 부르지 않는가?'라는 요지의 짧은 글을 어느 신문에 썼다가 결코 유쾌할 수 없는 전화를 몇 통 받아야 했다. 당시 내 글의 요지는 간호사들을 선생님이라 호칭하는 그 자체가 아니라, 잔뜩 딱한 처지에서 병원을 찾게 되는 환자만 '졸'로 만드는 병원의 바람직하지 않다고 믿어지는 위계 체제에 대한 것이었다.

나는 의학적으로 포기한 상태에서 병원에 머물러야 했던 한 해 동안, 병원의 실로 비인간적 실상을 뼈저리게 경험한 뒤였다. 대한민국 최고라는 병원에서 그때 벌어지고 있던 캠페인 하나는 '환자에게 경어 쓰기'였다. 복도마다, 병실마다 그 구호가 붙어 있는데도 환자에 대한 그들의 대우는 내내 장기판의 '졸'이었다. 그런데도 환자는 그 대접을 감수해야 했다. 왜냐하면 자신들의 생명이 병원 사람들의 손에 달려 있었기 때문이다.

내 생애에서 나는 나 자신을 위한 뇌물은 딱 두 번 썼다. 한 번은 논산 훈련소 배출 대대에서 최전방으로 보내 달라는 부탁과 함께 기간병에게 당시(1964) 돈 500원을 준 것이었고, 다른 한 번은 투

병기에 당시(1984) 30만 원짜리 소공동 이해창 양복점 양복 표 두 장을 주치의에게 준 것이었다. 같은 병실에 누워 있던 환자 가족의 조언을 실천한 결과인 그 양복 표는 우리 부부가 느낀 공포의 표현이었다. 아이들 셋은 아직 어렸다. 어떻게든 살아야 했다. 내가 사수하려 했던 염결의 가치를 포기하고, 나는 그 뇌물을 의사에게 줄 수밖에 없었다. 그리고 그 의사의 이름은 지금도 기억하고 있다.

의술은 인술이라고들 하고 사실 그래야 하지만, 적어도 종합 병원의 경우로 보자면 우리 병원을 지배하는 문화는 실로 야만적으로 살벌하다. 지금도 마찬가지다. 대형 병원마다 다투듯이 지어 올리고 있는 제2, 제3, 제4 병원이 그 예다. 그들은 가련한 환자들의 돈을 어떻게든 뜯어내, 새로운 건물들을 지어 올리고 있다. 아니라고? 그렇다면 병원 확장은 무슨 돈으로 하고 있는가? 그것이 나의 의문이다. 우리 사회는 극복해야 할 문제투성이이고, 병원도 역시 그렇다.

우선 선생님이라는 그 호칭부터 없애라. 일부러 조사해 보았는데, 환자를 졸로 만드는 그런 호칭은 세계 다른 어느 문화권에도 없다. 당신들을 그렇게 불러야 할 때마다 환자들은 당신들에게 적의를 느낀다. 그러면서도 당신들을 향해 아첨 조 웃음을 보일 수밖에 없기에 그 적의는 더 치열하다. 그런데도 선생님이라는 호칭을 굳이 고집할 이유는 없지 않은가?

옛날에는 '운전수'였는데, 언제부터인가 '운전기사'가 되더니 '운전기사 양반'까지 발전했다. '잠수부'가 '잠수사'가 되었다는 것은 이번 세월호 침몰 바람에 알게 되었다. 거리에 나가서 사장님 사모님 하고 부르면 행인들 열에 여덟은 뒤를 돌아본다는 노래가 나온 지는 이미 수십 년 되었다. 현직을 떠난 뒤에도 그 사람의 마지막 직함이 이름 뒤에 붙는다. 병원 간판에 출신 학교 표시가 되어 있는 나라는 한국뿐이라는 이야기를 들은 적이 있는데, 정말 그런 것 같다. 물론 서울대나 연세대, 경희대(한의원) 출신이 아닌 경우 그런 표시가 없다.

자기 분야에서 세계적 권위자가 된 의대 교수가 이른바 명문 의대 출신이 아니라는 것 때문에 한국 의학계에서는 발도 붙여 보지 못한다는 이야기는 앞에서 적어 둔 바 있다. 이런 풍조는 학교가 빠져서는, 집안이 빠져서는, 인물이 빠져서는, 옷차림이 빠져서는, 자동차나 집이나 자식이나 배우자가 남보다 못해서는 도무지 사람 대접을 받지 못한다는 사회적 분위기를 만들어 냈다.

허세는 불가피한 생존 수단이 되었고, 외관상의 이 허세는 내면적으로 허위의식을 키워 주는 동기나 자양이 되었다. 곧 겉은 허세고 안은 허위다. 허세와 허위에 실질이 발붙일 틈은 없다. 이 대목에서 짚어 보았듯, 이런 현상은 지양 또는 극복되기는커녕 오히려 차츰 더 심해져 가고 있다. 동국대 교수였던 신정아로 시작하여 한동안 봇물 터지듯 하던 학력 위조 사건이 그런 것처럼, 상명주의는 인간을 비열하게 하고 조잡하게 하고 비속하게 하고, 결국 불행하게 한다. 상명주의의 극복 없이 우리의 미래는 없다.

  이렇게 변한 게 하나도 없이 오히려 더 심해져 가고 있다는 것은 조선조 이래 개선이나 발전은커녕 오히려 뒷걸음질이나 치고 있었다는 이야기도 되겠고, 한번 터 잡은 버릇이나 전통이나 관습, 그런 것들은 쉽사리 바뀌지 않는다는 이야기도 되겠다. 어느 쪽이든 비극이고, 불운이고, 불행인 것은 틀림없다. 참 기박하다고나 할까. 굳이 되짚어 보자면 결코 유쾌할 수 없다.

한국 춘화와 일본 춘화

식색주食色酒 가운데 마지막으로 색色에 대해 이야기할 차례가 되었다. 색, 곧 성속性俗에서 그 문화권을 이해하는 주요 코드를 발견할 수 있을 텐데, 일본의 경우 특히 그렇다. 대개 한·중·일을 하나의 문화권으로 묶지만, 비단 한·중·일 문화권에서만은 아니다, 적어도 성속에 관한 한, 일본은 그 어느 문화권에도 견줘 볼 수 없을 만큼 단연 독특하다. 지극히 사적인 것일 수밖에 없어 더욱더 은밀한 것이 될 그런 쪽에서 일본인과 한국인의 다름을 살펴보도록 하겠다.

피리와 오케스트라

일본의 성속을 적나라하게 상징하는 축제가 있다. 도쿄와 요코하마 사이에 있는 가와사키에서 해마다 4월 첫째 일요일에 열리는

가나마라 축제(かなまら祭り)가 그것인데, 주제는 남근이다. 매우 사실적으로 묘사된 거대한 남근 조각을 가마에 실어 수십 명이 짊어지고 요란스럽게 거리를 행진하고, 남근 캔디를 팔고, 시내 도처에 있는 남근 조각에서는 여자들이 말을 타듯이 조각에 올라탄 채 사진을 찍고, 나무나 당근으로 만든 남근 조각이 노점 좌판에서 손님들을 기다린다. 이 축제는 인구가 150만 명쯤 되는 가와사키의 최대 행사이고, 축제일이 되면 수많은 관광객이 몰려온다. 여자들은 남근 캔디를 빨며 그 모든 풍경에 열광한다. 외국인도 처음에는 당혹스러워하지만 곧 벙글벙글 웃으며 그 열광에 참여한다. 어쩌면 일본에서만 가능할 열광 같다. 그런데 일본의 성속을 가장 잘 상징하는 것은 아무래도 춘화가 되어야 할 듯싶다.

춘화 없는 나라가 있을까? 아마 그렇지는 않을 듯싶다. 그러나 체험적으로 볼 때 일본만큼 지독한 경우는 적어 보인다. 일본 것은 하도 노골적이어서 오히려 사실감이 느껴지지 않는다. 앞에서 일본 욕은 피리, 한국 욕은 크로스오버 오케스트라라는 대목이 있었는데, 춘화에서는 뒤집어진다. 일본 춘화를 오케스트라라면 한국 춘화는 풀피리에 지나지 않는다. 한국 춘화는 일본 '수준'에 도저히 따라갈 수 없다.

한국의 대표적 춘화가 될 김홍도의 '운우도첩雲雨圖帖' 시리즈나 신윤복의 '건곤일회도乾坤一會圖' 시리즈는 일본 것에 견준다면 다분히 해학적이고 시적, 예술적이기까지 하다. 일본 것은 거의 배경 없이 남자와 여자가 과장스레 성기를 맞대고 있는 그림이기가 일쑤다. 그 그림에서 남자의 성기는 당연히 '대물大物'이다. 그것만 보아서는 일본인은 시바 신의 남근 상징을 향해 가슴을 조아려 보이는 힌디들 못지않게 대물 숭배 사상에 젖어 있는 듯하다. 과장되기는 여근도 마찬가지다. 그림으로 표현된 여근은 아예 작은 연못 같다.

그런 것들에 견줘 보기로 한다면 김홍도나 신윤복은 배경 그림이 그윽한 정취를 느낄 만큼 아름답다. 게다가 회화미도 뛰어나다. 그러나 일본 춘화에는 회화미 같은 것이 아예 없다. 오로지 흉물스럽게 보이기나 할 뿐. 적어도 내 눈에는 그렇다. 춘화의 목적에서 최음, 그런 것을 빼놓을 수 없을 텐데, 일본 춘화는 성감을 오히려 망가뜨릴 것 같다. 일본인이 아닌 내 눈으로 볼 때는 그렇다. 일본인의 눈에는 당연히 다를 것이다.

일본의 성속

그런 축제나 춘화는 결국 관습과 풍속의 산물이다. 일본 성속은 한국과 전혀 다르다. 나는 '다르다'라고 했을 뿐, 어느 쪽이 좋다 또는 나쁘다 하지는 않았다. 어느 민족, 어느 문화권의 성속은 그 민족, 그 문화권의 역사적 산물이다. 성속의 선악을 재는 잣대는 없다. 같은 민족, 같은 문화권 안에서는 관습에 비춰 '지나치다', 이를테면 그렇게 말할 수 있겠지만, 다른 민족, 다른 문화권의 경우, 자기가 길들여져 있는 것보다 심하다 하여 '음란하다', 약하다 하여 '엄숙하다' 하는 것은 온당하지 않다.

예를 들면 우리 문화권에서는 사촌 사이의 결혼 같은 것은 상상조차 할 수 없지만, 그렇지 않은 문화권도 썼다. 아랍권에서 일부다처제를 당연하게 받아들이는 것은 그것이 그들의 관습이기 때문이고, 모르몬교의 일부다처제가 지탄의 대상이 되는 것은 그들이 살고 있는 미국의 관습이 그것을 용납하지 않기 때문이다. 부탄과 티베트에는 아직까지도 형제공처兄弟共妻, 곧 형제가 아내를 하나만 갖는 풍습이 남아 있다. 얼마 전, 부탄 다큐멘터리를 보니까, 3형제 공처도 있었다. 이유는 '형편이 어려워서'였다. 그런 풍습은 다른 문화권에서는 용납되지 않는다.

이제 '다르다'는 관점에서 일본의 성속을 개관해 보자면, 일본은 혼욕이 일반화되어 있었지만 한국은 남녀칠세부동석이었던 것이 단적인 예가 되겠다. 내가 처음 일본에 갔던 1970년대만 해도 시골에는 혼욕 풍속이 남아 있었다. 나는 소문을 더듬어 나라(奈良) 교외에 있는 그런 목욕탕을 일부러 찾아가 경험했다. 요즘은 노천 온천에서 수영복 같은 것을 입은 채 남녀가 함께 욕조에 들어가는 경우를 제쳐 두고 보자면, 알몸 혼욕은 없어졌다고들 하는데, 혼욕이 예사로운 것으로서 가능했던 정서적 습관은 그대로 남아 있는 듯하다. 목욕탕 주인이 조금 높직한 곳에 앉아 남탕과 여탕 쪽 탈의실을 다 내려다보고 있고, 손님들은 그 주인 앞에 벗은 몸을 드러내 보이는 데 별 스스럼을 느끼지 않는 것으로 보아 그렇다. 주인집 따님으로 보이는 10대 후반 소녀의 무심한 눈길이 내 쪽을 향해 있는 장면에서 옷을 벗으며 몹시 스스러워했던 적도 있다.

한국에서는 입술을 스치는 듯한 장면만 있어도 가위질을 하여 잘라 내던 1970년대에 일본은 벌써 도색 영화 극장이 도시마다 있었고, 러브호텔이니 하는 것도 사람과 번거롭게 부딪칠 필요도 없이 자동판매기 같은 구멍에다 돈만 집어넣으면 방문이 열리는 식으로 기계적으로 아주 잘 발달되어 있다. 주택가 구멍가게에도 포르노 잡지가 가장 잘 보이는 곳에 가지런히 진열되어 있는 나라도 아마 일본뿐일 듯싶다. 전철 안에서 진국 섹스 만화를 읽고 있는 풍경도 일본에서는 예사롭다. 우리는 숨어서나 보던 「임마뉴엘 부인」이 황금 시간대 텔레비전에서 방영되었다는 이야기를 들은 적이 있고, 텔레비전 프로그램에서 젊은 여자 출연자의 풍만한 젖가슴이나, 남자 성기 모양의 바나나를 입에 문 젊은 여자의 모습을 보게 되는 경우는 어렵지 않다.

스무 살 안팎 여자들을 비키니만 입혀 레슬링을 시키는 프로그램도 드물지 않다. '만져 보고 알아맞혀 보세요'라는 프로그램에서는, 안대로 눈을 가린 여자가 수갑을 찬 채 의자에 앉아 있는 다른 여자의 몸을 더듬어, 몸의 특징으로 그 여자가 누구인가를 알아맞히는데, 특히 가슴을 가장 많이 만지는 것은 의도된 연출 같았다. 사회자는 남자였다.

일본은 포르노 영화 왕국이기도 하다. 여자 출연자의 상당 부분은 배우가 아니라 여고생이라 한다. 들은 이야기지만 사실 같다. 인터넷에서 얼마든지 볼 수 있는 누드 사진 가운데 일본 것은 거의 하나같이 어리다.

문화의 이런 현상은 결국은 현실의 반영일 듯하지만, 그들에게는 우리 식의 정조 관념이니 하는 게 없는 듯하다. 젊은 일본 남자 하나가 갓 알게 된 한국 여자 유학생을 러브호텔로 데려가려다가 뺨을 맞고, 자기가 왜 뺨을 맞게 되었는지 도무지 이해할 수 없어 했다는 이야기는 두 나라 성속의 차이를 상징할 것 같다.

당연한 결과로 보이는데, 일본의 성 산업은, 적어도 관광객의 눈에 비친 대로라면 세계 최강 같다. 하나하나 열거할 필요도 없이, 인간의 상상력으로 가능한 모든 게 있는 것 같아, 도쿄 신주쿠나 오사카 도톰보리 일대를 일부러 돌아다니며 조사해 본 적이 있는데, 나의 짐작은 틀린 거였다. 국내외 황음의 현실을 엔간히 들어본 나의 능력으로는 도저히 상상도 할 수 없는 것들이 수두룩했다. 아주 조금만 적어 보기로 하자면, 이런 것들이 있다.

우리의 '성인용품' 가게는 대개 아래층이 아닌 위층의 은밀한 독립된 공간에 마련되어 있지만, 일본의 경우에는 거리를 지나가면서 행인들이 볼 수 있는 곳에 진열장을 내놓고 있다. 어느 2층, 넓은 공간에 개집 같은 게 촘촘하다. 그 하나하나가 비디오방인데, 그게 마구 흔들린다. 어느 섹스 바. 조금 높직한 곳에 속옷을 입지 않은 기모노 차림의 여자가 올라가 있고, 1000엔을 내면 물수건을 건네주고, 그 수건으로 손을 닦은 다음, 그 여자의 기모노 속으로 손을 넣어 만져 보게 하고, 1000엔을 더 내면 사진까지 찍게 해 준다……

'일본은 성진국性進國'이라는, 아마도 야유조일 듯싶은 표현을 본

적이 있는데, 너무나도 적나라해 보이는 그런저런 것들을 둘러보며 나는 의아스러웠다. 과연 이렇게 하고도 사회가 살아남을 수 있을까? 이런 의문은 폐쇄적인, 아무래도 그렇게 평가될 듯한 한국의 성 관념에 어쩔 수 없이 익숙해져 있는 내가 일본의 성속에 대해 무지한 탓일 듯싶은데, 그럼에도 불구하고 굳이 그렇게 표현해야 한다면 일본인은 '섹스 애니멀'이라 할 수 있을 듯하다. 왜 그렇게 되었을까? 거기까지는 더듬어 보려 하지 않았는데 짐작되는 것 하나는 있다. 그들의 유별난 탐미벽이 그것이다. 호기심을 거부할 수 없는 인간이 추구해 볼 수 있는 탐미의 궁극이 성일 것 같기 때문이다.

축제와 마쓰리

일본에 가서 며칠 돌아다니다 보면 문득 되돌아 보게 되는 장면이 있다. 경찰과 교회 십자가가 별로 눈에 띄지 않는다. 이런 느낌은 일본에 갈 때마다 되풀이된다. 그러다가 한국에 돌아오면 한동안은 시야에 경찰과 교회 십자가가 유난스레 더 많이 들어온다.

다른 나라 여행을 하면서 생긴 고정 관념 하나는, 거리에 경찰이 눈에 많이 띌수록 그 나라는 더 많이 곤란한 나라라는 것이다. 남미 여러 나라에서는 탄창이 꽂혀 있는 기관단총에 방탄복으로 무장한 경찰들이 다섯 명 이상 떼를 지어 시내를 순찰하고 있었고, 인도는 아무래도 비어 있는 것 같은 구닥다리 장총을 어깨에 건들건들 걸친 경찰들이 시내를 어슬렁거리며 돌아다니고 있어서 괜히 살벌한 느낌이었다.

이런 관점에서 볼 때 우리나라는 일본보다 조금 더 곤란한 나라가 될 것 같다. 서울에 살고 있는 불행 가운데 하나가 될 텐데, 수천 명이 되기 일쑤인 경찰이 이토록 자주 도심 작전을 펼치고 있는 나라는 결코 찾기가 쉽지 않아 보인다. 그런 경우에 동원되는 경찰들이 도무지 편해 보이지 않는다. 각종 장비로 무장한 채, 명령받은 장소에 서 있는 그들이 그 시간, 무슨 생각을 하고 있을까 생각하면 슬프다. 젊다기보다 아직 어린 그들, 볼 때마다 참 미안하다.

한국과 일본의 기독교

교회의 존재는 어떨까? 우리 목회자님들께 여러 차례 물어본 적이 있다. "우리나라는 일본보다 기독교 신자가 엄청 더 많은데 사회는 일본보다 못한 것 같습니다. 그 이유가 뭘까요?" 나의 질문에 대한 목회자님들 대답은, 마치 무슨 매뉴얼이라도 있는 것처럼, 참 신통하게도 똑같았다. "우리나라는 교회가 있으니까 그나마 이만이라도 한 겁니다." 내가 이 대답에 동감한 적은 한 번도 없다. 그보다는 그런 대답을 하는 목회자들이 참 염치없어 보인다.

가톨릭 순교의 역사는 일본이 한국보다 200년쯤 앞서고 그 수도 훨씬 더 많다. 현재의 기독교 교세는 신·구교 모두 합해 일본은 0.7퍼센트이고 한국은 29.2퍼센트이다. 세계 10대 교회 가운데 여덟 갠가 아홉 개가 한국에 있다는 것 때문은 아니다. 한국의 기독교는 극성세다. 기독교의 본바닥이라 할 유럽이나 남미의 교회들은 일요일에조차 텅텅 빈다. 내가 다녀 본 곳들 가운데 단 한 군데 예외가 있었다. 이스터 섬에 있는 성당이었다. 인구 3000명에 매일 저녁 7

시에 미사가 있는데 언제나 400명 정도는 모였고, 일요일에는 미사를 두 차례로 나눠야만 신도들을 모두 수용할 수 있다 했다. 거기서 아예 살고 싶을 만큼 아늑한 느낌을 주는 그 섬의 친교 공동체로서의 기능 때문인 것 같았다.

그 외에는 대부분 관광객용이었다. 유럽의 성당들은 성당 안 여러 곳에 설치되어 있는 고해소 바깥벽에 담당 신부님이 어떤 언어를 하는지를 알려 주고 있는 것으로 보아 그랬다. 이탈리아 어느 성당에는 한국어를 한다는 신부님도 한 분 계셨다. 성당이 관광객용이 되다니. 기이한 느낌이었다. 그런데 한국에서는 극성세다. 기독교가 한국에서 누리고 있는 이 같은 극성세는 어떻게 설명해야 할까? 혹시 한국인의 심정적 약점을 내포, 외연하고 있는 것은 아닐까?

일본의 전통

일본의 종교 인구는 통계적으로 신도神道와 불교가 대충 반반씩인 듯한데, 신사를 찾아 기도를 올리지 않는 일본인이 없다는 현실로 미루어 일본 인구의 대부분을 신도 신자로 보아도 될 듯하고, 신도의 '도'가 '道'인 것처럼, 일본인에게 신도는 종교라기보다는 생활 그 자체다. 신도의 우두머리는 물론 천황이다. 역사적 사실 여부와 관계없이, 천황은 만세일계, 그러니까 일본 역사가 열린 이래 같은 혈통으로 이어져 왔다는 일본의 명실상부한 구심이다. 그런 점에서 볼 때 만세일계가 만일 상징 조작이라면, 그 조작은 매우 성공적인 것으로 보이고, 덕분에 그들의 생활과 종교와 구심은 그대로 삼위일체다. 신앙 면의 이런 전통이 일본의 특성을 결정지었다.

그런데 비단 신앙 면에서만이 아니다. 일본은 자기 전통을 존중한다. 어느 해 1월 초, 교토에서였는데, 화사한 기모노에 나막신까지 신고 발랄하게 웃으며 떼를 지어 쏘다니는 젊은 여자들이 많이 눈에 띄었다. 뭐냐고 물어보니까 성인의 날이란다. 아, 일본에서는 성인식 날 기모노를 입는구나. 비단 성인의 날만이 아니다. 기모노 차림은 드물지 않다. 야구장에도, 날씨가 서늘해지는 포스트 시즌쯤에는 기모노를 입은 팬들이 더러 보인다. 일본 텔레비전에도 사회자나 출연자, 양편 모두 기모노 차림이 자주 등장한다. 한국 텔레비전에서 한복은 명절 특집 때뿐이고, 일상에서는 유치원 시절 이후 결혼할 때 정도밖에는 한복을 입지 않는다.

우리 스포츠 가운데 그 역사가 가장 오랜 씨름은 본격적 사양길에 접어들었다. 반면에 우리 씨름과 비교되는 일본 스모의 인기는 그대로다. 한국의 씨름 유망주들이 일본 스모판으로 흘러들어 가고 있다니 양쪽의 명암이 엇갈리고 있는 셈이다. 호된 훈련 때문에 지원자가 차츰 줄어들고 있어 한국이나 몽골 등에서 스모 자원을 수입하고 있다고는 하지만, 스모 경기 운영 주최 측으로 보자면 상업적으로 이익을 내고 스모 챔피언인 요코즈나(よこづな)가 될 경우 상당한 부와 명예를 한꺼번에 누릴 수 있을 만큼, 스모는 적어도 아직까지는 성세다. 케이블 텔레비전을 통해 우리나라에서도 볼 수 있는 NHK에서 두 달에 보름씩은 오후 4시부터 6시까지 스모 경기 전체를 생중계하는 것을 봐도 그렇다.

우리 축제祝祭와 일본의 마쓰리(祭り)는 '祭'자가 함께 들어가는 것부터 겉은 비슷하나 내용은 다르다. 우리 축제는 대개 관이 주재하는데, 일본의 마쓰리는 지역 공동체가 추진 주체가 되고, 우리 축제는 봄과 가을에 몰려 있는데, 일본의 마쓰리는 정월 초하루부터 섣달그믐까지 1년 내내 이어져서, 일부러 때맞춰 찾아가지 않아도 여행을 하다 보면 더러 만나게 된다.

1995년 지방 자치제 실시 이후 일종의 전시용으로 부쩍 그 수가 늘어난 우리 축제는 그 내용에 큰 차이가 없다. 참 염치도 없다 싶게 이상스러워 보이는 미인 대회가 빠지지 않는 것부터 그렇다. 그러나 전국적으로 2400개쯤 된다는 일본의 마쓰리는 그 지역의 전통과 특징에 따라 다르다. 주민의 참여도 면에서도 차이가 나는 듯하다. 일본의 마쓰리는 표현 그대로 주민 모두가 함께 준비하고 함께 참여하여 즐긴다. 타지에 나가 있는 사람들도 자기 고장 마쓰리에 참여하기 위해 귀향한다. 반면에 우리 축제는 관에서 준비하고 주민은 구경이나 한다.

탈아입구와 화혼양재

이런 경우들로 미루어 보아 일본은 지키려고 일부러 애를 쓰기 때문이 아니라 하나의 견고한 전통으로 일본적인 것을 지켜 나가는 것 같고, 이런 전통은 "불휘 기픈 남간 바라매 아니 뮐쌔, 곶 됴코 여름 하나니"로 시작되는 우리 「용비어천가」를 연상하게 한다. '탈아입구脫亞入歐'가 그렇듯이, 그들은 외래 문물을 받아들이는 데 무척 공격적이지만, 자기 것을 지키려는 의지 또한 만만치 않아서, 그들의 고전적 지향인 '화혼양재和魂洋才'가 명실상부하게 실천되고 있는 듯하고, 그것이 그들 사회의 무게 중심 노릇을 하고 있는 것 같다. 원심력과 구심력의 절묘한 균형, 그들은 견고하다. 눈이 밖을 향해 있으면 아무리 먹어도 배가 고프다. 원심력만 작용할 경우 사회적 균형은 불가능하다. 우리에게도 구심이 긴요한데, 전망은 쉬워 보이지 않는다. 여왕벌이 없는 벌 공동체는 불가능하다. 과연 어떻게 여왕벌을 만들 것인가? 그것이 문제다.

조선 총독부와 독립 기념관

독도 문제를 둘러싸고 요즘도 꼭 마찬가지지만, 일본의 이른바 역사 교과서 왜곡으로 말미암아 우리나라는 자주 솟아오른다. 아예 소란스럽다. 1982년 여름에도 그랬다. 일본을 규탄하는 궐기 대회가 줄곧 열렸다. 1980년 5월 광주 이후, 이른바 신군부에 대한 저항이 날로 심해져 가고 있는 판이었으니까, 정권을 쥐고 있는 신군부로서는 좋은 기회였다. 누군가의 기획이었던가. 그때의 이 소란은 "일제 침략과 같은 민족 수난을 재현하지 않겠다는 자각과 결의를 다지는" 쪽으로 발전했고 마침내는 독립 기념관 건립 추진으로 이어졌다.

또 하나의 정치적 광풍

성금 모금이 시작되었고 국민의 호응은 '열화' 같았다. 정치 집단에 의한 대중 조작이 이보다 더 성공적이었던 경우는 쉽지 않다. 신문팔이 소년은 자신의 벌이를, 강원도의 산골 중학생들은 약초 캐서 모은 돈을, 독립 유공자 유족은 몇 달 치 연금을 맡겼다. 직장이나 학교에서도 월급의 몇 퍼센트 하는 식으로 모금 운동이 있었으니까 그 당시 살아 있던 한국인으로서 성금을 내지 않은 사람은 없었을 것이다. 단시간에 당초 목표했던 500억 원을 훨씬 웃도는 돈이 모였다. 그래서 충남 천안시 목천읍 흑성산 자락, 121만 평이나 되는 널찍한 터에 길이 126미터, 폭 67미터, 높이 45미터의 단층 구조 건물이 세워지기 시작했다. 4만 1316장의 구리 기와를 얹은 맞배지붕 면적만 3000평이나 되는 실로 거대한 건물이었다.

독립 기념관은 공기 3년으로 1987년 8월 15일에 준공, 개관할 예정이었으나, 정부에서는 1986년 아시안 게임 이전에 끝내기로 공사를 서둘렀다. 전통적인 졸속, 빨리빨리의 시작이었다. 그리고 며칠 뒤 대통령 참석 아래 열릴 광복절 기념식을 겸한 개관식에 대비하여 마무리 작업에 바쁘던 1986년 8월 4일 오후 9시 50분, 느닷없는 전기 스파크와 함께 이 건물은 불타기 시작했다.

내가 처음 본 지옥도

나는 그 현장을 급보로 전하는 텔레비전을 통해 지켜보고 있었는데, 구리 지붕이 사정없이 녹아내리는 장면은 실로 처절했다. 소방차가 동원되었지만 불길을 잡을 수는 없었다. 소문으로나 들어온 지옥도가 따로 없다 싶었다. 어두운 밤하늘을 향해 거세게 치솟아 오르던 구리 불빛에 대한 기억은 28년이 지난 지금도 생생하다. 텔레비전으로 보고 있었는데도 열기가 내 얼굴에 와 닿는 듯했다. 건물은 불과 몇 시간 만에 폐허가 되었다. 복구까지는 여러 해가 걸릴 것이라 했다. 그러나 한껏 서둘러, 그 건물은 다음 해 8월 15일에 준공, 개관되었다. 그래 봤자 가승家承들을 끌어모아 겨우 구색이나 갖춰 놓았을 뿐이어서 건물의 거대함에 견줘 내용물은 너무나도 초라했다.

그리고 또 긴 세월이 흘러갔다. 개관 당시 연간 700만 명에 가깝던 관람객이 차츰 줄어들자 2008년부터는 입장료를 없앴는데도 100만 명이 조금 넘는 정도다. 그들 가운데 상당 부분은 조무래기 단체 관람객이 아니면 일본 관광객이다. 유명무실이란 이런 경우를 두고 만들어진 말일는지도 모른다. 독립 기념관의 설립 취지를 잊지 않고 있다면, 국민들로부터 외면당하고 있는 독립 기념관의 존재로 말미암아 우리는 많은 것을 잃고 있는 셈이다. 왜냐하면 국민의 외면은 곧 설립 취지에 대한 외면을 뜻하기 때문이다. 아무짝에도 쓸모없는 그것, 없애는 게 맞다.

조선 총독부 건물

지금은 사라지고 없는 조선 총독부 건물은 당초 10년 공기에 300만 엔 정도를 예산했는데, 실제로는 16년 공기에 680만 엔의 돈이 들어갔다. 비슷한 시기(1920년 준공)에 세워진 메이지 신궁과 그 예산 규모마저 비슷한 이 건물의 자리와 구조부터 실로 주도면밀하다. 자리 쪽에서 보자면 서울의 주산인 북악의 풍수지리상 지맥을 끊으면서, 경복궁의 정전正殿인 근정전 앞을 곧이곧대로 가로막는다. 그 건물이 있던 시절 근정전은 뒤뜰 그늘에 묻혀 있었다. 그 구조를 보자면 그 지붕의 평면이 '日' 자 모양이어서 같은 해(1926)에 준공한 경성부 청사(현재의 서울도서관) 건물의 '本' 자와 함께 '日本'이 된다. 조금 더 살펴보자면 북악 줄기가 '좌청룡 우백호'로서 '大' 자 모양을 이루고 있기 때문에 모두 더해 보면 '大日本'이 된다. 그들의 한국 식민 지배 기조를 엿보게 하는 대목이다. 그리고 이것은 건축사에 남을 만한 기념비적 건축물이었다. 그래서 철거가 논의될 당시, 일본 건축가 모임에서 제발 그 건물을 그대로 넘겨 달라는 청원이 있었다. 그래서 나는 '당신네 왕궁 앞에 침략자가 세운 건물이 있다면 그대로 두자 하겠는가?' 하는 요지의 글을 어느 신문에 기고한 적이 있다.

우리의 졸속과 그들의 천 년 대계가 이토록 두드러져 보이는 경우도 많지 않을 것 같다. 그들은 남의 나라를 통치하기 위한 건물 하나에도 이토록 공을 들였는데 우리는 그들로부터 독립된 것을 기념한다면서 왜 그토록 서둘렀던가? 대답이 불가능한 질문이다.

현충원과 야스쿠니 신사

우리에게 현충원이 있다면 일본에는 야스쿠니 신사가 있다. 그런 데 2014년 5월 31일 현재, 17만 1654위를 안장 또는 봉안(시신을 발견하지 못한 영현)해 둔 서울 현충원과 246만 6532위의 명부를 비치해 둔 야스쿠니 신사는 한국과 일본의 다름에 대한 여러 가지를 상징한다. 가장 큰 다름은 현충원에는 여순 반란 사건이나 광주 항쟁 등 내전 상태 희생자나 베트남전 전사자를 제외하고 보면 대부분이 한국 전쟁 당시 전사자들인 데 견줘, 야스쿠니 신사에는 대부분이 외국 침략 전쟁의 희생자들이라는 것이다. 단 한 번의 외침을 받은 적도 없는 나라에서 이토록 많은 전사자라니! 놀랍다. 더구나 그들 가운데 절대다수는 생체는 이국땅에 버려지고 영혼만 돌아와 야스쿠니에 봉안되었다. 그런데도 그들은 군사 대국의 야망을 포기하지 못하고 있다. 얼마나 많은 사람들을 더 죽여야 그들은 정신을 차리게 될까? 졸작 「야스쿠니 신사」의 일부분을 인용하겠다.

　그들은 극소수를 제외하고는 남의 나라, 남의 민족을 짓밟고 죽이기 위해서나, 아니면 기껏 해 봐야 저희들끼리 권력 쟁탈을 위해 싸우는 과정에서 죽어 간 것뿐이었다. 그것은 그 건물 아래층 전시실 입구, 오른쪽 벽에 걸려 있는 표에 적혀 있는 그대로였다. 명치유신 때 7700, 서남 전쟁 때 6900, 일청 전쟁 때 1만 3600, 대만 정벌 때 4800, 북청 사변 때 1200, 일로 전쟁 때 8만 8400, 제1차 세계 대전 때 4800, 만주 사변 때 1만 7100, 지나 사변 때 19만 1000, 그리고 대동아 전쟁 때 무려 213만 2600, 그래서 도합 260여만 명이었다.

　세계 역사를 통틀어, 한 나라가 보유하고 있는 전사자 가운데 이렇게 일색으로 다른 나라를 유린하다가 죽은 사람들만 끌어모아 놓은 곳은 없을 듯했다. 그 유린으로 피해를 당한 사람들은 그야말로 지천이었다. 일본인 213만 2600이 죽었다는 제2차 세계 대전 하나만 봐도 당시 죽은 세계인은 세계 총인구의 4%인 8400만이었다. 부상당한 사람은 헤아릴 수도 없고, 재산 피해 또한 마찬가지였다. 그토록 많은 세계인에게 고통을 준 사람들을 마치 순교자라도 되는 것처럼 떠받들고 있다니! 단지 둘러보는 것만으로도 피가 역류하는 느낌이었다. 뒷골에 열기가 뻗쳤다. 인류사적 죄업을 그렇게 저질러 놓은 일본은, 그리고 일본인들은, 물론 더러는 지난날 다른 나라에 무고하게 입힌 '참해慘害'를 '반성'하는 흉내를 내보이는 척하기도 하지만, 실제로는 그것을 은근히 자랑스러워하며 지난날의 영광 재현을 위해 줄기차게 칼을 간다. 그 증거 가운데 하나가 바로 야스쿠니 신사였다.

이 작품을 쓰기 위해 그곳에 여러 차례 갔는데, 갈 때마다 귀기 같은 게 느껴졌다. 그런 느낌은 우리 현충원에서는 맛도 볼 수 없다. 현충원은 공원처럼 평화로운 느낌이 들기까지 하지만 야스쿠니 신사에서는 그런 느낌은 언감생심이다. 현충원과 야스쿠니 신사의 다름은 그뿐만이 아니다.

현충원과 야스쿠니 신사의 다름

1) 현충원은 지금이야 그 주변에 도시가 형성되었지만, 그것을 세울 당시는 강 건너 외딴곳이었다. 그러나 야스쿠니는 세울 때부터 도심이었다. 이것은 주검에 대한 태도 문제 같다. 무덤을 살아 있는 사람들의 주거로부터 멀리 떨어져 있게 하는 것은 한국이나 중국의 묘제 문화 같다. 서양 문화권에서는 마을 중심에 있는 교회에 묘지가 대개 함께 있고, 일본만 해도 절간 묘지도 있지만 동네 한복판에 묘지가 있는 경우도 자주 보았다.

2) 현충원은 의전용 가족 중심이지만, 야스쿠니는 일본 정신인 야마토 다마시(大和魂)의 정화로서 범국민적·종교적 신앙 대상이다. 그리고 현충원은 현충일을 제외하고는 언제나 한적하지만, 야스쿠니는 언제나 붐빈다. 특히 새해나 입시철, 종전 기념일, 야스쿠니 창설 기념일 등 야스쿠니 자체의 행사가 있는 날에는 더 붐빈다.

3) 현충원은 기와를 얹기는 했으나 현대식 구축물이지만, 야스쿠

니는 입구의 일본식 도리이(鳥居)부터 모든 건물이 일본 전통 양식
에 따른 완전히 일본적인 것들이다. 그리고 현충원에는 유물이 없
지만, 야스쿠니에는 심지어 전사자의 옷이나 일기까지, 보는 사람
으로 하여금 전사자를 직접 느낄 수밖에 없는 유물들이 가득하다.

　요컨대 화폐의 인물처럼, 야스쿠니는 현재지만 현충원은 과거다.
이렇게 자기 나라를 위해, 또는 자기 나라로 말미암아 죽은 이들에
대한 사후 대접 방법부터 일본과 한국은 다르다. 독자들 가운데 혹
시 일본에 갈 기회가 있으면 야스쿠니에 들러, 거기 깔려 있는 잔자
갈을 밟으며, 뼈를 긁어 내는 듯한 그 소리를 음미해 보시기 바란다.
　그리고 거기 중심 건물인 배전拜殿에서 기도를 바치는 일본인들
의 간절한 표정을 한번 눈여겨보시기 바란다. 거기 있는 모든 일본
인들의 간절한 표정을 바라보노라면, 해마다 되풀이되고 있는, 일
본 정치인들의 참배 시비, 그것이 얼마나 부질없는 것인지, 아마 새
삼스레 느끼게 되실 것이다. 다분히 소모적인 그런 시비, 정말 쓸모
없다. 그리고 이쪽에서 끝도 없이 이어지고 있는 궐기 대회류의 소
리에 대해서도 기왕의 것과는 다른 느낌을 갖게 될 것이다. 일본,
일본인을 알고 싶으면 야스쿠니에 가 보시라. 거기에 그들 정신의
뿌리가 있다.

자존심과 자격지심

"6·25 전에도 반일 감정은 이미 국민적 단합의 심벌로서의 효력을 잃고 있었어. 그 대신 빨갱이가 그 자리를 메꾸었어." 최인훈 선생의 1964년도 작품 『회색인』에 나오는 구절이다. '빨갱이'로 말미암아 온통 부서진 상태에서 모두가 고통당해야 했던 그 시절에는 아마 그랬을 것 같다.

빨갱이와 친일파

그러나 그 시절로부터 50년쯤 지난 현재로 보자면 '빨갱이'는 극우 인사들에게나 '단합의 심벌'이 되고 있을 뿐인데, '친일파' 또는 '반일'은 그대로 '국민적 단합의 심벌'이 되고 있다. 그런 현상을 쉽사리 읽어 볼 수 있는 공간 가운데 하나가 현실의 체온계인 인터넷일 듯한데, 빨갱이나 북한에 대한 어떤 문제가 불거졌을 경우에는 반反이 늘잡아도 10퍼센트가 되기 어려운 반면, 일본이 대상일 경우에는 찬贊은 늘잡아도 10퍼센트가 되기 어렵다. 양편 모두 '반'이 우선 표명되고, 그 '반'에 대한 '반'으로서 '찬'이 표명되는데, 이런 결과는 조금 더 들여다볼 필요가 있다.

인터넷은 젊은이들의 영지다. 일제 강점기를 경험하지 않은 데다 사실은 일본을 잘 알지도 못하는 젊은이들이 보여 주는 반일 의식은 무조건적이라 할 수밖에 없고, 그래서 더 조심스럽다. 그들이 대부분 일본 드라마나 일본 만화에 탐닉해 있다는 쪽에서 보자면 더욱더 그렇다. 일본 대중문화 탐닉과 반일 감정은 이율배반적이기 때문이다. 아닌 게 아니라 일종의 '신드롬' 같다. '신드롬'은 병적 증세다. 왜 이런 현상이 일어날까? 자격지심 때문이다. 비단 대일 관계만이 아니다. 자격지심은 한 인간을 망가뜨릴 만큼 실로 고약하다. 자격지심의 극복 없이는 우선 대상을 바로 읽을 수 없다. 온당한 대응책이야 두말할 나위도 없다.

그런데 단언해 두어도 좋을 것 같다. 열등감을 느끼지 않는 인간이 없는 것처럼, 열등감의 사생아인 자격지심으로 말미암아 시달리지 않는 인간은 역시 없다. 문제는 그 정도인데, 평균적 한국인의 대일對日 자격지심은 자해 수준에 이를 만큼 그 정도가 분명히 지나치다. 이것이 한국과 일본을 비교하고 있는 이 책에서, 한국과 일본이 아닌, 자존심과 자격지심을 비교하는 글을 굳이 독립된 항목으로 다루기로 한 까닭이다.

이성의 적, 자격지심

독도나 역사 교과서 왜곡 문제가 불거질 경우, 일본은 무심한데 한국의 규탄 분위기는 순식간에 극단 상태가 된다. 그래 봤자 그 극단 상태가 사태 진전에 아주 작은 영향도 주지 못한다는 것을 되풀이 경험하면서도 말이다. 언제였던가. 독도 문제가 다시 한껏 달아올랐을 때, 일본 기자 하나는 서울 풍경을 이렇게 전했다. 서울은 선전 포고 전야 같다. 과장이 아니다. 네티즌 사이에서 선전 포고를 하라는 소리까지 나왔으니까.

비단 대일 관계에서만이 아니다. 요즘 들어서는 특히 대북 관계에서 걸핏하면 일전 불사다. 사흘이면 끝난다고 구체적 일정까지 제시한 보수 언론인도 있었다. 무식하면 용감하다. 그 용감은 그 무식의 산물이다. 바로 그 무식에서 비롯된 이러한 용감은 논리 이전에 주먹부터 나가는 우리의 우스꽝스러운 약점이다. 승산이니 하는 것 이전에, 개전 초기 24시간 이내에 주요 시설 대부분이 파괴되는 현대전의 속성을 알고 하는 소리 같지 않기에 그 맹목적 용감이 더 겁난다. 미국과 이라크처럼 서로 떨어져 있는 게 아닌, 이웃 나라끼리 맞붙는 전쟁은 공멸이다. 승부는 사실상 별 의미가 없다. 부서질 것 다 부서지고 죽을 사람 다 죽은 다음에 얻는 승리가 무슨 의미가 있겠는가.

김재박의 개구리 번트

그럴 만한 사람들에게는 아주 유명한 옛날이야기 하나 하겠다.

1982년, 서울에서 세계 야구 선수권 대회가 열렸다. 우승 후보인 쿠바와 콜롬비아가 결장한 상태여서 조금 김빠진 대회가 되었는데 결승전에서 한국과 일본이 맞붙었다. 한국은 프로 올스타였고, 일본은 사회인 야구 팀 출신들이었다. 잠실 야구장은 만원이었고, MBC와 KBS, 양대 텔레비전에서 중계하고 있었다. SBS는 없던 시절이었으니까, 시청률 아예 100퍼센트. 거리는 텅 비었다. 일본에 2대 0으로 리드당하고 있던 8회 말, 저 유명한 김재박의 개구리 번트와 한대화의 역전 3점 홈런이 터졌다.

뒤집어진 것은 잠실구장만이 아니었다. 전국이 온통 광란 상태였다. 다음 날, 우리 신문들은 하나같이 '일본 깨고 세계 야구 제패!'라고 대서특필했다. 그리고 그 뒤 며칠 동안 신문들은 사설과 칼럼을 통해 이 승리를 기렸고, 국민들은 두고두고 그 이야기를 하며 벌쭉 웃기를 되풀이했다.

그야말로 국민을 광란 상태로 몰고 간 그 경기는 야구 팬에게는 결코 잊히지 않을 경기였고, 그 홈런과 그 번트는 한국 야구가 배출한 걸출한 스타, 한대화와 김재박을 이야기하면서 빼놓을 수 없는 게 되었다. 그런데 바로 이 경기를 관전한 구로다 가쓰히로(黑田勝弘) 당시 교도(共同) 통신 서울 주재 기자는 프로 올스타 팀이 겨우 일본 사회인 야구 팀을 이겨 놓고 벌어진 그 '광란'을 야유했다. 『한국인 당신은 누구인가』(모음사, 1983) 그것은 한국인에게 악명 높은 구로다 가쓰히로 기자가 공개적으로 한국과 한국인을 야유한 최초였을는지도 모르겠지만, 그에게 기껏 해 봐야 기막힌 야유거리를 제공한 그 광란은 바로 우리네 자격지심의 소산이다.

류현진과 이치로

30년 전 것이 아닌, 2013년 6월 20일, 다저스와 양키스 대전이 있었고, 류현진이 등판했다. 상대 팀 투수는 일본인 구로다였다. 이 게임이 있기 며칠 전부터 우리 언론은 '뉴욕 양키스 스타디움의 한일전', '류현진과 구로다, 누가 웃을 것인가?', '류현진과 이치로의 대결' 같은 자극적인 표제를 단 수많은 기사를 내보냈다. 그리고 "이치로는 양키스의 많은 타자 가운데 하나에 지나지 않는다"라는 류현진의 언급에도 불구하고 "이치로를 어떻게 상대하겠는가"라는 질문을 포기하지 않았다.

그리고 류현진이 6이닝 동안 5피안타(그중 2안타는 이치로에게 맞았다), 3실점하며 패전 투수가 되었을 때, 우리나라의 모든 포털과 모든 신문의 메인에는 류현진, 구로다, 이치로의 이름이 등장했고, 긴 기사가 이어졌으며, 포털의 '실시간 이슈'에는 '이치로 홈런'이 상위에 올라 있었다. 그러나 야후 저팬이나 「요미우리」, 「아사히」, 「마이니치」 등 일본의 주요 신문 메인에는 이 경기와 관련된 기사가 단 한 꼭지도 없었다. 야후 저팬을 검색해 보았다. '일본인 메이저 리거(日本人メジャーリーガー)'라는 꼭지가 있었다. 클릭해 보았다. '7승째를 거둔 구로다'라는 세 낱말짜리 설명이 붙어 있는 지지(時事) 통신의 사진 딱 한 장뿐이었다.

윤형빈과 다카야 쓰쿠다

예를 하나 더 들어야겠다. 2014년 2월 9일, 한국에서는 또 하나의 민망한 장면이 펼쳐졌다. 이번에는 이종 격투기였다. 개그맨 윤형빈이 이종 격투기 대회에 나가 일본의 무명 신인 다카야 쓰쿠다를 케이오로 이긴 '사건' 때문이었다. 텔레비전 순간 시청률 최고를 기록했다 하고, 그다음 날까지 인터넷 포털에는 '윤형빈, 다카야, 임수정, 정경미'가 검색어 상위 순위에 머물러 있었다. '일본의 자존심 다카야를 때려눕힌 윤형빈', '아베를 향한 윤형빈의 주먹', '임수정을 위한 복수'. 인터넷 포털에는 그런 제목들이 즐비했다.

임수정은 낯설어서 찾아보았다. 여자 이종 격투기 선수인 임수정이 2011년, 일본 남자 개그맨 세 명을 상대로 경기를 하여 전치 8주의 부상을 입었다는 내용이었다. '일본 남자 개그맨 3명에게 폭행당한 임수정', 그런 제목의 동영상도 있었다. 비키니를 입은 여자들을 링에 올려 싸우게 하는 지극히 일본인다운 쇼였고, 30킬로그램이나 체중 차이가 나는 남자들과 맞붙어 싸우는 장면은 아무래도 불공평해 보이기는 했다. 그런데 복수라고? 마침 그런 제목의 기사도 한 꼭지 보였다. '임수정을 위해 복수? 애국주의 열풍이 불편하다'(오마이뉴스 2014년 2월 10일)

오해와 과잉 방어

'자격지심'에 대한 사전의 뜻풀이는 "자기가 일을 해놓고 그 일에 대하여 스스로 미흡하게 여기는 마음"이다. 그런데 일상적으로 쓰이는 '자격지심'의 뜻은 조금 또는 많이 달라 보인다. 타인에 의해서가 아니라 스스로(自)에 의해 격(激)동되고 격(激)발된, 그러니까 타인이나 다른 대상과는 관계없이 자기 내부에 일어난 감정 양태로서, 여기에는 피해 의식, 패배감, 수모감, 시샘, 적개심 등이 포함된다. 상대방에 대한 오해나 자신에 대한 과잉 방어를 운명적 속성으로 지니고 있는 용렬함, 그렇게 표현할 수밖에 없는 이 감정 양태는 자신의 행동에 절대적 영향을 미친다.

이 감정이 분발의 동기가 되어 생산적 에너지로 분출되는 경우도 물론 있다. 그러나 대개의 자격지심은 생산적이기보다는 자기 소모적, 파괴적인 쪽으로 작동된다. 그래서 자격지심이 잘못 준동하면 모든 게 일그러지고 찌그러지고 뒤틀리게 된다. 정도의 차이가 있을 뿐, 누구에게나 있는 이 자격지심은 그 구조나 그 지향이나 그 행태가 실로 복잡다단하고 까다롭고 괴팍하기까지 하다.

자격지심의 1차적 발현은 오해다. 상대방이 자신에 대해 아무런 관심도 없는데 관심을 가지고 있는 것처럼, 상대방이 자기를 나쁘게 말하지 않았는데도 나쁘게 말한 것처럼, 상대방이 자기를 무시하지 않았는데도 무시한 것처럼, 상대방이 자신에 대해 아무 말도 하지 않았는데 말한 것처럼, 심지어는 상대방이 사실은 칭찬했는데도 조롱하거나 폄훼한 것처럼 오해한다.

터무니없는 섭섭함이나 고까움이나 적의를 일으키는 그러한 오해는 자격지심의 2차적 발현인 과잉 방어로 이어지는데, 이때는 공격성을 띠고, 그 공격은 이성적 질서를 벗어난 상태에서 즉물적, 저돌적, 파괴적, 자해적이 되기 쉽다. 언어적 표현이 빨라지고 높아지면서 막말이 무차별적으로 발사된다.

공격의 실질적 효과 같은 것을 계산해 볼 겨를이 없다. 저질이 될 수밖에 없는 이런 공격은 상대방보다는 자기 자신을 더 상하게 한다. 대중에게 노출되는 사람들 가운데 유난스레 공격적인 사람들을 분석해 보면 그 사람들이 사로잡혀 있는 열등감에서 비롯된 자격지심이 구체적으로 드러난다.

자격지심의 속성 가운데 하나는 충격 흡수 기능의 마비다. 모든 자동차에는 충격 흡수 장치인 완충기(緩衝器, shock-absorber)가 있다. 바퀴와 차체 사이에 있는 이 완충기는 승차감을 높여 주면서 땅으로부터 받는 충격을 흡수하여 차체를 보호한다. 그러니까 완충기가 없으면 차체는 쉽사리 망가질 수밖에 없다. 자격지심은 완충기를 마비 상태로 만들고, 그 바람에 외부로부터 가해지는 작은 충격에도, 심지어는 실재하지도 않는 충격에마저 손상당하게 된다. 그래서 자격지심은 그 주인을 여러모로 곤란하게 몰아간다. 더러는 치명적이 되기도 한다.

강박 관념 vs 자격지심

이제 행동 심리학적 고찰로부터 벗어나, 당대 지성의 최고봉 가운데 하나가 될 이어령 선생의 경우를 비판적으로 분석해 보겠다. 선생의 역저 『축소 지향의 일본인』(기린원, 1986)은 아예 서문부터 쾌감과 비애를 번갈아 느끼게 한다. 그런 글을 써 보겠다는 필자의

구상을 듣고 삼성출판사 김봉규 사장이 일본에서 책을 내 보자 제
안했을 때, 필자가 "좋습니다. 단 한 번만이라도 좋습니다. 내가 쓴
책을 일본 사람들이 전차 칸에서 읽고 있는 모습을 볼 수 있다면
내 평생소원 하나가 풀리는 것입니다"라는 대목에서는 쾌감이, 그
리고 바로 그 대목에 잇대어 있는 "물론 유치한 복수심만은 아니었
다. 무엇인가 그들에게 나를, 한국인을 증명해 보이지 않으면 안 된
다는 강박 관념 같은 것이 있었기 때문이다"라는 대목에선 어쩔 수
없는 비애가 느껴진다.

당대 최고의 지성이라 일컫는 그가 왜 그런 유의 '강박 관념'을
느껴야 한단 말인가? 그리고 그런 강박 관념을 털어 내지 못한 채
대상에 대한 학문적 접근이 가능할까? 이런 의문이 컸고, 그렇게
시작된 의문은 마지막까지 포기되지 않았다. 이 책의 사실 분석이
나 묘사가 아닌, 일본이나 일본인에 대한 평가가 전제되거나 내포,
외연되어 있는 대목에서 필자는 거의 매번 가능성보다는 한계, 긍
정보다는 부정 쪽이었다. 이런 경향이 가장 확실히 드러난 것은 이
책보다 10여 년 뒤에 나온 『축소 지향의 일본인 그 이후』(기린원,
1994)에서였다.

한 그릇 메밀국수

이 책 맨 앞에는 200자 원고지 50장짜리 동화 「한 그릇 메밀국
수」에 대한 평문인 「한 그릇 메밀국수의 일곱 가지 의미」가 실려 있
다. 매우 정교하고 치밀하고 재미있어서 적어도 500장쯤은 될 긴 글

이 단숨에 읽힌다. 그런데 그 글의 결구에서 나는 이런 구절에 문득 맞닥뜨리게 된다.

일본인들에게서 배우지 말자는 것은 아니다. 「한 그릇 메밀국수」의 세계에 대한 감동이 잘못된 것이라는 이야기도 아니다. 기모노 속에 숨겨진 속살을 보라는 이야기다. 그리고서 일본을 배우고 일본을 뛰어넘는 새 길을 찾아야 한다는 것이다.

그렇다면 "기모노 속에 숨겨진 속살"이란 무엇인가? 필자가 '속살'로 적시해 놓은 것은 ① 갓난아이 죽이기, 곧 고가에시(子返し)나 마비키를 하던 무서운 어머니 ② 생활고 때문에 딸을 창녀로 팔아먹던 비정한 어머니 ③ 산 사람을 끓는 물에 넣어 죽이는 팽형을 감행한 잔인한 일본인, 그런 것들이다. 다시 한 번 가능성보다는 한계, 긍정보다는 부정 쪽이 된 이런 예증에 대한 나의 소감은 필자가 일부러 눈을 가리고 있는 듯하다는 것이다.

먹는 입을 줄이기 위한 고려장 같은 습속과 함께 갓난아이 죽이기는 우리 역사에도 있었다. 지금은 고인이 되신 이규태 선생의 책에서 읽었는데, 우리나라에는 지금도 '애묻이골'이라 불리는 곳이 더러 남아 있다. 그 시절에 흔히 써먹던 방법이 갓난아이를 엎어 놓기였다. 특히 태어난 아이가 딸이면 "엎어 버려!" 하는 경우가 많았다. 그렇게 하면 아이가 숨이 막혀 죽는다. 죽은 다음에는 애묻이골에 내다 버린다. 생활고 때문에 딸을 팔아먹은 경우도 흔했다. 있는 집에 첩으로 보내거나, 늙은이 몸 데워 주는 용도로 보내는 것, 사실상의 창녀인 기생으로 보내는 것, 모두가 딸 팔아먹기였다.

일본인의 잔인성, 그런 쪽에서 이어령 선생은, 영주의 밥에 뉘만 들어가도 밥을 지은 사람은 목이 달아나야 했을 만큼 일본인은 잔인했는데, 연輦이 부서져 세종이 다치기까지 했는데도 그 책임자인 장영실은 파직만 당했을 뿐, 다른 벌을 받지 않았다는 것을 예로 들었다.

그러나 능지처참이나 부관참시 같은 형벌이, 조선조에서 흔했던 골육상쟁이, 제 자식을 뒤주에 가둬 죽인 일이, 또는 김옥균을 상하이에서 죽여, 그 주검을 한국으로 끌고 와서 난도질한 일 따위의 참혹한 복수, 그토록 잔인한 일을 일본에서는 듣기 쉽지 않다는 것을 필자가 모르고 있었을 것 같지는 않다. 어느 쪽이 더 잔인했는가를 비교하고 있는 게 아니다. 잔인성은 인간 공유로서 환경에 따라 발현 정도에 차이가 있을 뿐이다. 잔인성으로서 개인이 아닌 민족 집단의 선악 분별을 할 순 없다. 베트남 전쟁에서 한국군이 저지른 '만행'이 예가 되겠지만, 우리도 다른 민족 못지않게 잔인했다.

일본인의 잔인성을 두드러져 보이도록 하기 위해 필자가 내세운 한국인의 '인정주의'에 대한 필자의 강조도 이성적 성찰이 엄정하게 전제되어야 하는 학술적 접근으로는 보이지 않는다. 문명국가 가운데 외국인 혐오증이 가장 심한 나라로 세계에서 중국인이 자리를 잡지 못한 유일한 나라가 한국이다. 불법 체류자 문제는 일본이 우리보다 훨씬 앞이었는데, 그 나라에서는 불법 체류자에게도 의료 보험을 적용하여 치료해 주었으며, 외국인 노동자에게 욕설을 퍼붓거나 두들겨 팬 예가 적어도 사회적 문제가 될 만큼 많지는 않았다. 우리나라에서 일하고 있는 외국인 노동자들이 시위할 때 내세우는 단골 구호 가운데 하나가 '때리지 마세요'다.

언제였던가, 태국 군부대에서 실시되는, 한국에 갈 '산업 연수생' 훈련 과정을 텔레비전을 통해 본 적이 있는데, 그 훈련의 마지막 과정은 나이 든 교관이 연수생들의 뺨을 한 대씩 후려치는 것이었다. 얼마나 세게 때렸던지 여자 연수생들은 어김없이 비틀거리거나 아예 나동그라졌다. 한국에 가서 뺨을 맞더라도 서러워하지 말라는, 일종의 뺨 백신이었다. 때리는 교관도, 맞는 연수생도 모두 울었다. 그 장면을 보며, 나는 몹시 아팠다.

한국은 일본에 비해 고소 사건이 자료에 따라 인구 비례 44곱절에서 250곱절까지 된다는 이야기를 앞에서 한 바 있는데, 비단 이렇게 법적 절차까지 가지 않는다 해도 우리 사회에서 사람과 사람 사이의 시비는 실로 잦다. 이런 현실을 두고 우리의 이른바 '인정주의'를 찬양하지는 않을 듯싶다. 박학한 필자가 이런 것들을 모르고 있으리라 짐작해 보기는 어렵다. 그런데도 필자는 일본인의 잔인성, 곧 "아름다운 기모노에 가려져 있는 추한 속살"을 강조하기 위해 어느 부분을 매우 무리하게 부풀리고 있다. 필자는 결국 마지막까지도 '강박 관념'에서 벗어나지 못했던 것이고, 그것은 이 대목,

나의 용어대로 한다면, 이 책의 필자는 내내 '유치한 복수심'으로 말미암아 '강박 관념'이라는 분명한 자격지심에 갇혀 있었다.

그리고 일제 강점기에 일본 학교에서 모국어 대신 일본어를 배워야 했던 필자와는 달리 일본이나 일본인을 아예 구경도 해 보지 못한 요즘 젊은이들이 사로잡혀, 걸핏하면 일본에 선전 포고 하라는 식으로 달아오르고 있는 맹목적 반일 풍조도 바로 이 유치한 복수심에서 비롯된 강박 관념, 곧 자격지심 때문이다.

상대방의 단점을 들추고, 부풀리기까지 하는 식의 유치한 복수심으로 복수는 가능하지 않다. 절대로 불가능하다. 그런 줄 알면서도 빤히 용렬한 그 충동을 억제하지 못한다. 그 속성상, 용렬한 것일 수밖에 없는 자격지심은 이토록 무섭다.

이 대목에서 나는 학자적 지성이랄까, 이성의 무서운 균형이랄까 하는 것을 느끼게 하는 루스 베네딕트의『국화와 칼』한 대목을 불가불 한 번 더 회상해 보게 된다. "적을 나쁘다고 철저하게 깎아내리는 일은 용이하지만, 적이 어떤 방식으로 인생을 보는가를 적 자신의 눈을 통해 본다는 것은 매우 어려운 작업이다. 그렇지만 그것은 해야만 될 일이었다."

'유치한 복수심', 그런 심리적 감옥에서 벗어나지 않으면 대상을 제대로 볼 수 없다. 복수는 본질적으로 그 과정이 조악하고 그 결말이 허망하다.

우월 의식과 열등의식

우리가 흔히 대일 자존심 문제라고 하는 것이 사실은 대일 자격지심인 경우가 많고, 그런 만큼 한일 관계에서 정말 문제 삼아야 할 것은 한국인에 대한 일본인의 우월 의식이 아니라 일본인에 대한 한국인의 열등의식이며, 더욱더 문제 삼아야 할 것은 그러면서도 한국인이 일본인을 우습게 보려는 겉멋이나 허세를 포기하지 못하고 있다는 점이다. 이런 겉멋이나 허세가 극복되지 않는 한, 우리는 일본에 대한 사실을 사실로서 파악할 수 없고, 세계를 모두 이긴다 해도 일본은 이길 수 없을 것이며, 더불어 한국은 일본에 사실상 종속된 입장을 벗어날 수 없는 상태에서 일본의 가마우지 노릇이나 할 수밖에 없을 것이다. 자격지심이라는 이 참으로 고약한 심리 상태는 대일 관계에서 우리가 가장 먼저 극복해야만 할 장애다. 그래야만 일본을 바로 볼 수 있다.

일본인과 일본이라는 나라도 물론 긍정적인 면과 부정적인 면, 장점과 단점이 있다. 그것을 가려 보는 것은 그다지 어렵지 않다. 정말 어려운 것은 그것을 인정하는 것이고, 그 인정을 실천하는 것이다. 그 인정과 그 실천이 없는 한, 우리는 일본과 일본인을 제대로 볼 수 없고, 제대로 보지 못하는 한, 일본과 일본인은 우리에게 버거운 대상으로 남아 있을 수밖에 없다.

'이성'과 '감정'

'쪽발이'나 '왜놈' 또는 '섬 것들', 이런 표현은 명백한 멸칭으로서 일본인에 대한 멸시의 뜻이 전제되어 있다. 그러나 적어도 현재 상태에서는, 우리는 일본인을 멸시할 처지가 되지 못한다. 그것은 비유컨대 가마우지가 제 목줄을 잡고 있는 어부를 조소하는 것과 다를 바 없다. 듣기 유쾌할 리 없지만 사실이다.

한국 필자들이 쓴, 일본과 일본인을 멸시하는 책들은 더러 있다. 그것들의 대개는 못난 자격지심의 소산이고 그러다 보니 본질은 놓친 채 지엽에 매달리는 경우가 흔하고 그나마도 제대로 보지 못한다. 그들의 군국주의적 행태를 제쳐 놓고 볼 경우, 우격다짐 같은 밀어 넣기 같은 게 아니라면 그들을 멸시할 거리를 찾아내는 일은 쉽지 않다. 그리고 이른바 '반일'의 뿌리는 극히 박약하다. 체험적 입장에서, 단 며칠만 일본을 직접 경험해도 반일 감정이 형편없이 무력해지는 경우를 허다하게 경험했다. 앞에서도 그 글을 인용한 적이 있는 김남희 씨의 이런 술회가 있다.

일본 시코쿠四國 순례 길 1,200km를 걷는 50일 동안, 일본 사람들에게 끌리는 만큼 풀리지 않는 의문도 깊어 갔다. 한 국가의 정체성과 국민의 도덕성이 이렇게 다를 수도 있는 걸까. 이런 사람들이 어떻게 세계에 유례없이 지독한 식민지를 운영했을까. 731부대, 군 위안부, 한글 말살과 창씨개명, 그토록 철저한 타자의 부정이라니……. 내 앞의 친절한 가네코(金子) 씨와 '부도덕한 일본' 사이의 간극이 너무 멀어 어지러울 정도였다. 때로는 내가 한국 사람이라서 편견 없는 평가를 내리지 못하는 건 아닌지 스스로 답답하기도 했다. 애써서 평가절하하려는 마음도 부정할 수 없었으니까. 하지만 시코쿠를 걷는 동안 이들의 장점을 있는 그대로 인정하는 법을 배워 가고 있었다.

– 김남희, 한겨레신문 2009년 2월 22일

한없이 진솔한 이 술회는 일본인에 대한 한국인의 평균적인 정서다. 그뿐만이 아니다. 한국인에게 악명 높은 구로다 가쓰히로 기자의 2013년 저작인 『한국 반일 감정의 정체(韓國反日感情の正體)』에 대한 일본 아마존의 '내용 소개'에 보면 이런 구절이 있다. "激化するように見える韓國人の反日行動だが、實際は '晝は反日、夜は親日'." '격화되고 있는 것 같아 보이는 한국인의 반일 행동은 실제는 낮에는 반일, 밤에는 친일이다'라는 뜻으로, 한국인에게 분명 모욕적인 이 말에 대한 반박은 쉽지 않다. 사실이기 때문이다.

내가 직장 생활을 하던 1980년대, 교과서 문제로 온 나라가 반일 궐기 대회가 한창일 때였다. 그 무렵 일본인과 함께하는 요정 술자리에서 가장 인기 있는 노래는 「블루라이트 요코하마」였다. 술잔이 몇 순배 돌고, 노래가 시작되면 이 노래는 어김없이 신바람 나게, 대개는 합창으로 불렸고, 첫 소절 끝인 '블루라이트 요코하마'쯤에 이르면 좌중의 흥취는 최고조에 이르렀다. 취흥을 돋우는 데는 최고인 이 노래를 모르고는 일본인들과 요정에서 술을 마실 수 없었다. 그야말로 낮에는 반일 궐기, 밤에는 친일 가무였다.

여러 가지 면모에서, 평균적인 한국인은 '있는 그대로' 일본인을 느끼지 못한다. 앞에서 인용한 김남희 씨 경우처럼, 우리는 과거에

태극기와 히노마루 223

대한 연상 없이 일본의 현재를 보지 못한다. 자신이 기억하고 있는 일본인의 단점으로 일본인의 부정할 수 없는 장점을 부정하려 한다. 자신이 분명하게 느끼는 일본인의 따뜻한 친절을, 자신이 경험하지 않은 그들의 제국주의적 행태로써 부정하려 한다. 오늘의 독일인을 보면서 나치 시대의 독일인을 연상하는가?

일본의 제국주의적 행태에 대한 적의를 포기하지 못하는 당신이, 미국의 제국주의적 행태에 대해서는 어느 정도 비판적인가? 개척 당시 수천만 인디언을 죽인 것이나 역시 수천만 흑인을 노예로 부린 것부터, 아직도 세계 도처에서 자행되는 자원 착취까지, 미국이 현재 누리고 있는 부의 대부분은 이민족에 대한 무자비한 유린의 결과다. 일본은 바로 우리에게 가해자이기 때문이라고? 그런 면에서라면 일본보다 중국이 더했다.

두 차례에 걸친 호란胡亂 시절을 제쳐 두고 본다 할지라도, 중국의 사실상 속국屬國이었던 세월은 일본의 가해 기간보다 비교도 할 수 없을 만큼 훨씬 더 길었다. 그리고 또 남북 분단은 일본의 식민 지배 때문이지만, 그 분단을 해결하지 못한 채, 대를 물려 가며 우리가 고통받고 있는 것도 중국의 참전 때문이다. 중국의 참전이 처리 곤란한 장제스(蔣介石) 군대 처리용이었다는 것까지 염두에 둔다면 중국이 참전한 저의는 더 무섭다. 그런데 우리는 오늘의 중국에 대해 그런 쪽의 적의는 거의 느끼지도, 표명되지도 않고 있다. 이를테면 중국의 동북공정東北工程에 대해 그런 것처럼, 우리는 기껏 해 봐야 볼멘 불만이나 표명하고 있을 뿐이다. 왜 그런가?

문제는 일본인에 대한 뿌리 깊은 원념怨念이다. 그 원념이 우리 눈을 가리고 있다. 그것은 곧 터무니없는 오독의 시작을 뜻한다. 한국인은 그토록 불편한 오독의 시각을 애써 택한다. 왜 그래야만 하는가? 일본인을 오독하는 것은 일본인을 사실 그대로 보지 못하게 하고, 일본인을 사실 그대로 보지 못하는 한, 일본인에 대한 사실적인 대책은 불가능하다.

부정할 수 없는 것들

우리 입장에서, 일본의 살 만한 점은 이 책의 시작부터 여기까지 기술한 그런 면모들만도 아니고, 여러모로 불리한 입지에도 불구하고 경제 대국을 만들었다는 것만도 역시 아니다. 국가 경쟁력, 국가 청렴도, 사회 질서, 대학 수준 등에서도 우리보다 윗길이다.

우리가 그토록 목 빠지게 기다리면서도 그나마 잡음 많은 평화상 하나밖에 받지 못한 노벨상을, 일본은 2013년까지 19명이나 받았다. 영화 쪽으로 가 보자면, 일본은 1950년의 「라쇼몽」이 제12회 베니스 영화제 그랑프리를 받은 이후, 우리 영화 팬에게도 잘 알려져 있는 「하나비」(1997년 베니스 영화제 그랑프리)를 포함하여 세계 주요 영화제에서 그랑프리를 차지한 것만도 쉽사리 헤아려 보기 어려울 정도다. 'Japanimation' 또는 'Animation'을 일본어식으로 줄인 'Anime'는 일본화된, 또는 일본 특유의 애니메이션을 뜻하는 영어다. 일본은 이렇게 또 하나의 국제어를 만들어 낼 만큼 애니메이션 분야에서 괄목할 만한 성공을 거두어, 세계 애니메이션 시장의 60퍼센트를 점하고 있고, 그러다 보니 'Anime-influenced animation', 그러니까 일본 애니메이션의 영향을 받아 일본 애니메이션을 흉내 낸 새로운 형식의 애니메이션이 생겨나기 시작했다. 우리 애니메이션은 이제 시작 단계라 할 수 있다.

문학 쪽으로 가 보아도, 노벨 문학상 수상 작가를 둘이나 배출한 일본은 문학 작품 수출국이고, 무라카미 하루키, 요시모토 바나나 등 국제적인 베스트셀러 작가도 여럿이다. 우리 서점의 베스트셀러 목록에는 일본 소설이 언제나 몇 권씩 있지만 일본 서점에서 우리 소설이 조금이나마 팔린 경우는 유사 이래『즐거운 사라』나『겨울 연가』를 제쳐 두고 보자면 이영도의 판타지 소설『드래곤 라자』정도뿐인 듯하다.

이런 쪽에서 견줘 볼 수도 있다. 일본의 제1당인 자유민주당은 1955년생이고, 우리의 제1당인 새누리당은 2012년생이다. 자민당뿐만 아니라, 일본의 현존 주요 정당들은 대개 쉰 살이 넘었다. 이런 대비는 우리 정치 현실을 한 번 더 뒤돌아보게 한다. 우리나라뿐만 아니라 세계 모든 나라의 골칫거리는 빈부 격차, 그런 면에서도 일본은 우리보다 나은 상태여서, 부를 겨워하는 계층이나 빈貧으로 말미암아 들입다 반사회적이 되는 계층이 서로 대립하는 현상이 일본에서는 약소하다.

일본 학부모들은 자기 아이의 스승에게 촌지를 얼마나 갖다 바쳐야 하는가 하는 고민을 절대로 할 필요가 없고, 일본의 민원인들이 일 때문에 관청에 찾아갈 경우 관리로부터 면박 투 야단을 맞을 걱정을 하지 않아도 좋다. 물론 정권만 바뀌면, 한 시절 잘 놀던 사람들이 줄줄이 감옥으로 끌려가는 경우도 일본에는 없다.

쪽발이?

이렇게 견줘 볼 수 있는 모든 면모에서 일본은 우리보다 훨씬 더 앞서 있다. 존중하여 벤치마킹할 대상은 될지언정 어떻게도 멸시 대상이 되기는 어렵다. 멸시의 근거가 없는 멸시는 자격지심의 적나라한 노출밖에는 아무런 의미도 없다. 국가 간에 발동되는 자격지심은 곧 국수주의의 뿌리가 된다. 국수주의라는 옹색한 폐쇄는 생체를 아예 마비시키는 고질병이다. '쪽발이'니 하는 가당치도 않은 멸칭은 결국 신국수주의, 신쇄국주의적 방어 의식으로서 열등한 자의 허기진 시샘 같은 것에 지나지 않는다. 비칭이나 멸칭은 본질적으로 화자 자신의 인품을 드러내는 것으로서, 그 비칭이나 멸칭이 곧 그 자신에 대한 것이 되기 십상이다.

쪽발이라는 멸칭의 경우, 특히 그렇다. 왜냐하면 그런 멸칭이 조금도 타당하지 않기 때문이다. '쪽발이', 그것은 밟힌 자의 가련한 신음에 지나지 않는다. 더구나 일본에는 '쪽발이'나 '왜놈'에 견줘 볼 멸칭, 비어가 없다. 그들은 우리를 잔뜩 낮춰 볼 때도 우리에 대한 호칭은 그냥 '한국인'이고 '조선인'이다. 비판이나 거부나 공격은 당연히 당당한 정공법이어야 하고, 정공법은 그만한 힘이 전제되어야 한다.

그들이 군국주의적 도발을 했을 때, 그 도발에 상응한 응징을 할 힘이 없을 경우에는 어떤 소리도 원천 무효다. 그럴 경우에는 소리 대신 칼을 갈아야 한다. 칼을 갈아 힘을 키워, 그들을 멸칭해도 괜찮을 콘텐츠 두어서넛이나마 만들어 내야 한다. 그 길밖에 없다. 힘이 약한 상태에서 백날 목청 돋우어 봐야 소용없다. 으름장도 마찬가지다. 걸핏하면 사과 요구다. 사과하지 않으면 그냥 두지 않겠다는 으름장도 어김없이 뒤따른다. 응징할 힘이 없는데 어떻게 응징하겠는가? 무엇을, 어떻게 응징하겠다는 것인가? 거의 어김없이 나오는 게 일본 제품 불매不買 운동인데, 불매 운동을 하겠다고?

일본 제품 불매 운동이라고?

대일 선전 포고보다 더 자주 나오는 것이 일본 상품 팔지도 말고 사지도 말자 하는데, 일본 제품 불매 같은 것은 해 볼 수도 없다. 왜냐하면 일본 제품 불매는 곧장 우리 경제의 치명적 손상으로 이어지기 때문이다. 세계 모든 나라에서 벌어들인 돈을 일본에 몽땅 갖다 바치는 꼴이 되어, 대일 무역 역조는 아예 불변의 항수가 되어 버렸는데, 우리가 일본 부자 만들어 주고 싶어 일본 제품을 사는 것인가? 살 수밖에 없기 때문에 사는 것이다. 우리는 오히려 일본의 불매不賣 운동을 겁내야 할 처지다.

그렇다면 일전 불사하자 했을 때, 군사력 면에서는 어떤가? 정전停戰 상태에서 구체적 적인 북한과 언제나 대치하고 있는 한국에 비해, 1990년대 전후해서는 약 3.5배였던 일본의 방위 예산은 그 뒤 차츰 그 격차가 좁혀져, 2012년에는 약 곱절이다. 한국 310억 달러, 일본 600억 달러인데, 자학적인, 그러나 개연성이 꽤 높은 추정 하나를 덧붙인다면, 인위적 누수를 포함하여, 예산의 실제 효용 면에서 일본 쪽이 월등할 것이므로 이 차이가 그만큼 더 커질 수밖에 없다.

현대의 군사력이란 군비軍備를 뜻할 것이고, 군비는 곧 돈의 크기에 비례할 수밖에 없으므로, 일본의 군사력은 외형적으로는 우리보다 월등할 것으로 추정할 수밖에 없다. 평화 헌법이니 하는 것은 허울뿐이다. 일본이 핵을 가지고 있지 않다는 것은 그들의 군사력을 평가하는 데 아무런 소용이 없다. 2014년 1월 20일, 기시다 후미오(岸田文雄) 일본 외상이 핵무기 보유 의지를 밝히는 듯한 발언을 하여 '물의'를 일으켰다. 그 바람에 일본이 핵무기 주재료인 플루토늄을 핵 실제 보유국인 북한보다 1000곱절이나 더 저장하고 있다는 것이 한 번 더 거론된 바 있다. 잇달아 중국에서 "일日 매년 9t의 무기급 플루토늄 생산, 핵무기 2000개 만들 수 있는 분량이며, 핵폭발 장치 2~5개 이미 제작 가능성"(조선일보 2014년 1월 27일)을 제기한 바 있지만, 그들이 아직 핵을 가지고 있지 않다는 게 설령 사실이라 할지라도, 그들은 자신들이 원할 경우 가장 빠른 시간 안에 핵을 보유할 수 있다고 보는 게 맞다.

이렇게 경제력이나 군사력, 양편 모두에서 그들을 응징할 수단이라고는 단 한 낱도 없는데 무엇으로 응징할 것인가? 2014년이 시작되자마자, 일본 교과서에 독도 영유권을 주장하는 내용이 실렸다

하여 한 번 더 주한 일본 대사를 불러 '항의'하는 정치적 요식 절차를 거치면서도 '항의' 그 이상은 대응 수단이 없다는 무력감이 언론 등 여러 경로를 통해 이야기되는 결코 유쾌할 수 없는 풍경이 펼쳐진 바 있지만, 아무리 발버둥 친들 응징 수단이 단 한 낱도 없는 걸 어찌할 것인가? 국제회의에서 자리를 함께하게 된 우리 대통령이 일본 총리를 향해 눈길 한 번 주지 않는다 하여 그게 응징인가? 괜히 우리의 옹색함만 드러내는 것은 아닐까? 우리는 걸핏하면 선전 포고 분위기가 되지만 그거야말로 가소로워해야 마땅한 허장성세다. 아프지만 사실은 직시하고 인정해야 한다.

문제 풀이의 열쇠는 힘이다. 힘이 없이는, 이 책에서 논의해 볼 수 있는 어떤 문제도 풀 수 없다. 우리는 그것을 모두 안다. 적어도 알고는 있다. 그러므로 궐기 대회 같은 헛된 짓거리 때려치우고, 와신상담하며 칼을 갈아야 한다. 궐기 대회 때마다 빠지지 않는 만세 삼창, 그거야말로 일제 잔재다.

일제 잔재, 만세 삼창

중국 황제의 만수무강을 비는 '천세만세'가 일본으로 들어와 자리 잡는 과정에서 '천세'는 떨어져 나가고 '만세'만 남으면서, 더 나아가 삼창으로 규격화되었고, 바로 이 만세 삼창을 맨 처음 부르짖은 것은, 일본의 최초 헌법을 발포發布한 1889년(메이지 22년) 2월 11일, 메이지 당시 천황을 향해서였다. 그것이 나중에 가미카제의 돌격 신호 같은 게 되면서 만세 삼창은 일본인들 모임에서 빼놓을 수 없는 게 되었고, 그것이 오늘 한반도에서는 북한의 경우, 존엄한 최고 지도자의 만수를 기원하기 위해, 남한에서는 일본을 상대로 어떤 결의를 다질 때, 그 근원에 대한 성찰도 없이 부르짖고 있다. 일제의 잔재에 이를 갈아 대면서도 분명한 일제 잔재인 만세 삼창을 그토록 열심히 불러 대는 이 소극笑劇. 우스워해야 할 텐데, 아무도 우스워하지 않는다. 그래서 소극은 어쩔 수 없이 비극이 된다. 아, 이번 광복절에도 대통령과 더불어 온 국민이 비장한 표정으로 만세 삼창을 부르짖으려나? 아, 목불인견의 이 비극!

자격지심 극복 없이 극일 없다

일본인들이 즐겨 외는 속담대로, 능력 있는 매는 발톱을 감춘다. 정말 그렇지 않은가? 아이들 싸움이라도 보라. 힘센 놈은 깐족 깐족 웃고 있는데, 힘이 달리는 놈은 눈물, 콧물까지 질질 흘려 가며 고래고래 소리를 질러 댄다. 궐기 대회가 바로 그런 것이다. 단언하겠다. 결국은 자격지심의 총화인 그 모든 궐기 대회는 배만 더 고프게 했지, 아무 소용도 없는 헛짓이었다. 요컨대 아무짝에도 쓸모없는 헛짓이나 하게 만드는 자격지심의 극복이 우선되어야 한다. 왜냐하면 자격지심에 사로잡혀 있는 한, 사실을 사실 그대로 볼 수 있는 눈이 불가능하고, 사실을 사실 그대로 볼 수 있는 눈이 불가능할 경우, 현상 극복은 불가능할 수밖에 없기 때문이다. 궐기 대회란 곧 영원히 노예로 살겠다는 국민적 맹세와 같다.

가야금과 사미센

짐승보다 못한 인간, 또는 짐승 같은 놈, 또는 짐승의 새끼(Son of Bitch). 동서양을 막론하고 사람들이 흔히 쓰는 이 표현은 틀렸다. 짐승이 사람의 말을 알아듣는다면 할 수 없이 엷은 소웃음을 머금을 것이다. 다른 무엇보다도 짐승은 배부르면 더 이상 바라지 않는다. 짐승은 만악의 근원인 소유욕으로부터 자유롭다. 짐승의 세계에서는 물론 배신도 없다. 짐승만한 인간은 아예 불가능하다. 그러나 짐승 비슷한 인간은 될 수 있다. 관건은 문화다. 한 사회의 생성 이후 긴 역사의 결정체이며 퇴적물이기도 한 문화에는 그 사회의 모든 관습, 모든 사상, 모든 제도가 포함된다. 모든 관습, 모든 사상, 모든 제도가 포함되는 문화에 의해 그 사회의 빛깔과 냄새와 품질은 결정된다. 문화는 전능하다. 문화의 개선 없이 사회의 개선은 기대할 수 없다. 그것이 문화에 매달리고 있는 이유다. 문제는 문화다.

한국의 일본 연구와 일본의 한국 연구

일본을 여행 중이던 1992년 3월 어느 날 텔레비전 뉴스에서 3월 24일에 치러질 한국의 14대 국회 의원 선거에 대한 이야기를 하고 있었는데, 화면에 떠오른 표제는 '신생 국민당 돌풍 예상'이었다. 국민당(國民黨)은 정주영 당시 현대그룹 회장이 2월 8일, 선거를 불과 한 달 남짓 앞두고 그야말로 벼락처럼 서둘러 만든 정당으로, 그 당시 한국에서는 어느 누구도 '국민당 돌풍' 같은 것을 예상하지 못했다. 기껏 해 봐야 "선거를 위해 급조된 국민당은 선거가 끝나면 사라질 것"이라는 정도였다. 그런데 결과는 일본 쪽 예측 그대로 31석을 얻어, 민주자유당(149석), 민주당(97석)과 함께 3당 체제를 이루는 돌풍을 일으켰다. 우리가 모르고 있던 것을 일본은 그처럼 정확하게 알고 있었다. 놀라운 느낌이었다.

일본의 역사

내가 지금 가지고 있는 『일본의 역사』(지식산업사, 1976)는 좀 묘하다. '민두기 편저'로 되어 있는 것부터 그렇다. 편저자는 일본사 전공도 아니고, 책의 내용도 '平氏'니 '源氏'니 하는 일본식 표현이 그대로 들어가 있는 등, 일본 책을 직역해 놓은 것 같아 읽기 불편하다. 그래도 다른 일본사는 눈에 띄지 않았으므로 이 책을 사서 볼 수밖에 없었는데, 이번에 이 글을 쓰면서 서점에 나가 보니까, 역시 이 책 외에 우리 학자가 지은 일본 역사책은 쉽사리 눈에 띄지 않았다. 『일본의 역사』 후기에 이런 대목이 있다. "이 책은 우리나라 사람으로서 일본사를 전공하는 사람에 의한 일본사日本史가 나오는 날에는 무의미한 것이 될 것이다. 하루빨리 그런 날이 오기를 기대하는 바이다."

그러니까 아직도 우리나라 사람으로서 일본사를 전공하는 사람에 의한 일본사는 나오지 않은 듯하다. 일본 학자가 쓴 일본사 번역본은 있었지만 그것을 사게 되지는 않았다. 그래서 위키피디아에서 'History of Japan'과 연관 항목을 검색하여, 구글에서 검색한 것과 대조해 가며 필요한 경우에 들여다보고 있는 중이다. 어쩔 수 없어서였는데, 이것은 한국의 시각도, 일본의 시각도 아니기에 오히려 지금 내게 도움이 된다.

독도 문제가 거론될 때마다 양국 관련자들이 들춰 보는 독도 관련 연구 도서는 모두 일본 필자에 의한 것이다. 특히 일본 외무성 참사관이던 가와카미 겐조(川上健三)가 1966년에 쓴 『죽도의 역사

지리학적 연구』는 언제나 시비의 중심에 있다. 독도가 일본 영토임을 증명하는 이 책을 쓰려고 그는 10년 동안 준비했다니 일본 정부는 패전 이후부터 독도 영유권을 주장하기 위해 학술적 대응 논리를 개발해 온 셈이다. 2010년 『대한민국 독도』(호사카 유지, 책문)가 나오기까지, 『죽도의 역사 지리학적 연구』에 대한 거의 유일한 반박 논문인 「1905년 일본의 죽도 영토 편입」(1987)을 쓴 것도 일본인인, 교토 대학 경제학부 호리 가즈오(堀和生) 교수였다. 그러니까 우리는 들입다 외치기만 했지, 제대로 된 관련 연구서 하나도 준비해 두지 못하고 있었던 셈이다.

이 대목을 쓰며 인터넷을 검색해 보니, 한국일본학회 부회장 이덕봉 교수의 말씀이 있다. "해방 후 모든 일본적인 것의 부정으로 일관했던 한국의 국민감정은 일본에 관한 학문적이고 객관적인 연구조차 가로막았으며 이는 또 다른 역사의 아픔을 불러올 수 있다." 그러니까 일본에 대한 학문적 관심까지 국민감정을 거스르는 '친일', 그런 지탄을 받게 되면서 일본 연구가 부진할 수밖에 없었다, 지금도 걸핏하면 친일 딱지를 붙여 돌팔매질을 해 대는 판이니 새삼스러울 것도 없지만, 끔찍하다. 일본 연구조차 못하게 한다고? 그렇다면 어떻게 하라고?

우리나라 전국 "74개 대학에 88개 일본 관련 학과가 있지만 대부분 어문 중심이고 본격적인 일본학과는 없다"는 기록도 보인다. "그렇다면 우리의 일본 연구 실태는 어떠한가. 한국일본학회(회장 황성규)는 지난 1993년 창립 20주년을 맞아 '한국의 일본 연구 어디까지 왔는가'란 주제로 학술 발표회를 가졌다. 사회 인문 분야 12개 분야별 일본 연구 현황을 평가했는데 어문학 민속학 등을 제외하곤 정치 경제 군사 법학 역사 사상 등 거의 모든 분야가 황무지라는 결론에 이르렀다."

이것은 1996년 기록인데, 조금 더 찾아보니까 2014년 현재 일본학과가 개설되어 있는 대학이 20여 개가 되고, 서울대·고려대·단국대·한국외대 등 일본 연구소가 있는 대학도 여럿이다. 거의 우후죽순처럼 다투듯이 생겨난 것 같아 의아스럽기는 하지만, 어쨌든 일본 연구에 진전이 있는 듯한데, 서점이나 도서관에서 전문 연구자가 쓴 제대로 된 연구서다 싶은 것은 쉽게 찾아볼 수 없었으니까 실적은 없는 셈이다. 일본학과나 일본 연구소 교수님들은 논문도 쓰지 않는 것일까? 한 나라에 대한 연구는 그 나라에 대한 역사부터 시작해야 할 테니 우선 제대로 된 일본사 하나라도 나와야 되는 게 아닐까? '한국의 일본 연구 어디까지 왔는가', 그런 세미나라도 한 번 더 해 봐야 하는 게 아닐까? 줄 잇는 의문들에 대한 가시적 답은 없다. 놀랍다.

놀라는 나를 놀리는 듯한 기록 하나가 더 있다. "일본의 한국사 연구자 수가 국내의 한국사 전공자를 능가하고 있다는 것은 익히 알려진 사실이며 일본의 한국 연구 공공 기관만도 300여 개에 이른다. 이 중에는 심지어 일본인의 한국 성 뿌리 찾기 연구까지도 벌어진다고 황성규 한국일본학회 회장은 전했다. (……) 한국일본학회의

주 연구비는 회원들 회비와 설립 당시 주한 일본 대사 스노베 료조(須之部量三)가 기부한 20만 달러다." 일본 대사, 곧 일본 정부의 재정 지원을 받아 일본 연구를 한다고?

황성규 회장의 증언을 뒷받침해 줄 기록이 하나 더 있다. "일본의 한국학에 대한 열의는 대단하다. 한국학을 전공하는 연구자가 500명을 넘고 한국 문제에 관해 전문적인 논문을 쓸 수 있는 학자만도 200명을 헤아린다." 한국일보 도쿄 특파원을 지낸 송효빈 씨의 『이것이 일본이다』(한국일보사, 1986) 머리말에 나오는 구절이다.

그러나 우리 도서관이나 서점에 가 보면 한국인이 쓴 일본 연구서나 그 비슷한 부류의 책들이 사실은 참 많다. 문제는 품질이고 수준이다. 이번에 이 글을 쓰기 위한 준비 운동의 하나로 100여 권을 읽었다. 정독한 것은 열한 권이고, 그중 책으로서 품격을 갖추었다 싶은 것은 이 글에서 자주 인용한 김용운, 이어령 선생의 저서 등 여덟 권 정도였다. 그 외 나머지는 나오지 않았더라면 하는 책들이었다. 심지어 절대로 나와서는 안 될, 그렇게 여겨지는 책도 여럿이었다.

양주동 선생의 유쾌한 오기!

물론 일본인에 의한 일본 연구도 읽어야 한다. 그러나 일본인에 의한 일본 연구밖에 읽지 않을 때는 한국에서 일본 연구를 할 가치도, 이유도 없다. 왜냐하면 백날 해 봐야 일본 학자들의 성취를 넘어서는 학문적 업적을 이룩하기는 어려울 것이기 때문이고 학문에서 차하위次下位 업적은 학문적 가치가 없을 것이기 때문이다. 더 위험한 것은 '우리를 보는 일본인의 눈'을 그대로 우리 눈에 박는 꼴이 될 수도 있기 때문이다.

　재일 동포들이 당면한 문제점 가운데 하나는 자기 자녀들이 일본인의 눈으로 자신과 자기 조국을 보는 것이다. 그래서 일본인이 흔히 그렇게 말하듯이 우리 동포 자녀들이 "조센징와 기타나이(조선 사람은 더럽다)"라고 말한다. 일본 책만 읽다 보면 우리 학자들마저 "그래, 맞아. 독도는 일본 땅이야" 하고 말할 날이 올 수도 있다. 이를테면 요즘 『제국의 위안부』(박유하, 뿌리와이파리, 2013) 일부 내용이 문제가 되고 있는 것은 바로 관점의 차이 때문이다. 굳이 취재를 하지 않는다 할지라도, 내 세대쯤에서 보면 이런 종류의 '전선정화戰線情話'를 듣는 것은 어려운 일이 아니었다. 위안 시설에 들어온 일본군 소년병이 운다. 여자는 왜 우느냐고 묻는다. 소년병은 고향에 두고 온 누나 생각이 나서 운다고 대답한다. 이번에는 여자가 운다. 소년병은 왜 우느냐고 묻는다. 여자는 고향에 두고 온 남동생 생각이 나서 운다고 대답한다. 그다음 장면에서 여자와 소년병은 서로 부여안고 운다. 그리고 헤어질 때, 여자는 자기가 화대로 번 군표 몇 장을 소년병의 손에 쥐여 주면서 꼭 살아 돌아오라고 당부한다. 소년병은 당신을 위해서라도 꼭 살아 돌아오겠다고 맹세한다. 그래서 두 사람은 '동지' 그 이상이 된다. 그리고 부모가 딸을 팔아먹은 경우도 없다 하기 어렵다. 이런 '사실'들을 문장으로 만드는 것은 관점에 따라 그 빛깔과 그 의미가 크게 달라진다. 저자의 연보를 바탕으로 거칠게 짐작해 보자면, 일본에서 일본 책을 텍스트 삼아 일본 교수에게 배운 저자의 관점에서는 그렇게 기술할 수 있다. 일본 우익이 그런 것처럼, 저자에게는 끌려간 수많은 여자들보다 팔려 간 소수의 여자들이 더 마음에 남아 있을 수 있고, '대동아 전쟁'은 '침략'이 아니라 '방어'를 위한 게 될 수도 있다. 그러므로 학자인 저자에게 사과는 '자기 부정'이 될 수밖에 없다. 왜냐하면 저자는 자신의 관점에 충실한 것뿐이기 때문이다. 우리 현대사에서 아주 흔한 논쟁거리가 되는 또 다른 예를 들어 보자면, 이승만이나 박정희는 관점에 따라서 최고도 되고 최하도 되는 것과 마찬가지다. 미국인에게 '개척자'가 인디언에게는 '학살자'이고, 한국인에게 원수인 이토 히로부미가 일본인에게는 당연히 영웅이 된다. 그러므로 한국인 관점에서 한국인에 의해 이루어진 일본 연구는 매우 중요한 것이 될 수밖에 없다.

그런데 한국 필자에 의한 일본론은 실질적인 면에서 불모 상태라 해도 지나친 표현은 아닐 것 같다. 내가 책을 빌려 읽는 정독도서관에 들어가 '일본'을 검색해 보니 6786권의 책이 나왔는데 그중 상당 부분이 일본 필자에 의한 것이었다. '미국'을 검색했을 때는 2844권이 나왔으니까 일본 관련 책이 훨씬 더 많이 소장되어 있는 셈이고, 그것은 일본에 대한 우리의 관심을 반영하는 것일 듯하다. 출판사에서 이런 책을 이토록 많이 내는 것을 보면 팔리기 때문이 아닐까. 그것이 문제인 듯싶다. 반면에 일본의 한국 연구는 비단 독도에 대해서뿐만 아니라 모든 분야에서 세분되어 있고 다양하며, 필요한 만큼의 심도를 갖추고 있는 듯하다. 한국에 대한 일본인의 그런 연구는 어제오늘의 일은 아니다.

나의 시대에 그 명성이 드높았던 분 가운데 양주동(梁柱東, 1903~1977) 선생이 있다. 선생이 자랑하는 저술 가운데 하나는 『조선 고가 연구』(1942)인데, 이 책을 집필하게 된 것은 당시 경성제대 교수 오쿠라 신페이(小倉進平)의 『향가 연구』 때문이었다. 우리 향가가 일본인에 의해 먼저 연구되었다는 것에 부끄러움과 분노를 함께 느낀 선생은 빼앗긴 문화유산을 학문적으로나마 결사적으로 탈환하겠다는 오기에서 향가 연구에 매달려 이런 노작을 완성시킬 수 있었다. 아득한, 그렇게 되돌아보는 옛날에, 선생의 유쾌한 책 『문주 반생기文酒半生記』에서 실로 치기만만한 이 이야기를 읽었을 때의 뭉클하던 감동, 새롭다.

일본인의 한국 연구를 조금 더 거슬러 올라가면 『징비록』이 있다. 지은이가 임진왜란(1592~1598) 뒤 벼슬에서 물러나 하회 마을 옥연정에 한거閑居하면서 저술한 이 책이 조선에서 간행된 것은 1647년이었는데, 일본어본이 나온 것은 1695년 일본 교토 야마토야(大和屋) 출판사에서였다.

나의 의문은, 당시로서는 더구나 일본에 대해서는 국가 기밀에 속했을 이 책의 유출 경위다. 임진·정유 양란 뒤 두 나라 사이의 국교가 회복되기는 했으나, 우리 통신사에 대한 일본의 답방 사절인 회답겸쇄환사回答兼刷還使들은 첩자 노릇을 하지 못하도록 부산 초량까지밖에 오지 못하게 하는 식으로 그들을 경계하던 때였다. 우리나라에 대한 일본의 관심이 어떻게 실천되고 있었던가를 짐작해 보게 하는 대목인데, 우리나라에서 이 책의 한글본이 출판된 것은 1970년대에 들어와서였다.

이어령 선생의 강박 관념

여기까지 더듬어 본 것은 이어령 선생의 기록 '한국을 모르는 일본 학자들' (『축소 지향의 일본인』)과 딴판이다. 역시 예의 '강박 관념'에 의한 자격지심 때문일 듯한 그것은 일본인이 서구나 바라보려 했지, 가까이 있는 한국이나 중국은 거들떠보려 들지도 않았다는 것을 강조하려다 보니 나온 강변 같다. 강박 관념에서 자유로워진 선생을 진심으로 보고 싶다. 지적 성취 면에서 선생은 당대의 상징 같은 존재이기 때문이다. 되풀이하는 이야기가 되겠지만 강박 관념에 사로잡힌 상태에서 자유로운 연구는 불가능하다.

학계가 아닌 기업 쪽 경험도 좋은 예가 될 듯한데, 한국과 관련이 있는 일본 기업 조직의 한국에 대한 연구나 분석은 상당하다. 직장 생활을 하던 시절, 일 때문에 일본에 가서 만난 사람들은 내가 내 회사에 대해 알고 있는 것보다 더 많이 알고 있는 상태에서 나를 만났다. 그때마다 나는 놀란 속을 드러내 보이지 않으려고 애써야 했다. 그만큼 그들은 철저하다. 학계라고 예외가 되기는 어렵다. 흔히 하는 이야기로, 적을 모르고서는 적을 이길 수 없다. 우리의 일본 연구가 이토록 소홀한 이유는 무엇일까? 돈 되는 학문만 번성한다는 현실 법칙대로라면 일본 연구는 돈이 되지 않는 것일까? 그렇다면 우리는 일본에 먹힐 수밖에 없다. 오늘날의 한국에는 양주동 식의 오기도 없는 듯하다. 내 생각에는 그게 문제 같다. 자못 치명적인.

조영남과 이케하라 마모루

이케하라 마모루는 『맞아 죽을 각오를 하고 쓴 한국, 한국인 비판』(1999)을, 조영남은 『맞아 죽을 각오를 하고 쓴 친일 선언』(2005)을 썼다. '맞아 죽을 각오'는 꼭 같았는데, 이케하라 마모루는 멀쩡했던 데 견줘 조영남은 그 책으로 말미암아 한동안 방송에서 밀려났고 무대마저 잃었으니, 말하자면 정말 맞아 죽은 것이나 진배없게 된 셈이었다. 앞 책이 그런 제목으로 돈을 벌었으니까 뒤 책에 비슷한 제목을 붙인 듯하여 그 결과가 더 우스꽝스럽다.

조영남의 친일 근거

그런데 참 묘한 느낌이었다. 조영남이 이른바 친일을 했다는 근거라는 것은, 1) 2002년 월드컵 때 일본 청년들이 한국 팀을 응원하는 것을 보고 감동 먹었다, 2) 한국 국회에서는 대통령이 연설할 때 한 번도 박수를 치지 않았는데 일본 국회에서는 열여덟 번 박수를 쳤다, 3) 일본에서는 조용필, 이성애, 김연자, 계은숙, 정재은, 보아 등이 노래를 불러 대성공을 거두었는데, 한국에서 노래를 부른 일본 가수는 없다, 4) 교과서 파동이나 독도 문제에 대한 대응에서 일본이 한 수 위다(이것은 책이 아닌 일본 신문과의 인터뷰에서 한 말인데, 2009년에 나온 다른 책 『조영남의 수다』에 '와전'이었다고 기록되어 있다.) 등의 발언인데, 이것들을 '친일' 이유로 삼은 것도 우스워 보였지만, 그런 발언들이 문제가 된 것도 우스워 보이기는 마찬가지였다. 이런 의견 정도가 왜 그토록 몰매거리가 된단 말인가.

굳이 비유하자면 조영남의 책보다 이케하라 마모루의 책이 더, 훨씬 더 지독하다. 그의 글에서 한국은 무법천지이고 한국인은 염치가 없고, 그리고 한국의 미래는 있을 수 없다. 마지막에 가서 "그래도 한국의 미래가 밝은 이유"를 적고 있다. 첫째 한국인은 머리가 좋다, 둘째 한국인은 인정이 많다, 셋째 한국인은 뭐든 빨리 해치운다 등인데, 읽는 것만으로도 겸연쩍은 느낌을 금할 수 없는 그것들은 정말 맞아 죽는 일을 피하기 위한 얄팍한 장치 같은 것일 뿐, 그의 글 전편에는 한국인으로서 절망해야 마땅할 일들이 조목조목 적혀 있다. 이 책에 대한 Yes24의 독자 서평에 이런 게 있다.

맞아 죽을 각오를 하고 썼다고 하기에, 때려죽이고 싶을 만큼의
분노를 각오하고 봤는데, 그보다는 차라리 쥐구멍에 숨어들 각오를

하는 편이 나았을 법한 내용이었다. 나도 이해 안 가는 한국 사람들이 일본인이라고 해서 이해가 갔겠는가. 책을 읽으면서 많이 부끄러웠고, 또 많이 분노했다.　　　　　　　　　　　　　　　　　　　－ ina

사실이다. 이 독자의 소감은 과장이나 거짓이 아니다. 예화들도 꾸민 게 아니라는 것이 이내 느껴질 만큼 사실적이다. 과장이 아니고 거짓이 아니고, 그리고 매우 사실적인 그의 글이 더 아픈 것은 우리가 아파해야 할 그 조목조목이 그대로 일본인의 장점들이기 때문이다. 즉 일본이나 일본인은 그렇지 않은데, 한국이나 한국인은 어찌 요 모양, 요 꼴이냐라는 것이 매우 명시적이기 때문이다. 분명한 조롱이다. 분명한 조롱인데, 반박을 할 수 없다. 사실이기 때문이다.

당시 국무총리였던 김종필 씨가 이 책을 공무원들 필독서로 추천하는 바람에 40만 부나 나갔다고 한다. 사실은 대수로울 것도 없는 이 책 하나로 필자는 돈벼락을 맞게 된 셈이었다. 그래서 더 아프다. 아픈데도 아프다는 소리를 할 수 없으니 더욱더 아프다. 이 글을 읽은 모든 한국인들이 그랬을 것이다. 그런데 그는 맞아 죽기는커녕 오히려 찬양을 받고 그 책으로 돈까지 벌었는데, 조영남은 맞아 죽어 버린 데다 방송이나 무대 퇴출 등까지 감안하면 그 책으로 말미암아 오히려 돈까지 잃은 셈이 되었을 것 같다.

그런데 정말 의문스럽다. 더 지독한 이케하라 마모루는 멀쩡한데, 왜 조영남은 몰매를 맞아야 했을까? 조영남에게 몰매를 퍼부은 그 사람들이 어찌하여 이케하라 마모루에게는 찬양을 바쳤을까?

그리고 또 조영남 하나 때려죽인다 해서 사실이 꾸민 것이 되는가? 사실은 사실 아닌가? 그리고 또 모르겠는 것은, 그토록 잘난 체하기를 즐기는 조영남이 왜 반론 한마디 없이 당하고만 있었던가 하는 것이다. 그 일이 있은 뒤, 무대를 잃고 있던 조영남이 모처럼만에 패티 김 무대에 올라가 노래를 부르며 울기까지 했다는 보도를 본 적이 있는데, 결코 논리가 모자랄 리 없는 그 사람이 왜 그토록 당하고만 있었던가. 정말 알 수 없다. 꼭 한 번 묻고 싶다. 조영남 씨, 당신 왜 그랬소? 내가 뭐 틀린 말 했니, 그런 항변 한마디나마 왜 하지 않고 당했소?

그리고 또 재삼 묻고 싶다. 이케하라 마모루를 찬양한 당신들, 조영남은 어찌하여 그렇듯 무자비하게 때려죽였소? 이상하지 않소? 조영남을 때려죽였다면, 형평의 원칙에 의해 이케하라 마모루도 같은 처벌을 해야 마땅할 게 아니오? 그런데 그 사람은 찬양에다, 부상으로 큰돈까지 얹어준 것은 도대체 어떤 이유에서였소?

그런데 사실은 이케하라 마모루의 책보다 더 아픈 게 있다. 저 유명한 구로다 가쓰히로 기자가 쓴 『한국인 당신은 누구인가』인데, 그 사람 특유의 야유조 문체로 구성된 이 책은 『맞아 죽을 각오를 하고 쓴 한국, 한국인 비판』보다 훨씬 더 지독하다. 『맞아 죽을 각오를 하고 쓴 한국, 한국인 비판』은 그래도 한국이나 한국인에 대한 애정이 전제되어 있는 데 견줘, 구로다 기자의 책은 한국과 한국인에 대한 야유나 조소를 노골적으로 드러내고 있기 때문이다. 그러나 구로다 기자의 이 책도 대목대목 모두 옳다. 그래서 더 아프다.

1941년생인 구로다 기자는 한국과 일본 통틀어 최고령 현역 언론인이라 한다. 그에게 최고령 현역이라는 월계관을 씌워 준 것은 그가 야유할 거리를 꾸준히 생산해 주고 있는 한국이다. 2013년에도 한국을 야유하는 『한국 반일 감정의 정체』를 펴낸 바 있지만, 한국 야유는 그의 생존 수단이다. 그는 한국 덕분에 행복한 생애를 살아가고 있다. 그의 행복한 얼굴은 한국인에게는 불행의 상징이다. 한국인들은 그를 욕하기 전에 그로 하여금 야유할 거리들을 꾸준히 생산해 내고 있는 자신들에 대해 우선 생각해 봐야 한다.

이건희 삼성그룹 회장의 이른바 '메기론'을 혹시 아시는가? 경청해 볼 만하다. "봄에 모내기할 때 한쪽 논에는 미꾸라지만 넣어 키웠고, 다른 쪽 논에는 미꾸라지에다가 메기 한 마리를 넣어 키웠다. 가을에 보니 그 결과는 천양지차였다. 메기를 넣어 키운 미꾸라지는 튼실해지고 추어탕 맛도 좋았다. 그러나 메기 없이 키운 미꾸라지는 흐느적거리는 데다 추어탕 맛도 없었다. 미꾸라지만 있는 논에는 위험이 없지만, 메기가 들어온 논에는 언제나 비상 상태여서 미꾸라지들은 잡아먹히지 않으려고 활발하게 움직여야 했기에 그렇게 훨씬 더 윤기가 흐르고 날씬해졌다."

구로다 기자는 한국인에게 미꾸라지 논에 풀어 놓은 메기 같은 존재일 수 있다. 그런데 그의 맹렬한 활약에도 불구하고 한국인들

체질에는 도무지 변화가 없다. 그것이 문제다. 그를 욕할 이유가 조금도 없다. 오히려 그에게 훈장을 주어야 한다.

다시 독립 기념관에 대하여

독립 기념관의 건립 목적에 다시는 이민족 지배를 받지 않기 위한 민족 교육이 들어 있다면, 『한국인 당신은 누구인가』와 『맞아 죽을 각오를 하고 쓴 한국, 한국인 비판』, 이 두 권의 책을 금박 상자에 담아 그곳에 전시해야 한다. 이런 책을 읽고 표현할 수도 없는 아픔을 느끼는 것보다 더 나은 민족 교육은 쉽지 않기 때문이다. 그런데 이 책들은 이미 잊혔고, 이 책들을 읽으면서 입었을 상처 또는 최소한 느꼈을 겸연쩍음, 그런 것도 말끔하게 지워졌다. 그리고 그들이 야유한 우리의 치부들은 그들이 야유한 꼭 그대로 되풀이되면서 더 심화되고 있다. 그래서 그들의 야유가 더 아프다. 비유가 아니라 실제다. 아프다. 내가 버겁기 짝이 없는 이 글을 쓰고 있는 이유가 바로 그 아픔 때문이다. 내 손자, 손녀들에게는 이토록 엉뚱한 아픔을 느끼지 않도록 하기 위해 내가 할 수 있는 일이라고는 이런 글 쓰기밖에 없는 것같아, 나는 지금 그렇게 하고 있다.

모일과 반일

그런데 조영남의 시각이나 해석에는 여러 가지 문제가 있어 보인다. 한국이 일본을 무시하고 괄시한다는 것부터 그렇다. 그는 이렇게 적고 있다. "이 지구 상에서 공개적으로 일본을 괄시하고 무시하는 유일한 나라는 바로 우리 대한민국이었다." 대한민국이 또는 대한민국 사람이 일본이나 일본인을 무시하거나 괄시한 일이 있었던가? 없다. 한국이나 한국인에게 일본이나 일본인은 외경이나 선망의 대상이었다. 설명이 필요할 듯싶다.

한국인 의식의 이중 구조

한국인은 일본인을 왜놈이나 쪽발이라 하고, 일본인은 한국인을 간코쿠진(韓國人)이나 조센진(朝鮮人)이라 한다. 양쪽 모두 멸칭인 셈이지만 그 알맹이는 다르다. 우리가 '왜놈'이나 '쪽발이'라 할 때, 그 뒤에 따라붙는 낱말이나 문장은 '잔인하다, 간사하다, 독하다, 침략자다, 호색하다, 겉 다르고 속 다르다, 일밖에 모른다' 등이다. 반면에 그들이 '간코쿠진'이나 '조센진'이라 할 때, 그 뒤에 따라붙는 낱말이나 문장은 '냄새난다(구사이), 더럽다(기타나이), 도둑이다(도로보데스), 바보다(바카야로), 구제 불능이다(쇼가나이)' 등이다.

'왜놈'이나 '쪽발이' 뒤에 따라붙는 낱말이나 문장은 사실상 경멸의 뜻이 아니라 부러움이고 찬양이고 외경이다. 반면에 '간코쿠진'이나 '조센진'에 따라붙는 낱말이나 문장은 표현 그대로 멸시다.

이것은 역사의 엄연한, 하도 엄연하여 부정할 수 없는 엄숙한 결과물이다. 한국은 역사에 기록되어 있는 것만으로도 신라 시대 이래 내내 일본(왜)에 당했지만 일본이 한국에 당한 적은 단 한 번도 없다. 1923년 박열이나 1932년 이봉창의 '미수 사건'을 제쳐 두고 보기로 한다면 일본은 한국으로부터 하다못해 제대로 된 테러 공격한 번 받아 보지 않았다. 우리가 일본 지배를 받고 있던 36년 동안 일본 본토에 대한 제대로 된 테러 공격 한 번조차 어찌 없을 수 있었을까 몹시 의문스럽지만, 그것은 사실이다.

이쪽 나의 의문에는 이런 것도 있다. 일제 강점기, 우리나라 면 단위로 있던 일본 경찰 주재소에는 일본인 부장 하나와 한국인 순사 두셋이 모두였다. 그러니까 일본인 부장 단 하나가 면 전체를 지배했다는 얘기가 된다. 그런데 36년 동안 그들은 털끝 하나 다치지 않았다. 내 고향 하회 마을의 경우, 주재소가 마을 입구에 있었는데, 해방되던 날 오후에야 비로소 일본 경찰들을 무릎 꿇렸다고 한다. 보복에 대한 두려움이 있었겠지만, 그들의 전횡에 그토록 고분고분할 수 있었던 것, 아무래도 쉽지 않은 인내였을 것 같다.

그에 견준다면 한국은 역사가 열린 이래 내내 일본에 당하기만 했다. 임진왜란이나 정유재란 또는 일제 강점기 36년이니 하는 것만이 아니다. 기록에 남아 있는 것만 봐도 신라 시대 이후 내내 왜구의 준동은 중앙 정부를 위협할 정도였다. 그리고 우리는 지금도 경제적인 면에서 일본의 가마우지 노릇이나 하고 있고, 한국의 어여쁜 젊은 여자들이 몸을 팔기 위해 일본으로 다투듯이 몰려가고 있고, 일본인이 많이 묵는 서울의 어느 특급 호텔 부근에는 일본인 현지처를 갈망하는 여자들이 쌨다. 한국인은 어떻게도 일본인을 경멸할 수 있는 입장이 되기 어렵다. 그런데 어찌하여 '괄시'나 '무시'한다고 생각하는 것일까? 이렇게 생각하고 있는 사람은 비단 조영남만이 아니다. 그것이 문제다.

저팬 콤플렉스

신문에 더러 실리는 여론 조사를 보면, '가장 싫어하는 나라'도, '가장 본받고 싶은 나라'도 일본이다. 이것이 우리의 이중성이다. 우리의 이른바 반일은 사실상의 모일慕日이다. 일본을 사모思慕하는 것. 앞에서 예로 든 구로다 가쓰히로 기자의 2013년 저작인 『한국 반일 감정의 정체』에 나와 있는 대로 '낮에는 반일, 밤에는 친일'하는 식의 모순 또는 이중성에 대해 우리는 겸연쩍어 하며 조금이나마 진지해질 필요가 있다. 그렇지 않을 경우, 우리의 미래는 어둡다. 죽어라 모순투성이 모일이나 하고 살아야 한다. 세상에, 낮에는 반일, 밤에는 친일이라니? 내가 내 소설에 이 말을 쓴 것만 해도 30년 전인데, 언제까지 이러고 있을 것인가?

우리 현대사는 반공과 반일로 상당 부분 망가졌고, 지금도 망가지고 있다. '레드 콤플렉스'라는 표현이 있는데, 굳이 그 표현에 빗대 보자면 '저팬 콤플렉스'도 그에 못지않다. 걸핏하면 빨갱이 소리가 나오듯이 걸핏하면 친일파다. 일본 또는 일본인을 비판하는 일본인은 '양심적인 일본인'으로 상찬되고, 한국 또는 한국인을 비판하는 한국인은 어김없이 '좌빨' 아니면 '친일파'가 된다.

그럴 수밖에 없는 우리 역사 때문이라 생각하지만 적어도 지금쯤에라도 이 참으로 한심한 콤플렉스에서 벗어나야 한다. 그래야만 한다. 이미 우리는 너무 많이 앓아 왔다. 불필요한 앓이였다. 친일과 마찬가지로 반일도 부질없다. 그런 것은 정치적 프로파간다가 아니면 급수 낮은 감정적 배설 이상의 의미를 갖기 어렵다. 중요한 것은 실사구시다. 실질의 획득이다. 우리는 공리공론으로 이미 너무 많은 것을 잃어 왔다. 더 잃을 경우, 우리에게 더 중요한 것은 포기해야 한다. 우리 아이들이 살아가야 할 우리의 미래가 그것이다.

혐한과 혐일 또는 전여옥과 오선화

여러 해 전이 되겠는데, '미녀들의 수다'라는 텔레비전 프로그램에서 진행자가 "일본에서는 되지만 한국에서는 이렇게 하면 안 돼요 하는 게 뭐가 있을까요?"라고 물었을 때, 일본인 출연자 하나가 "밥 먹을 때 일본에서는 밥그릇 들고 먹어야 돼요. 한국에서 하면 개, 개 같잖아요"라고 대답했다. 두 나라 사이의 문화적 차이를 이야기한 것이었지만 방송 후 네티즌들은 '개 같다'는 어감을 빌미 삼아 그 사람의 미니 홈피에 융단 폭격을 가했고, 그 사람은 눈물을 흘리며 사죄해야 했다.

그런데 이 표현은 사실 아무것도 아니다. 한국과 일본의 문화 차이를 말할 때 흔히 이야기하는 것 가운데 하나가 "일본에서는 밥그릇을 놓고 먹으면 네가 개냐 하고 한국에서는 밥그릇을 들고 먹으면 네가 거지냐"이다. 그런데 그 흔한 비유에 우리 네티즌들은 격앙

했다. 병적 자격지심에 의해 완충기가 망가진 때문이겠지만, 우리는 정말 걸핏하면 격앙한다. 겸연쩍어 하는 게 맞을 듯한데, 이런 현상은 성찰은커녕 오히려 차츰 더 거칠어져 가고 있다.

김용운 선생의 고백

일본에 대한, 또는 일본과 한국 관계에 대한 책은 실로 많다. 지금 쓰고 있는 이 글을 위해 준비 운동 삼아 100여 권의 책을 새로 찾아 읽었지만, 그래도 여러모로 골라 펼쳐 보게 된 그것들 대부분은 한 권의 책이 될 만한 깊이나 무게를 갖추고 있지 못했다. 한국인의 일본 연구가 극히 빈약하다는 것을 방증하는 게 될 텐데, 가벼움이나 유치함이나 아예 민망스러움이 느껴지는 경우도 흔했다.

반면에 같은 주제에 대한 김용운 선생의 여러 책들은 언제나 밑줄을 긋고 메모를 해 가며 읽어야 할 만큼 영양가가 풍부했다. 본업이 수학자인 선생이 일본에 대해 쓴 책은 1995년에 발행된『왜 일본인은 오만한가』이후에는 나오지 않고 있으니 한국의 일본 연구는 사실상 중단된 상태로 보인다. 일본에 대한 이성적 접근은 아예 포기한 채, 괜히 목청만 돋우고 있는 셈이다. 그래서 선생의 연구가 더 소중해 보인다.

바로 그 김용운 선생이 이런 고백을 한다. "필자는 이른바 반일주의자는 아니다. 오히려 기회 있을 때마다 진정한 의미에서 한일은 공존·공생을 해야 한다고 주장해 왔다. 일본 문화의 수입에 대해서도 적극적으로 수입해도 상관없다는 생각을 하고 있으며 그 의

견을 솔직하게 표현해 왔다. 때로는 이런 주장 때문에 친일적이라는 비난을 받았던 적도 있었다.”(『왜 일본인은 오만한가』, 한길사, 1995)

비슷한 것이 될 이런 술회도 있다. “우리 사회에는 사람을 꼼짝 못하게 하는 말이 몇 가지 있습니다. 그중 대표적인 것의 하나가 ‘친일파’라는 말입니다. 그렇습니다. 일제 식민 통치 36년의 역사를 기억하는 우리에게 일본을 긍정적으로 평가하는 것은 확실히 금기로 인식되고 있습니다.”(『다시 일어선 일본 그 힘은 어디서』, 연합통신사, 1991)

서글픈 이런 술회들로부터 좀 더 거슬러 올라가 보면 서재필 선생의 증언이 있다. 갑신정변 때 개화파의 일원으로 참여했던 그는 자신의 회고록에 이렇게 적고 있다. “갑신정변이 실패한 것은 개화파들의 계획에 까닭도 모르고 반일을 부르짖으며 반대하는 민중의 무지와 몰지각 때문이었다.” 그러니까 ‘민중의 무지와 몰지각’으로 말미암아 일본 연구도, 개화 운동도 할 수 없다. 이것이 우리의 현실이었고, 지금도 그렇다.

앞에서 호사카 유지 교수의 연구에 대해 약간 비판하는 쪽으로 나아가다가 발을 뺀 것, 혹시 독자의 눈에 띄었는지 알 수 없는데, 그렇게 하기로 한 이유가 있다. 이를테면 같은 귀화 한국인인 박노자 교수와 호사카 유지 교수를 비교해 보면, 박노자 교수의 글 가운데 대부분은 한국 비판이다. 야유조마저 느껴진다. 거침없다. 한국의 어느 누구보다 한국인에 대해 더 준엄하다.

반면에 호사카 유지 교수의 글에는 한국 비판은 냄새조차 비치지 않는다. 이것은 단지 나의 짐작에 지나지 않는데, 박노자 교수는 뭐라 하든 돌팔매질이 없지만, 호사카 유지 교수는, 이를테면 앞에서 예로 든 밥그릇에 대한 평면적인 이야기만 해도 무슨 소리를 듣게 될는지 모른다. 박노자 교수는 마냥 자유롭지만 호사카 유지 교수는 자신의 언행 하나하나에 대해 사전에 자기 검열을 할 수밖에 없다. 그런 판에 더구나 학술적으로 한국인에 대해 무슨 비판을 할 수 있고, 비판의 자유가 없는 마당에 어찌 학술적 연구가 가능하겠는가? 이를테면 그의 『조선 선비와 일본 사무라이』(김영사, 2007)만 해도 선비와 사무라이를 같은 뿌리로 본 것부터, 여러모로 문제가 많은 저술이었지만, 나는 더 나아갈 수 없었다. '선비'나 '조선 유학'을 마음 놓고 비판할 입장이 되지 못하는 그에게 학문적 완성도를 요구하는 것은 부당하다고 생각했기 때문이다.

이처럼 학문적 연구조차 못하게 하는 그것이 우리 현실이고, 조영남은 이런 현실의 희생자 가운데 하나이며, 조영남이 어이없게 당한 경우처럼, 한국인의 반일은 이토록 촉각적이다. 타당한 근거도 없다. 일본이라는 존재는 어쨌든 기분 나쁘다, 그런 것. '까닭도 모르고' 무작정 반대하는 것. 그러면서도 모일은 포기하지 않고 있기에 그 촉각적 반일은 더 미묘하다. 측은하다. 그래서 그것은 차라리 반일이라기보다는 혐일嫌日이라는 표현이 더 적절해 보인다. 굳이 급수를 매겨 본다면 혐일은 반일보다 더 감정적이고, 그런 만큼 더 저급하다.

전여옥과 오선화

여러 면모에서 내 손끝에 그 이름마저 올리기 싫은 사람 가운데 하나가 전여옥이다. 그러나 이 글에서는 그런 역겨운 수고를 피할 수 없다. 전여옥을 유명인으로 만들어 준 『일본은 없다』(지식공작소, 1993) 123쪽에 보면, 대표적 혐한론자 오선화의 책을 가리켜 "한국을 욕하고 깎아내리기 위한" 책이라고 정의해 놓은 문장이 있다. 바로 그렇다. 그나마 유치한 표절인 『일본은 없다』는 무작정 "일본을 욕하고 깎아내리기 위한" 책이다. 그리고 이 책은 저자를 유명인으로 올려놓을 만큼 많이 팔렸다. 일본을 얕잡아 보는 책이 팔리고 있는 나라는 대한민국뿐일 듯싶다. 대한민국을 얕잡아 보는 이케하라 마모루의 책이 팔린 것과 또 견줘 보라. 이런 현상을 도대체 어떻게 이해해야 할까.

"한국 필자들이 쓴, 일본과 일본인을 멸시하는 책들은 더러 있다. 그것들의 대개는 못난 자격지심의 소산이고 그러다 보니 본질은 놓친 채 지엽에 매달리는 경우가 흔하고 그나마도 제대로 보지 못한다"라고 앞에서 적어 둔 바 있는데, 그 좋은 예가 될 『일본은 없다』는 "이성적이라기보다는 감정적으로 그때 그 순간에 비중을 두어 적은 글"이라고, 필자는 자신이 쓴 글의 성격을 스스로 정의해 두고 있다.

예술 외 저술은 엄정한 이성적 논리의 산물이라 믿고 있는 나에게는 참 놀랍게도 '이성'을 아예 부정한 채 '감정'을 강조하고 있는 이 책은 들머리에서 대뜸 일본을 부정하기부터 한다. "모두 일본을 배우라 하지만 일본은 배울 게 없다. 배워서는 안 된다. 일본은 비정상적인 나라다. 일본처럼 되어서는 안 된다." 그리고 "이 지구 상에서 공개적으로 일본을 괄시하고 무시하는 유일한 나라는 바로 우리 대한민국이었다"라는 조영남의 글은 이런 유의 글을 두고 한 말이었을 듯한데, 길이 아니면 가지를 말고, 말이 아니면 듣지를 말라는 옛말처럼, 이런 글 정도는 금 밖에 두었어야 했다. 적어도 그 대목에서는 조영남이 틀렸다.

'일본처럼 되어서는 안 된다'는 전여옥의 이러한 단정은 세계적 벤치마킹 대상인 일본을 송두리째 부정하는, 실로 파격적 선언이다. 그리고 이 책 저자가 일본 생활 초장에 느낀 최초의 깨달음은 '아, 일본 여자들, 참 못생겼구나'였다. 이 책은 그다음에 외국 남자들을 향해 '부나비'처럼 덤벼드는 일본 여자들의 '헤픈' 성속性俗으로 이어진다. 그러한 관점은 표절 논쟁에서 전여옥의 상대방이 된 유재순이 쓴 책으로, '일본 여자에게 태극기 꽂았니?'로 시작되는 『일본 여자를 말한다』(창해, 1998)와 비슷하다. 그 비슷함이 아마 표절을 용이하게 했을 것 같기도 하다. 일본에 가서 혼탕을 보고 기겁하여 그 상스러운 풍습을 개탄한 조선 통신사(1919)나 신사 유람단(1881)의 눈으로 대상을 보고 있다는 게 놀랍다.

『일본은 없다』를 조금 더 들여다보면, '일본은 비정상적인 나라다. 일본처럼 되어서는 안 된다'는 극단적 혐일 선언의 근거는 이미 이야기한, 우리와 다른 외모나 성속 이외에, 우리와 다른 대인, 교유 방법, 우리와 다른 나눠 내기 관습, 우리와 다른 신발 정리 방법, 우리와 다른 음식 문화, 우리와 다른 공연 문화, 우리와 다른 청결, 우리와 다른 공중도덕, 우리와 다른 음주 문화, 우리와 다른 목욕 문화, 우리와 다른 침실 문화, 그런 것들이다. 그녀는 그런 다름을 도저히 못 봐주겠다는 듯 그녀 특유의 격정적 독설로 마구 헐뜯는다. 그녀의 책 255쪽에 이런 구절이 있다. "되도록 아름답고 고운, 그리고 지성적인 우리말이 다치지 않도록 노력하며 말을 하는 편이다. 물론 나의 독설은 예외이다."

정말 그랬다. 그 책에 기호로 표시되어 있는 이 인물의 언어는 아름답지도, 곱지도, 지성적이지도 않은, 저급하고 유치한 독설이다. 암상궂어 보이기까지 한다. 인간적 천박성이 그대로 묻어나는 문장마저 조악하기 짝이 없다.

우리와 다르다는 것이 혐오의 이유가 되는가? 대개의 세계인들이 동감하는 그들의 장점, 그들이 이룩한 놀라운 성취들이 도무지 눈에 띄지 않은 이유는 무엇일까? 모든 민족, 모든 문화에는 그 민족, 그 문화만의 고귀한 정신과 전통이 있게 마련이다. 깡그리 부정해야 할 정신이나 전통은 없다. 전여옥은 그것들을 보려 들지 않았다. 눈이 없으면 볼 수 없다. 몸에 밴 습관도 중요하다. 불친절에 익숙해져 있다 보면 친절이 불편할 뿐만 아니라 사뭇 수상쩍기까지 하다. 전여옥의 혐일은 괜한 암상이나 생트집 같은 것일 뿐, 비판도 아니다. 그런데 여기서 정말 문제 삼아야 할 것은 전여옥이 아니라, 전여옥의 그런 책에 열광한 수백만 독서 대중이다. 분명 기형적이고 병적인 그런 열광이 가능한 독서 풍토를 그대로 둔 상태로는 극일이니 하는 것은 아예 꿈도 꾸어 볼 수 없다.

일란성 기형 쌍생아, 혐한과 혐일

‘반일’보다 훨씬 더 저급한 감정의 분출에 지나지 않는 ‘혐일’의 짝이 될 혐한은 촉각적이고 타당한 근거도 없다는 점에서 혐일과 비슷하지만, 그것은 최저질 상혼에 의해 조작되고 부추겨지고 있다는 점에서 악성이고 범죄적이기까지 하다. 물론 비열하다. 최근에만 해도 지지 통신 서울 특파원을 지낸 무로타니 가쓰미(室谷克實)의 『오한론惡韓論』이니 『매한론呆韓論』이니 하는 혐한류가 일본 아마존의 베스트셀러 목록에 올라 있다지만, 일본에서 혐한은 그럴 만한 사람들에게 돈벌이의 주요 수단이 되고 있다. 구로다 가쓰히로 기자의 증언이 있다.

일본에서 반한·혐한 붐이 일어나고 있다. 석간신문이나 주간지, 월간지, 단행본을 중심으로 한국을 때리는 반한 기사가 넘치고 있다. 네티즌 세계는 더 그렇다. 잡지는 반한 특집을 실으면 반드시 잘 팔린다. 그만큼 반한 기사에 대한 수요가 많다는 것이다.

– 조선일보 2014년 2월 9일

이런 기사도 보인다.

도쿄의 한 서점 특별 매대에 가득 놓인 각종 혐한 서적들.

– 조선일보 2014년 2월 22일

어쩌면 혐한 베스트셀러의 원조 격이 될 『추악한 한국인』의 저자가 박태혁이라는 한국 이름으로 되어 있지만, 그 책의 실제 필자가 일본인 가세 히데아키(加瀬英明)라는 것이나, 학력과 경력을 위조한 접대부 출신의 오선화가 명목상 필자로 되어 있는 『치맛바람(スカトの風)』, 『한국 병합의 길(韓國倂合への道)』, 『생활자의 일본 통치 시대(生活者の日本統治時代)』 등 극단적인 반한 서적들이 유령 필자에 의해 쓰였다는 것은 이미 밝혀진 바 있다.

나는 "한국을 욕하고 깎아내리기 위한" 책이라는 전여옥의 간결한 압축 외에는 오선화의 책을 한 줄도 읽어 본 적이 없지만, 15년 동안 마흔 권이나 펴냈다는 그 책의 품질을 짐작해 볼 수는 있을 것 같다. 언젠가 어떤 텔레비전 프로그램에 오선화가 잠깐 비친 적이 있었는데, 흐트러진 차림새부터 정신 질환을 앓고 있는 사람 같아 보였다. 텔레비전에서 들은 그의 주장 가운데는, 일본 열도가 막아 주기 때문에 한국에는 태풍 피해가 없는데, 한국은 그 은혜를 모른다는 내용도 있었다. 온전한 정신의 소유자가 이런 말을 할 것 같아 보이지는 않았다.

이른바 욘사마 이후 일본에서 바람을 일으키고 있는 '한류'를 혐오한다는 전제 아래 온갖 왜곡과 억설을 담아 발간하여 대대적인 판매고를 올리고 있는 만화 『혐한류嫌韓流』의 저자 야마노 샤린(山野車輪)은 텔레비전에 나와서 이런 이야기를 한 적이 있다. "베트남전에서 한국군이 잔혹 행위를 했던 것은 종군 위안부가 없었기 때문이다." 요즘 문제가 되고 있는 위안부에 대한 옹호 발언이었던 셈인데, 역시 오선화와 마찬가지로 온전한 정신의 소유자 같아 보이지 않았다. 그런데 바로 그런 사람이 쓴 책들이, 일본 주류 언론에서는 기사로도 다루지 않고 광고도 받아 주지 않으니, 주로 인터넷을 통해 판촉을 하고 있는데도, 그것만으로도 상당한 매상을 올리고 있다.

주류 언론으로부터 외면당하는 것, 그것만으로도 이 만화는 앞의 『추악한 한국인』이나 오선화 명의로 된 여러 서적들과 같은 부류로 보인다. 이 책이 최소한의 진실이라도 담고 있다면 그토록 엄청난 화제를 일으키고 있는 책을 주류 언론들이 외면하고 있지는 않을 것이기 때문이다.[2]

스스로 유령 노릇을 하고 유령 필자를 내세우면서까지 왜 이런 책들을 애써 만들어 내려 하는 것일까? 물론 돈 때문이다. 다라운 돈. 그래서 그들은 더 비열하다.

그런데 문제는 이 대목에서 심각하다. 우리가 궁리해 보아야 할 것은 비단 전여옥이나 오선화나, 또는 야마노 샤린류만은 아니다. 그들의 책은 양쪽 나라에서 많은 사람들이 읽는 바람에 그들은 일약 유명 인사가 된 데다가 떼돈을 벌기까지 했다. '이성'이 아닌 '감

---

2. 이를테면 이런 경우, 나는 일본 언론의 자정 능력에 대한 신뢰를 느낀다. 내가 일본 언론에 가장 큰 감명을 느꼈던 것은, 2002년 한일 월드컵, 한국이 스페인과 8강전을 치르기 전날인 6월 21일 자 「마이니치(毎日) 신문」에 실린 '일본 1억인(億人)이 응원하고 있어'라는 한글 헤드라인을 보았을 때였다. 그들이 우리보다 열려 있다는 느낌, 컸다. 한국의 반일 궐기 대회나 반일 열기가 일본 주류 신문에 오른 경우는 눈에 띄지 않았는데, 요즘 보니까, 일본의 혐한 열기가 우리 주류 신문의 주요 기삿거리가 되고 있다. 양쪽 신문의 다른 판단을 어떻게 보아야 할까?

정'으로 썼다는 것을 표 나게 내세우지 않는다 할지라도 즉물적 감정의 산물에 지나지 않는 이런 부류의 책들이 그토록 큰 반향을 일으켰다는 것은 읽는 이들도 '이성'이 아닌 '감정'으로 읽었다는 뜻이 되겠고, 그런 부류들이 결코 적지 않다는 이야기가 되겠다. 결코 적지 않다는, 그것이 양국이 당면하고 있는 감정 문제의 본질이다. 혐한도, 혐일도 치태癡態, 곧 바보짓이다.

우습게 짝지어진 전여옥과 오선화 또는 '혐일'과 '혐한'은 불행한 운명을 타고난 일란성 기형 쌍생아다. 이는 피와 정신을, 골수까지, 100퍼센트 바꿔야 정상으로 되돌아올 수 있다.

한류와 일류

한류 이야기는 아주 흔한 게 되었다. 그런데 한류 일본 열도 강타! 이런 표현은 일본에서 활약하고 있는 우리 야구 선수가 안타 하나만 쳐도 '승리 견인!' 하거나 '일본의 자존심 다카야를 때려눕힌 윤형빈' 하는 식으로 호들갑을 떠는 것과 마찬가지로, 저급한 자격지심의 적나라한 표현에 지나지 않는 것일 수 있다. 한류가 일본 열도를 강타했다면 일류日流는 한반도를 이미 초토화시켰다고 표현해야 한다. 호들갑 조의 한류 이야기는 그래 봐야 자격지심의 적나라한 표현일 수 있다. 역시 은인자중이 긴요한 장면이 바로 한류 이야기다.

10대에 「행복의 나라로」를 지어 부른 위대한 가객 한대수가 이런 말을 한 적이 있다. "한류라는 것은 허위 프라이드다. 나는 이것이 위험하다고 생각한다. 한류, 한류 하며 너무 호들갑 떠는 것은 우리

문화 발전에 도움이 되지 않는다.” (『뚜껑 열린 한 대수』, 선, 2011)

정말 그렇다. 다음을 읽어 보면 아마 동감하실 듯한데, 한류, 한류 하는 것, 민망스러워하는 게 맞을 듯하다. 이대호가 홈런 하나 때렸다 그러면 그냥 그래? 하고, 윤하가 일본 오리온 차트에 올라 갔다 그러면 어, 그렇군, 하고 고개나 끄덕거리면 된다. 왜냐하면 그런 것들에 대해 과민 반응을 보이면 괜히 우리 배고픈 것만 들통 내는 게 될 테니까 말이다. 사흘 굶었어도 남을 만날 때는 이빨을 쑤셔 보였다는 우리 옛사람들의 허세 또는 오기, 그런 게 필요할는 지도 모르겠다.

우리 생활 속 일본 문화

『논어』 열 권과 『천자문』 한 권을 들고 일본에 가서 일본 사람들에게 한문을 가르치기 시작했고, 그것이 일본에 문자 또는 유학이 전해진 처음이라 하여, 한일 간 역사를 이야기할 때 자주 들먹거리는 왕인王仁의 생몰년을 찾아볼 수 없다. 『고지키(古事記)』나 『니혼쇼키(日本書紀)』 같은 일본 사서의 기록에 따라, 백제 근초고왕(346~375) 때 사람이라는 설도 있고 아신왕(?~405) 때 사람이라는 설도 있으니까 대충 짐작해 볼 뿐이다.

하여튼 대충 그 무렵부터, 임진왜란 이후 1607년에 시작하여 평균 20년에 한 번꼴로 조선 통신사가 갔던 1811년쯤까지는, 문화가 한반도에서 일본 열도 쪽으로 흐른 듯하고, 그것을 요즘 식으로 표현해 보자면 한류라 할 수 있을 것 같다. 특히 조선에서 간 사람들

500명쯤, 일본 쪽 수행원 1000명쯤이 함께 쓰시마와 후쿠오카, 그리고 교토와 에도에 이르는, 왕복 여섯 달 이상 걸리는 행렬은 그 길에 있는 각 번(지금의 현)의 재정이 고갈될 정도로 성대하였다 하니 하나의 흐름을 이룰 만했던 것 같다.

그러나 19세기 후반, 에도 막부가 무너지고 메이지 시대가 열리면서 흐름은 역류하기 시작한다. 굳이 표현하자면 일류日流의 시작이었고, 현재로 보자면, 이른바 한류는 사실상 미미한 데 견줘, 한국에서 일상어처럼 쓰이고 있는 허다한 일본어 잔재, 그런 것은 제쳐두고 본다 할지라도, 우리 생활과 관련된 여러 분야에서 한국 내 일류는 하나의 뚜렷한 세력을 형성하고 있다.

우리 생활과 가장 밀접한 관계에 있는 음식과 술 쪽부터 살펴보겠다. 일본에서는 한국 음식점을 찾기 어렵지만, 한국에서 일본 음식점은 아주 흔하다. 회전 초밥이나 샤부샤부 요리 같은 것은 체인점이 여러 곳에서 성업 중이다. 돈가스니 우동 같은 것까지 포함한다면 우리 일상 도처에 일본 음식점이다.

술집 역시 그렇다. 일본에서 한국 술집을 찾기는 어렵지만 한국에서는 사케 전문점부터 이자카야(居酒屋)까지 아예 번성 상태다. 특히 요즘 들어서는 이자카야가 골목에까지 들어왔는데, 그렇게 하다 보니 일본 술을 팔지 않는 술집까지도 주황색 나는 '居酒屋' 외등을 늘어뜨려 놓았다. 소주와 막걸리를 파는 집이었는데, 저건 왜 걸어 놓았소? 하니까, 그냥 재미있잖아요, 했다. 더 우스운 것은 우리 가족이 지금 살고 있는 아파트 입구에서 어묵이나 떡볶이를 파는 용달차에도 '居酒屋' 외등이 매달려 있었다. 인터넷에 보니까 '일日 이자카야 문화 서울 침투', 그런 호들갑마저 눈에 띈다.

이른바 한류 팬의 주류는 오바상들 같은데, 한국 청소년들을 지배하고 있는 것은 일본 드라마나 만화다. 홍대 앞 같은 곳에서 더러 모인다는 코스프레에 등장하는 분장은 대개 일본 만화 주인공들이다. 소설 한 권의 선인세가 20억이 넘었니 하는 것이 화제가 된 적도 있지만, 한국 서점에서 팔리는 소설들 가운데 일본 소설이 강세인 것은 어제오늘의 일이 아니다.

대중문화 쪽에서의 표절이나 '복사'는 으레 있는 게 되었다. 음악, 만화, 영화, 광고, 드라마, 텔레비전 프로그램 등 대중문화 전반에서 '그대로 베꼈다'는 소리가 자주 들리는 것으로 보아 그렇다. 그동안 별로 이야기된 적이 없는 듯한 예를 하나 들어 보겠다. 이를테면 일요일 낮 12시 10분부터 KBS 1TV에서는 '전국노래자랑'을 하는데, 같은 시간, 채널을 케이블 TV의 일본 NHK로 돌려 보면, 온갖 기예를 다해 노래를 한창 부르는 중간에 땡 소리를 내는 것부터, 어쩐지 비슷해 보이는 프로그램이 진행 중이다. 프로그램 이름도 '노도지만(のど自慢)' 곧 '노래자랑'이다. 위키피디아 일어판에 들어가 'のど自慢'을 살펴보면 예심 과정이나 전국을 순회하는 것부터 우리의 '전국노래자랑'과 비슷하다. 둘 가운데 하나는 베낀 것 같다. 그런데 '전국노래자랑'은 1980년에 시작되었고, 'のど自慢'은 라디오 프로그램을 거쳐 텔레비전으로 방송되기 시작한 것만도 1953년이니까 아무래도 그쪽에서 우리 것을 베꼈을 것 같지는 않다. 설령 베낀 게 아니라 우연히

같은 것이 되었다 할지라도 뒤에 나온 것은 그 독창성을 인정받을 수 없다. 그것이 뒤에 나온 것의 운명이다. '전국노래자랑'만이 아니다. 일본 텔레비전을 보다 보면 어딘가 우리 것과 비슷해 보이는 것들이 꽤 된다. 어느 쪽인가는 베끼거나 흉내 낸 것이다.

일본의 가마우지

산업 쪽에서 '일류', 굳이 그런 쪽에서 살펴보자면 우리의 대일 무역은 언제나 적자 상태였다. 최근 문제가 되고 있는 아베노믹스의 기조인 엔저로 말미암아 대일 무역 적자가 급증했다고 하는데, 이건 전혀 새로운 게 아니다. 수출입국輸出立國을 표방하고 있는 한국은 죽도록 수출하여 다른 나라에서 벌어 온 돈으로 막중한 대일 무역 적자를 메워야 한다. 그래서 한국은 일본의 실익에 크게 기여하는 가마우지가 된다.

텔레비전에서 일본 어부들이 가마우지를 이용하여 고기잡이하는 모습을 여러 차례 보았는데, 어두운 밤, 횃불을 밝힌 어부들이 바다로 나가, 참 볼품없이 생긴 가마우지를 바다에 풀어 놓으면, 가마우지는 길고 끝이 구부러진 주둥이로 불빛을 보고 몰려온 물고기를 재빨리 낚아챈다. 그러나 삼킬 수는 없다. 목이 끈으로 졸라매어 있기 때문이다. 어부는 가마우지 다리에 매어 놓은 밧줄을 끌어당겨, 가마우지 입에서 고기를 꺼낸다. 기묘한 이 고기잡이는 새벽까지 이어지고, 날이 밝아 올 무렵, 어부는 비로소 가마우지 목을 졸라맨 끈을 풀고 가마우지가 고기를 먹을 수 있게 해 준다.

　그 생김마저 흉한 가마우지에 한국을 빗댄 것은 1988년, 일본인 경제 평론가 고무로 나오키(小室直樹, 1932~2010)였다. 그는 자신의 저서『한국의 붕괴(韓國の崩壊)』에 이렇게 썼다. 천천히, 꼭꼭 씹어 읽어 보시기 바란다. 속, 부대낀다. "한국 경제는 목줄에 묶인 가마우지 같다. 목줄(부품·소재 산업)에 묶여 물고기(완제품)를 잡아도 곧바로 주인(일본)에게 바치는 구조이다." 반론은 없었다. 수치스럽기는 하지만 사실이기 때문이다. 그래서 우리는 자타가 공인하는 일본의 가마우지가 되었다. 처량할 수밖에 없는데, 처량할 수밖에 없는 그 입지로부터 벗어나기는 매우 어려워 보인다. 벗어나기 위해서는 열심히 칼을 갈아야 하는데, 허구한 날 궐기 대회 따위나 하고 있기 때문이다.

독도와 다케시마

1982년 가을이었다. 직장 생활을 하고 있던 나는 회사 일 때문에 일본에 가게 되었다. 그 무렵, 한국에서는 그해 7월쯤부터 시작된 교과서 파동으로 날마다 대규모 궐기 대회가 열리고 있었고, 신문에는 연일 대문짝만 한 기사가 실리고 있었다. 기사 제목은 언제나 자극적, 선동적이었다. 그런 궐기 대회나 그런 신문 기사만으로 보아서는 한국과 일본은 그대로 일촉즉발의 위기 상황 같았다.

그런데 일본으로 향하는 비행기 안에서 한국과 일본의 신문을 번갈아 들여다보며 니는 묘한 느낌에 사로잡혔다. 한국 신문은 여전히 교과서 파동에 대한 이야기와 그 무렵 이미 시작되고 있던 '독립 기념관 건립 모금' 관련 이야기로 요란한데, 일본 신문에는 아무리 뒤적여도 그런 쪽 기사는 한 줄도 눈에 띄지 않았다. 정말 단 한 줄도. 믿어지지 않았다. 승무원에게 일본에서 발행된 다른 신문을 달라 하여 다시 뒤적거려 봐도 마찬가지였다.

나의 묘한 느낌은 일본에 도착한 뒤에도 이어졌다. 신문뿐 아니라 일본 사람들도 그쪽에 대해서는 조금도 관심이 없었다. 한국의 소란이 지독했기에 일본의 무관심은 더 괴괴한 느낌이었다. 조영남 씨의 적절한 표현처럼, 일본 쪽의 대응이 한국보다 한 수 위라는 느낌이 강했다. 왜냐하면 실속도 없는 한국의 소란에 견준다면 일본 쪽의 괴괴한 무관심은 전략적으로 봐서도 훨씬 더 효과적일 것이기 때문이다. 내가 느낀 패배감은 참혹할 정도였다. 참혹한 그 느낌이 나로 하여금 소설 『고궁－오사카성』을 쓰게 했다.

이쪽의 소란과 그쪽의 정적

최근에만 해도 우리는 해묵은 독도 문제 때문에 또 끓어올랐다. 언론과 여론은 소란스러웠고, 우리 외무 차관이 일본 대사를 불러 준열히 꾸짖는 장면을 텔레비전에서 보았는데, 우리 차관은 잔뜩 굳어 있었지만 대사는 잠자코 듣고 있기만 했다. 꾸중을 듣는 모습이 결코 아니었다. 우리는 또다시, 그야말로 선전 포고 전야 같았는데, 그렇다면 일본 쪽 풍경은 어땠을까?

옛날에는 일본 신문을 보려면 일본 문화원을 찾아가야 했으나, 이제는 인터넷을 통해 일본의 모든 신문을 아예 실시간으로 볼 수 있게 되었다. 한일 간 어떤 문제로 말미암아 한국이 잔뜩 달아오를 때 일본은 어김없이 고요하다. 한국 신문에 온통 도배되다시피 하는 그런 기사는 일본 신문에는 아예 한 줄도 비치지 않는 경우마저 흔하다. 이번에도 그랬다. 다케시마를 포함하고 있는 시마네 현 자체를 제쳐 두고 본다면 대체적으로 무관심, 그런 쪽이었다.

시마네 현 의회가 이른바 '다케시마 조례'를 제정하던 2005년 3월 16일 시마네 현 풍경을 전하는 우리 신문 표제는 '시마네 현 조례 제정하던 날 표정. 우익 단체 회원들만 법석, 시민은 냉담'이었다. 이 표제에서 '냉담'은 '무관심'이 정확한 표현이었을 것이다. '냉담'이니 하는 것은 관심이 있을 때 나올 법한 감정 표현 가운데 하나다. 그러나 일본이나 일본인은 한국 문제에 대해 그토록 관심이 없다. 사실이다. 언제나 그렇다. 우리가 일본에 대해 관심하는 만큼 일본은 우리에 대해 관심이 없다.

1984년 9월, 일본 총리 나카소네 야스히로의 초청을 받고 당시 한국 대통령이던 전두환이 일본을 방문했을 때, 전두환과 만나는 장면에서 천황은 악수를 하며 고개를 조금, 아주 조금 숙여 보였다. 일본인에게 고개를 숙이고 허리를 꺾어 보이기까지 하는 일은 아주 의례적이라는 것을 알고 있는 사람에게라면 그것은 고개를 숙였다 할 수도 없는 정도였다.

그런데 우리 텔레비전에서는 그 장면을 천황의 고개가 가장 아래까지 내려오는 대목에서 똑 끊어 수없이 되풀이하여 내보냈다. 가능하다면 아마 화면을 조작해서라도 천황의 고개를 조금이라도 더 내려오게 하고 싶었을 것이다. 그때 천황은 여든셋, 전두환은 쉰셋, 전두환은 젊었고 천황은 노인이었다. 그 젊음과 그 늙음마저

도 이용하고 싶어 하는 듯했다. 늙은 천황이 젊은 전두환에게 고개를 숙였다는 것을 국민들에게 어떻게든 알리고 싶어 하는 것 같은 안간힘, 몹시 민망스러워 보였다. 그것을 얼마나 되풀이했던가, 세월이 30년이나 지나갔는데도 아직까지 그 장면이 이토록 생생하다. 그 시간에 내가 느꼈던 욕지기도 함께. 전두환, 기껏 해 봐야 장물아비 노릇이나 하고 있는 그의 말년 행적이 하도 지저분하여 더욱더 그렇다. 명실상부하게 단군 이래 최대의 도적에 지나지 않았던 인간의 지배를 받아야 했던 그 세월! 쓰라리다.

1990년 5월, 일본 천황은 당시 한국 대통령이던 노태우에게 과거 일본의 한국 통치와 관련하여 "통석痛惜의 염念을 금할 수 없다"고 했다. 그러자 한국은 또 떠들썩해졌다. 우선 '통석'이라는 생전 처음 들어 보는 낱말에 대한 해석 때문에 분분했고, 정부 쪽에서는 마침내 일본의 사과를 받아 냈다고 홍보하기에 바빴다. 그런데 시간이 흐른 다음에 그것은 사과도 아무것도 아닌 말장난에 지나지 않는다는 쪽으로 해석들이 정리되었고, 심지어 '사과가 아닌 조롱'이라는 해석까지 나왔다. 곧 천황이 그런 표현으로 말하고 싶었던 것은 자기네 식민지였던 조선을 잃어버려 아프고(痛) 애석(惜)하다, 그런 뜻이라는 거였다.

어느 쪽이건, 우리의 떠들썩함만 우습게 된 셈이었다. 그러다가 2012년 12월, 아베 내각이 들어선 다음에는 '침략한 적 없다'부터 시작하여 최상급 '망언'들이 줄을 이었다. 한국의 언론과 여론은 다시 한 번 끓어올랐지만, 일본 신문들을 일부러 찾아보니까, 역시 그쪽은 대체적으로 조용했다. 또 하나의 괴괴한 정적.

능력 있는 매

한국과 일본 사이 문제에 대해 표명되는 관심은 한국 쪽과 일본 쪽이 현저하게 다르다. 되풀이되고 있는 이른바 망언, 종군 위안부 문제, 독도 문제, 교과서 문제 등 이른바 과거사에 대하여 핏대를 올려 대는 것은 우리만이고, 일본은 그다지 관심이 없다. 이쪽이 핏대를 올릴수록 그쪽은 오히려 더 무관심해진다. 앞에서 '조센진과 왜놈'에 대해 썼지만, 우리가 '왜놈'이나 '쪽발이' 이야기를 하는 만큼 그들은 '조센진'이나 '간코쿠진' 이야기를 하지 않는다. 그들의 일상 관심은 그야말로 '탈아입구', 서구를 향해 있다. 그들의 상대는 G7, 서양의 그들이다. 다른 표현으로 하자면, 우리가 죽어라 일본만 바라보고 있을 때, 그들은 우리를 향해 등을 돌린 채 서구, 더 넓은 세상을 바라보고 있다. 당신이 한국인이라면, 이런 기록 읽으면서 속이 불편하시겠지만, 그것은 사실이다. 두고두고 생각나는 일본 속담 하나가 있다.

능력 있는 매는 발톱을 감춘다(能ある鷹は爪を隱す).

정말 그렇다! 발톱을 드러내고 으르렁거리기까지 하는 것은 약자의 처절한 몸짓이다. 중요한 것은 은인자중이다. 영원히 그들의 노예 노릇 하기를 바란다면 죽어라 반일을 외치며 궐기 대회 하고, 미래 어느 날에라도 그들의 주인 되기를 바란다면 태산처럼 은인자중하는 게 맞다. 적어도 내 생각에는 그렇다.[3]

3. 우리의 운명적 반쪽인 북한의 군중대회는 곧, 그들에게 능력이 없음을 세계인에게 알리는 허장성세다. 굶어 죽는 국민들에게 곡식을 공급해 주어야 온당할 돈으로 미사일이나 쏘아 올리는 무력시위도 역시 마찬가지다. 그렇게 해서 그들이 얻는 것은 조소뿐이다. 우리의 궐기 대회니 하는 것도 꼭 마찬가지다. 우리의 이른바 정치인들이 걸핏하면 텔레비전 카메라를 향해 주먹을 쭉쭉 뻗으며 구호를 외치는데, 묻고 싶다. 세계 어느 나라의 정치인들이 그토록 유치한 짓을 하는가? 그런 장면을 볼 때마다 창피를 모르는 인종들 같다. 그런 인종들이 척결되지 않는 한, 극일은 불가능하다.

응석받이와 아마엔보

이어령 선생의 『축소 지향의 일본인』 첫머리에는 이런 기록이 있다. 도쿄 대학 도이 다케로(土居健郎) 교수의 영국인 아내는 일본어가 능통했는데, 어느 날 "환자인 자기 자녀의 어린 시절의 얘기를 영어로 하다가 갑자기 일본어로 '고노꼬와 아마리 아마에마센데시따(이 아이는 별로 응석을 부리지 않았습니다)'라고 말했다. 그래서 도이 교수가, 왜 그 말만 일본어로 했느냐고 물으니까 '영어에는 그와 같은 말이 없기 때문이라고 대답했다'는 것이었다. 그래서 도이 교수는 무릎을 친 것이다. 그것이 '아마에'가 일본에만 있는 독특한 어휘라는 확신을 도이 교수가 갖게 된 근거다." 그래서 도이 교수는 『아마에의 구조(甘えの構造)』라는 일본론을 썼고, 이 책은 100만 부 이상이나 팔려 나갔다.

이어령의 득의

그런데 이어령 선생은 웃는다.

"한국어에는 '아마에'란 말보다도 더 세분화된 '어리광'과 '응석' 이라는 말이 있다. 그것은 한자어나 외래어에서 온 것이 아니라 한국의 토박이 말인 것이다. '아마엔보'는 '응석받이', '아마에루'는 '응석 부리다'이다. '아마야까스'는 '응석받다', '아마에 루요오스'는 '어리광'이다. 말의 뜻만 아니라 '응석을 받아 주어서는 안 된다'든가, '어리광을 받아 길러서 애가 저렇게 되었다'는 말이 한국 육아의 커다란 쟁점을 이루고 있어 '아마에'는 일본보다 한국인의 정신 구조와 보다 깊은 관련이 있을는지도 모른다." 이어령 선생은 이어 쓰고 있다.

영어에 없으니까 곧 일본어에만 있는 것이라는 이 희한한 논리는 영어와 그리고 서양을 세계의 전부로 생각하는 일본인의 환각 증세에서 생겨난 것이다. 메이지(明治) 개화 이래의 일본인의 머리에 자신도 모르게 깊숙이 못 박혀 버린 고정 관념이다. 그렇지 않다면 영어에 없으니까 곧 그 말이 일본어의 특이성이라는 주장은 생겨날 리 만무하다.

일본인이 쓴 것이든, 외국인이 쓴 것이든, 『일본론』에 입혀져 있는 '환상의 옷'을 벗겨 내기 위해 도이 교수의 경우를 예로 든 이어령 선생의 어조에서는 상대방의 아킬레스건을 마침내 발견해 냈다는 득의가 느껴지고, 『축소 지향의 일본인』 출간과 더불어 『아마에

의 구조』는 발상 자체가 잘못된 것이었으므로 그 수명을 다하게 되었어야 할 듯한데, 일본 아마존(amazon.co.jp)에 들어가 검색해 보니, 2007년에는 '증보 보급판'까지 나와 아직도 잘 팔리고 있다.

도이 교수의 경솔함에 대한 이어령 선생의 지적은 물론 맞다. 그러나 일본어를 잘 모르는 내가 인터넷을 통해 사용 예들을 두루 알아보니까, 일본어의 '아마에'나 '아마엔보(甘えん坊)'는 한국어의 '응석'이나 '응석받이'와는 조금 다른 듯하다. 이를테면 일본어의 '아마이 오야(あまい おや, 엄하지 않은 부모)'나 '오고도바니 아마에데(お言葉に あまえて)' 같은 것을 그런 맥락에서 우리말로 옮기는 것은 몹시 불편해 보이기 때문이다. 뒤의 것은 타인으로부터 친절을 제안받았을 때, 그래서는 안 되지만 그렇게 말씀해 주시니 그 친절을 받아들이겠다는 겸양의 뜻이 담겨 있다. 예를 들어 보자면 이런 문장이 있다. "오고도바니 아마에데 고치소우니 나리마스(お言葉に あまえて ごちそうに なります, 그렇게 말씀하시니 그럼 잘 먹겠습니다)".

그리고 네이버와 야후 저팬의 검색창에서 '응석받이'와 '(甘えん坊)'를 검색해 보니까 뒤엣것이 훨씬 더 많다. 각 사이트가 저장하고 있는 정보량에도 차이가 있겠지만 '응석받이'보다는 '아마엔보' 쪽의 쓰임새기 훨씬 더 다양힌 듯하고, 이어령 신생의 표현을 빌리자면 '정신 구조' 면에서 한국인에게 '응석받이'보다는 일본인에게 '아마엔보'가 더 깊이 관련되어 있는 것 같고, 따라서 일본인의 '정신 구조'를 이해하는 데는 '아마엔보'가 적절할 듯하다. 이것이 나의 이 글에서 '응석받이와 아마엔보' 대목을 일부러 만든 까닭이 되겠는데, 이를

테면 다음과 같은 장면들에서 그런 생각을 해 보게 된다.

'나이브'하다는 것

일본의 조그맣고 아담한 살롱에 가면 우리네 넓은 거실 같은 곳에 소파 세트가 몇 있고, 각 소파에는 중년 남자 한둘 혹은 두셋이 기모노 차림의 호스티스 하나를 사이에 두고 작은 자기 잔에 사케를 따라 조금씩 입술을 적셔 가며 한 소절씩 서로 주고받는 노래를, 같은 공간에 있는 옆자리 사람에게 조금도 방해되지 않을 만큼 낮은 목소리, 그윽한 눈빛으로 부른다. 더러 기타나 사미센 같은 현악기의 반주가 아주 낮은 울림으로 함께하기도 하지만 대개는 육성이다. 손님들이 호스티스에게 바라는 것은 육감이 아니라 정감이다.

술이라면 폭탄주, 노래라면 악을 쓰기에 익숙해져 있는 우리 눈에 몹시 낯선 그 풍경은 일본 밖 다른 어느 곳에서도 가능하지 않을 것 같다. 우리네 10대가 그 풍경을 보았다면 대뜸 '유치하다' 하고 핑 코 푸는 시늉을 지어 보일 것 같다. 그들은 우리네 10대에게도 유치해 보일, 일본인들이 잘 쓰는 표현으로는 '나이브(ナイ-ブ)'한, 그런 정취를 즐긴다. 응석받이 아이 마음이 없이는 가능하지 않을 것 같다.

앞에서도 잠깐 적은 적이 있는데, 일본에서 혼욕은 거의 사라진 듯하지만, 아직도 공중목욕탕에 가면 주인이 조금 높직한 곳에 앉아 양쪽 목욕탕 탈의실을 다 내려다보고 있고, 양쪽 손님들은 그 주인 앞에 벗은 몸을 드러내 보이는데, 그 장면이 아주 자연스럽다.

남자 사우나탕에서 여자가 청소나 마사지나 때밀이를 한다. 알몸을
보이는 남자들이나 보는 여자들이나 상대방의 존재를 조금도 거리
껴 하지 않는다. 대개들 느껴 보셨을 듯한데, 남자든 여자든, 성년
이 된 사람이 자기 맨몸을 이성 앞에 스스럼없이 드러내 보일 때
자유스러움을 느낀다. 설화는 상징적이다. 뱀의 꾐에 넘어가 금단
의 과일을 따먹은 다음에야 벗은 몸에 대해 수치심을 느끼기 시작
했다는 기독교 설화도 마찬가지다. 그런 경우에 수치심이란 곧 아
이 마음의 상실을 뜻한다. 중요한 상실이다. 그러므로 아무런 스스
럼을 느끼지 않고 이성 앞에 자기 몸을 드러내 보일 수 있는 아이
스러움은 소중하다. 평균적 일본인은 성년이 된 뒤에도 그토록 소
중한 아이스러움을 간직하고 있다.

일본의 성속은 우리네 눈으로 보자면 우리보다 훨씬 더 음란하
다. 성희性戱는 인간의 놀이 가운데 가장 원시적이고 가장 천진스럽
다. 한 남자와 한 여자가 태어난 그대로의 맨몸이 되어 즐긴다. '음
란하다'는 것은 그 놀이가 상대적인 면에서 조금 더 적나라한 게 되
겠는데, 그것은 그만큼 더 응석받이 아이 마음이기 때문으로 볼 수
도 있다.

그리고 일본의 포르노 필름은 미국의 그것과는 다르다. 필름에
등장하는 여자가 일본 것은 대개 어린 여자들인 것부터 그렇다. 확
인한 바 없지만 그들 대부분이 여학생이라고 한다. 반면에 미국은
대개 직업적 창녀들이다. 인터넷 포르노 사이트도 굳이 미국 것에
견줘 본다면 일본 것은 동화의 세계 같다.

직장 생활 하던 시절 더러 만나게 되던, 나보다 열 살쯤 더 많은, 앞에서도 잠깐 이야기한 가와시마 아무개는 폴라로이드 사진 여러 장을 보여 주었다. 벗은 여자의 은밀한 부분들이었고, 라이브 쇼에 가서 직접 찍은 것들이라 했다. 사진도 그다지 선명하지 않았으려니와 사진이 찍힌 부위도 그다지 매력적이 아니었다. 그래서 내가 말했다. "포르노 잡지에 나온 사진을 오려 가지고 다니는 게 더 나을 것 같은데요?" 그러자 그는 천만에, 하고 고개부터 내저었다. "이것들은 내가 직접 만져 보고 직접 찍은 겁니다. 잡지에 나온 거와는 다릅니다." 천진한 모습이었다.

이 대목 주제 쪽에서 보자면 그것은 그대로 응석받이의 '나이브' 한 천진함이었다. 그 사진이나 그 이야기나 조금도 외설스럽지 않았다. 최고 '명기名器'라는 '천 마리 지렁이(みみず千匹)'나, 여자 여럿을 나란히 눕혀 놓고 하나하나 건너간다는 '우구이즈노다니와다리(鶯の谷渡り)' 같은 지독한 음담을 들은 것도 그로부터였는데, 그의 입을 통해 나오는 그 이야기들 역시 외설스럽기보다는 한없이 천진스럽게 들렸다. 이것 역시 일본인의 응석받이 같은 요소라고 생각한다.

일본 정원

일본인들의 이런 면모는 정원에서도 찾아볼 수 있다. 일본인만큼 정원을 좋아하는 사람들도 없을 듯싶다. 하다못해 손바닥 크기의 공간만 있어도 꽃을 심어 가꾸는 일본인들은 타국에 이주해서도 정원부터 만드는 듯하다. 이를테면 남미 여러 나라 여행 안내 책자에서 '일본 정원(Jardín Japonés)'이 눈에 띄는 경우가 잦다. 일본인이 모여 사는 도시에는 어김없이 있는 것 같고, 그것은 관광 명소가 될 만큼 잘 꾸며 놓았다. 옛날 왕가의 것이 아닌, 현대에 조성된 '정원'이 관광 명소로 소개되는 경우는 드물다. 물론 일본 여행에서도 유명한 정원은 꼭 보아야 할 곳으로 되어 있다.

인터넷에서 '일본 정원'을 검색해 보니까 어느 정원사의 이런 설명이 나온다.

일본 정원은 화사함과 고요함이 함께 존재합니다. 그리고 석상이나 석등, 기묘한 형상의 암석 등이 있으며 연못의 비중이 큰 것이 서양의 정원과 다른 점입니다. — id: 꿈뜨락

일본 정원에 대한 나의 인상을 요약하자면 '아기자기하게 재미있다'가 되겠다. 비워 둔 공간이 많든, 그 공간들이 빼곡하게 채워져 있든, 구석구석, 그리고 시야에 비치는 모든 것들이 소꿉놀이를 즐기는 응석받이 아이들이 꾸밀 법해 보일 만큼 아기자기하게 재미있다. 교토, 내가 태어난 집 가까이 있는 묘신지(妙心寺) 정원의 경우에는 눈높이에 따라 풍경이 달라진다. 이런 정원은 일본 외 다른 문화권에서는 본 적이 없다. 그렇기에 남미 여러 도시에 있는 일본 정원들이 다른 문화권 사람들 눈에 특별해 보였고, 그래서 『론리 플래닛』 같은 유명 여행 안내서에까지 오르게 된 것 같다. 일본 정

원은 응석받이 아이 같은 일본인의 '나이브'한 정신 구조에서만 꾸며질 수 있는, 지극히 일본적인 것이다.

일본 종교

일본인의 응석받이 면모는 종교적인 쪽에서도 살펴볼 수 있다. 일본의 종교 인구는 어떤 통계에 의하면 신도 51.2퍼센트, 불교 48.1퍼센트, 기독교 0.7퍼센트라고 되어 있는데, 일본인 전체를 신도 신자로 봐도 무리는 아닐 듯싶다. 왜냐하면 공식적인 신도 신자 이외의 종교인이라 할지라도 신도의 숭배 대상인 신사를 찾아 경배를 올리지 않는 일본인은 없을 것이기 때문이다. 신도에 대해 위키피디아에는 대충 이렇게 요약 이해될 설명이 있다. "신도는 유사 이전부터 시작되었으며, 처음에는 태양과 바위와 나무와 심지어는 소리까지 숭배의 대상이 되었는데, 이것들이 차츰 하나로 결합되어 가미(神)라고 불리는 신이 되었다. 신도란 신에 이르는 길을 뜻한다."

그러니까 기독교나 불교나 이슬람교처럼 내세관도, 경전도, 교의나 계율도, 교주도, 설교도 없는 신도란 우리 옛날의 서낭당처럼, 이른바 토속 원시 신앙에 가까운데, 최첨단 문명국인 일본에서 살고 있는 사람들은 거의 예외 없이 '가미'를 경배하며 자신의 소원을 빈다. '가미'에 경배하는 그 시간, 일본인들은 더할 수 없으리만큼 경건하다. 내가 어린 시절에 서낭당에서 치성을 올리는 사람을 본 적이 있는데, 꼭 그 모습이다.

이렇게 적고 보니, 요즘도 팔공산 갓바위 같은 곳에는 같은 표정으로 치성을 올리는 사람들이 있다는 게 생각났다. 일본에서는 그런 풍경이 아예 대세다. 일본의 신도는 기계 문명에 길들어 있는, 또는 찌들어 있는, 내 눈에는 무속이나 미신 같아 보인다. 아닌 게 아니라 유치하고 기이하다. 그런데 일본인에게 그 신앙은 생활이며 절대적 의지다.

구원이니 하는 미래 문제는 이 지면에서 논하기에 너무나 복잡하므로 일단 제쳐 두는 것으로 하고 현세적인 것만으로 이야기해 보기로 할 때, 내가 해석하는 신앙은, 심리적으로 두 가지 근거에서 비롯된다. 하나는 기복祈福이고, 다른 하나는 의지 또는 의탁이다. 두 가지가 딱 나뉘지 않는다. 신앙인의 마음에는 이 두 가지가 혼재되어 있다. 길항 관계일 수도 있다. 어느 쪽이 더 큰가에 따라 신앙인으로서 그 사람의 개성이나 자세 또는 신앙의 질이 결정된다. 전자가 클 경우는 현실적 타산성이, 후자가 클 경우는 절대자에 대한 의지 또는 의탁 심리가 더 크게 작용할 수 있다. 그리고 후자 쪽인 경우, 어린아이스러운 환상이나 믿음이 꼭 필요하다.

이를테면 어린 시절에는 대개 산타클로스의 존재를, 일본으로 치자면 일본 도깨비인 '오니(鬼)'의 존재를 믿는다. 이 믿음은 나이 들어 갈수록 줄어든다. 의탁 대상으로서의 신도 마찬가지다. 신의 존재에 대한 믿음이 없으면 신앙은 불가능하다. 그런데 일본인 대부분은 내게 꼭 그 미신 같기만 한 신도를 믿는다. '가미'의 존재를 믿고 있기 때문이다.

일종의 부적인 '오마모리(お守り)'는 일본에 수없이 많은 신사의 주수입원이다. 신사에서는 마치 무슨 캐릭터 상품처럼 갖가지 오마모리를 개발해 낸다. 종류에 따라 가격도 다르다. 새해나 입학시험 철이 되면 오마모리 장사는 대목을 만난다. 부적이 돈이 되는 나라는 일본뿐일 듯하다. "그것을 믿느냐?" 물으면, 그들은 그냥 웃을 뿐, 고개를 내젓거나 하지는 않는다. 그러면서 오마모리를 소중히 간직한다. 내게는 아무래도 무속이나 미신 같기만 한 신도에 그토록 몰입하는 일본인들의 그런 모습들은 응석받이 아이스러움을 제쳐 두고는 설명될 수 없다.

오바리언의 세계

일본인의 응석받이 아이 같은 면모는 이를테면 오바상들의 한류 심취 현상에서도 찾아볼 수 있다. 아시아 지역 다른 나라의 이른바 한류 대종은 젊은이들인 데 견줘 일본은 상당 부분이 오바상들이고, 그들이 배용준에 열광하고 안재욱의 노래를 들으며 흐느껴 우는 것은 곧이곧대로 어린 소녀 취향이다.

'습합褶合' 버릇 덕분에 새로운 말을 만들어 내는 데 능한 일본 언론이 '오바상'과 '에일리언(외계인)'을 합쳐서 '오바리언'이라고 이름 붙인 그들이 보여 주는 반짝거리는 눈빛이나 방긋거리는 웃음이나 두 발을 동동거리며 자기 가슴을 움켜쥐는 몸짓이나 다투듯이 폰카나 디카를 들이대는 호기심이나, 무대 위의 그 사람이 자신들을 향해 손을 뻗을 때, 또는 무슨 말인가를 보낼 때 내뿜는 함성이나,

그러다가 그 사람이 떠나고 난 다음에도 차마 발길을 돌리지 못하고 서성대는 모습이나, 단지 자신이 좋아하는 사람의 얼굴을 먼발치로나마 볼 수 있다는 기대에 한국까지 찾아오는 모습이나, 그 하나하나가 우리 쪽의 오빠부대, 대개는 10대인 소녀들보다 더, 훨씬 더 소녀스럽다. 오바리언들의 그 같은 이해하기 쉽지 않은 열광이나 흐느낌을 실로 기이한 느낌으로 들여다보고 있던 어느 날 문득, 정말 문득, 위에서 인용한『축소 지향의 일본인』서두에 나와 있는 도이 다케로 교수 이야기를 회상했고 한동안 묵상에 잠겼다. 그리고 잠정적이지만 이런 결론 하나에 다다르게 되었다.

아마엔보는 평화다

아마엔보의 정화라 할 오바리언들 가운데는 머리가 허연 분들도 드물지 않다. 그런 나이에 그런 열광, 그런 흐느낌이 가능한 경우는 나의 체험이나 상상력이 미치는 한, 일본 밖 다른 어느 곳에서도 찾아보기 어렵다. 그렇기에 일본 밖 사람들에게는 오바리언들의 그런 모습이 이해의 대상이 되기 어렵다. 기이할 뿐이다. 일본 밖 다른 곳에서 찾아보기 어렵고, 일본 밖 다른 사람들에게는 이해의 대상이 되기도 어려운 그것이 일본에서는 어떻게 큰 물결(流)을 일으키기까지 하는 것일까?

조금 더 적어 볼까. 오바상들과 대화하면서 확실하게 느낄 수 있는 것은 도통한 듯한, 달관한 듯한, 닳을 대로 닳은 듯한, 상대방을 시험하는 듯한, 아예 상대방의 결함이나 허점을 찾아보려는 듯한,

뭔가 각박한, 뭔가 메마른, 다른 토양 비슷한 연배의 사람들에게서 흔히 발견할 수 있는 그런 면모보다는, 아직 모든 면에서 어린 소녀스러운 호기심과 그에 따른 수용 자세가 더 강하다. 여행 때 깃발 든 사람을 질서 정연하게 쫓아다닐 수 있는 것도 그런 심리의 반영이다. 이런 경우 역시 다른 나라 사람들에게서는 찾아보기 어렵다. 이런 현상이 일본에서는 어떻게 이토록 일반적인 것일까?[4]

줄 잇는 이 의문에 대한 나의 잠정적 답은 바로 '아마에'나 '아마엔보'다. 응석이나 어리광은 어린아이스러운 정서적 반응이다. 사람들은 아이 마음을 잃으면서 응석 기능마저 잃는다. 중요한 상실이다. 타고난 보드라움, 나긋나긋함, 촉촉함은 아이 마음을 잃으면서 무뚝뚝함, 뻣뻣함, 버석버석함으로 바뀌어 간다. 푸른 초원이 메마른 사막이 되는 셈이다. 치명적 상실일 수밖에 없다.

그러나 일본의 오바상들은 나이는 들었으되 응석받이 아이스러운 순박성이나 천진성을 잃지 않는다. 그래서 그들은 '아마엔보'가 되어 배용준의 미소에 열광하고 안재욱의 노래를 흐느끼며 들을 수 있다. 사실은 일본 안에서도 그런 현상이 이해의 대상이 되지 않아 '오바리언'이라는 이름을 붙이게 되었겠지만, 아마에나 아마엔보적 관점에서 본다면 이해되지 못할 것도 없다.

---

4. 이런 현상은 비단 오바상들만은 아닌 것 같다. 대충 이렇게 기억되는, 이어령 선생의 우스개 투 비유가 있다. "일본에서는 별거 아닌데도 별거라도 되는 것처럼 눈동자가 튀어나오도록 집중하여 귀를 기울이는데, 한국에서는 틀림없이 별거는 되는 이야기를 하고 있는데도 사람들은 듣는 둥 마는 둥 하는 경우가 많다."

통계에 의하면 일본은 범죄율이 세계에서 가장 낮은 편에 속하고, 특히 여성 범죄율이 낮다. 그 이유에 대한 분석을 찾아볼 수 없었는데, 내 나름의 분석대로라면 나이 들어서도 아마에가 가능한 그들의 아이스러움 때문이다. 나이 들어 가면서도 '아마엔보'일 수 있는 그들의 풍토와 그래서 '아마엔보'인 채로 늙어 갈 수 있는 오바상들은 일본의 확고한 가능성이고 중요한 자산이다. 일본이 전사자를 양산해 낼 군국주의를 포기하고 항구적인 평화를 이룬다면 그것은 오바상들의 아마엔보 덕분일 것이다.

그리고 이 대목, 앞에서 예로 들었듯, 아마엔보스러운 인간적 면모를 느낄 수 있는 일본인의 천진함은 비단 오바리언들만으로부터는 아니다. 그런 면에서 '아마에'는, 우리의 '응석'과는 다른 일본인 고유의 정서라는 게 맞을 것 같고, 혐한 궐기 대회를 쫓아다니는 골수 우익, 골수 군국주의자들이 일본인의 한계라면 나이 들어서도 아마엔보가 될 수 있는 면모는 일본인의 분명한 가능성이고, 그것은 또한 한국인과 일본인이 서로 만날 수 있는 여백이 될 수 있다. 굳이 정의해 보자면, 진정으로 위대한 일본 정신은 야마토 다마시가 아니라 아마엔보다. 이 대목을 벗어나기 전에 두 나라의 아마엔보가 만난 밋진 풍성 하나를 들려주는 것도 좋을 듯싶다.

센데이! 인 센다이, 1인을 위한 콘서트

조영남의 『맞아 죽을 각오를 하고 쓴 친일 선언』에는 '개뿔'이라는 표현이 추임새처럼 여러 차례 나온다. 장난 투로 그를 흉내 내

재미 삼아 이야기하자면, 그의 글은 대체적으로 개뿔이지만, 한 대목만은 보석 같고, 그의 책 거의 마지막에서 보석 같은 그 대목을 읽으며, 그 책을 읽기 위해 들인 세 시간 남짓이 헛된 게 아니었다는 기쁨을 느꼈다.

조영남은 '일본 재단' 초청으로 이루어진 한 주일 동안의 일본 여행 마지막 날 자신의 오랜 팬인 가모 요시코를 찾아 센다이에 갔다. 요시코에게 약속한 '요시코 1인을 위한 콘서트'를 하기 위해서였다. 그런데 40대 여교사인 요시코를 비롯한 100여 명이 그럴 만한 공간에서 그를 기다리고 있었고, 그래서 통역으로 하여금 자기 노래를 즉석 동시통역시키면서 노래를 불렀다. 결국 일종의 돌발 퍼포먼스가 된 이 콘서트의 하이라이트는 「선구자」였다.

객석의 노래 신청을 받은 그는 먼저 양해를 구했다. "이 노래는 일찍이 만주 벌판에서 일본 침략군을 상대로 목숨을 걸고 독립운동을 했던 우리 한국의 선조님들을 기리는 노래다. 그래도 듣고 싶냐." 그리고 그는 이어 적고 있다. "아! 그런데 이게 웬일인가. 박수가 울려 퍼졌다. 그따위 것에 신경 쓰지 말고 불러 달라는 의미였다. 결과적으로 나는 일본 관객 앞에서 당당하게 「선구자」를 부른 한국 최초의 가수가 되었다."

이 대목을 읽고 나는 누선을 자극당할 만큼 감동했다. 요시코가 자신이 좋아하는 타국 가수의 모국어를 익힌 것과 조영남이 시간을 내서 타국의 그 팬을 일부러 찾아가 준, 그 인간적 교감이 우선 그랬고, 두 나라 사람들이 노래를 매개로 아주 쉽게 하나가 된 것도 역시 마찬가지였다. 가슴이 뭉클했다. 멋지다, 조영남! 하고 나는 실제로 소리 내어 외쳤다.

조영남 이야기는 조금 더 나아가야 한다. 그는 노래 청탁을 받고, 한일 시각 장애인 축구 대회 주최 측에 제안했다. 일본 가수로 하여금 애국가를 부르게 하면 나는 일본 국가인 기미가요를 부르겠다. 그래서 그는 "비공식적이기는 하지만 나는 해방 이후 조선 땅에서 기미가요를 부른 최초의 가수다".

나는 또 한 번 조영남 만세! 했다. 그는 그 대회가 텔레비전으로 중계되지 않았기 때문에 자기가 기미가요를 부를 수 있었던 것이라 했는데, 한국 대통령과 일본 총리에게 제안한다. 요 다음번에 서로 만날 때는, 이를테면 한일 대표 팀이 축구 시합을 할 때 양국 정상이 참석하고, 양쪽 가수가 서로 바꿔 상대방 국가를 부르도록 하라고. 그것은 선택이 아니라 당위라는 이야기도 하고 싶다. 왜냐하면 불을 보듯이 빤한 중국의 위협 앞에 서로 반일이니 혐한이니 독도가 어떠니 과거사가 어떠니 하는 소모적 논쟁이나 줄기차게 하고 있는 것은 그야말로 어리석은 일일 것이므로. 나의 이 제안이 먹혀들 가능성은 극히 적다. 그러나 미래 어느 날에 두 나라 사람들은 틀림없이 땅을 치며 탄식하게 될 것이다.

일본과 독일

한국과 일본을 비교해 보는 이 글에서 왜 '일본과 독일'인가? 일본과 독일을 비교하지 않고는 한국과 일본을 이야기할 수 없는 대목이 있기 때문이다. 일본과 독일의 비교를 통해, 한국과의 관계에서 일본을 구원할 묘약을 찾아낼 수 있기 때문이다. 조금 풀어 적어 본다면, 만일 일본이 독일의 경우를 교훈 삼는다면 독도 시비 따위 도발로 말미암은 긴장 대신 교린交隣을 통한 평화를 누릴 수 있게 될 것이다.

원폭 돔과 카이저 빌헬름 교회

베를린에서 가장 인상깊었던 구경거리 둘이 있었는데, 하나는 체크포인트 찰리였고, 다른 하나는 카이저 빌헬름 교회였다. 체크포인트 찰리는 동·서독이 나뉘어 있던 시절, 미군과 동독 군인이 날

카로운 눈빛으로 마주 서 있던, 우리나라로 말하자면 판문점 같은 곳인데, 실제로 가서 보니 판문점에 견줘 규모가 아주 작았고, 우리가 갔을 때는 번잡한 거리여서 긴장 같은 것이 없었다. 옛날 국경 표시가 있기는 했는데, 그게 야릇하게도 직선도, 곡선도 아닌, 기하학적으로 여러 차례 꺾인 선이었다. 이 장면이 그토록 살벌한 장소였던가. 괜히 애써 찾아왔다 싶었다. 그래서 더 인상적이었다.

그런데 카이저 빌헬름 교회에서의 느낌은 확연히 달랐다. 우뚝 치솟은 그 폐허에 대한 느낌은 정말 우뚝했다. 독일 황제 카이저 빌헬름 2세가 할아버지인 카이저 빌헬름 1세를 기념하기 위해 1890년에 세운 이 교회는 제2차 세계 대전이 한창이던 1943년 11월 23일 연합군의 폭격으로 파괴되었으나, 전후에 '전쟁의 참상을 잊지 말자'는 취지에서 파괴된 그대로 보존하기로 했다는 그 폐허 하나로 독일은 과거와 현재, 모두를 웅변으로 설명하고 있는 듯했다.

공교롭다고나 할까, 일본에도 비슷한 취지의 상징물이 있다. 히로시마에 있는 원폭原爆 돔이다. 체코 건축가 얀 레첼의 설계로 1915년에 세워진 이 건물은 1945년 8월 6일 오전 8시 15분, 미국이 투하한 인류 사상 최초의 원자 폭탄을 맞아 파괴되었고, 그 뒤 많은 논란을 거쳐, 역시 '전쟁의 참상을 잊지 말자'는 취지로 영구 보존을 하기로 했으며, 지금은 히로시마 관광에서 빼놓을 수 없는 '명소'가 되었다. 그러나 자신들의 과거를 대하는 두 나라 사람들의 태도가 딴판인 것처럼, 두 기념물의 상징성도 딴판이다. 어떻게 다른가? 그 답을 위해, 아베 신조와 빌리 브란트의 비교가 필요하다.

아베 신조와 빌리 브란트

아베 신조는 "침략에 대한 정의는 학계에서도, 국제적으로도 확실하지 않다"라든가, "전범은 일본 법에 의한 게 아니었다"라는 독한 표현을 써 가며 자신들의 과거사에 대한 국제적 비판에 정면으로 도전하면서, 자신의 취임 1주년이 되는 2013년 12월 26일 야스쿠니 신사 참배를 강행했다. 고이즈미 총리 이후 8년 만에 처음이었다. 표현 그대로 도발이었고, 당연히 한국이나 중국은 격앙되었지만, 이런 도발은 전혀 새로운 게 아니며, 이런 경우에 반사적으로 떠오르는 사진 한 장이 있다. 인터넷에서 '빌리 브란트 폴란드'의 이미지 검색을 하면 화면 가득 떠오르는 바로 그 사진이다. 1970년 12월 7일, 당시 서독 총리 빌리 브란트가 폴란드 방문 중 전몰자 추모비 앞에서 무릎을 꿇고 있는 그 사진은 흑백이어서 그 인상이 더 강렬하다. 동양과는 달리 무릎 꿇는 문화가 드문 서양이기에 더욱더 그렇다. 마치 신 앞에서 깊이 참회하는 수도자 같다.

1970년 12월 7일, 빌리 브란트 서독 총리는 폴란드를 방문해서 전몰 무명용사의 묘에 참배하던 중 갑자기 무릎을 꿇었다. 그리고 한동안 침묵하더니 아무 말 없이 자리에서 일어나, 어떤 형태의 것이든 정치 또는 외교적 수사修辭 같은 것도 없이 그 자리를 떠났다. 사전에 전혀 계획이 없었던 총리의 이 같은 돌발 행동에 수행원들은 물론 사진 기자들마저 당황스러워했다. 독일의 시사 주간지 『슈피겔』은 이 일을 두고 "무릎을 꿇을 필요가 없는 그가 무릎을 꿇은 것은, 정작 무릎을 꿇어야 하는데도 그럴 용기가 없는 사람들을 대신한 것이다"라고 썼다. 사실 빌리 브란트는 무릎을 꿇을 이유가 없는 사람이었다. 왜냐하면 그는 나치 치하에서 반나치 운동을 했기 때문이다. 그런 그가 왜 무릎을 꿇었던 것일까?

뒷날, 그는 자신의 행동에 대해 이렇게 설명했다. "처음부터 계획한 것은 아니었지만, 그날 아침 호텔을 나설 때부터 무엇인가 진심에서 우러나는 표현을 해야 한다는 생각을 했었다. 독일의 가장 치욕스러운 역사를 증언하는 곳에서, 나치에 희생된 수많은 영령들을 대하는 순간, 할 말을 잃었다. 인간이 말로써 표현할 수 없을 때 할 수 있는 행동을 나는 했을 뿐이다." 이것은 내가 기억하고 있는 정치인의 발언 가운데 최고의 것이다. 이보다 더 진솔하고, 이보다 더 엄숙한 발언은 앞으로도 나오기가 쉽지 않을 것 같다.

빌리 브란트 총리의 이러한 상징적 사죄 행위는 독일과 주변 피해국들의 신뢰를 회복시켜 주는 계기가 되었고, 마침내는 통독의 원동력이 되기도 했다. 빌리 브란트 총리는 바로 그다음 해 노벨 평화상을 받았다. 전범국에 주어진 최초의 평화상이었다. 빌리 브란트만이 아니다. 독일의 모든 지도자들이 기회 있을 때마다 속죄 발언을 했지만, 그들의 속죄는 그게 모두가 아니었다.

독일은 독일 연방 공화국을 수립한 지 불과 3년 후인 1952년 전쟁 배상법을 제정해 나치 피해자들에 대한 배상에 나섰다. 1986년까지 총 5700만 명에게 총 35억 마르크를 배상했다. 이 법은 홀로코스트의 피해자들에게도 적용됐다. 독일 정부는 이스라엘 정부와 협정을 맺고 1952~1966년 총 35억 마르크를 보상했다. 폴란드, 러시아, 우크라이나 등에는 별도의 배상을 했다. 독일의 사죄와 배상은 통일 이후에도 계속됐다. 로만 헤어초크 대통령은 1994년 바르샤바 봉기 50주년 기념식에서 "나는 독일인들이 폴란드인에게 행한 잘못에 대해 용서를 빈다"고 말했다. 요하네스 라우 대통령은 2000년 2월 이스라엘을 방문, "과거 독일인들이 저지른 행위에 대해 용서를 빌며, 나와 내 세대의 잘못에 대해 용서를 구한다"면서 "용서와 화해를 통해 우리 아이들과 후손들이 미래에 손잡고 나란히 서는 모습을 보고 싶다"고 말했다. 　　　　　　　　　　－『월간조선』 2013년 7월 호

이런 차이, 그 결과는 어떤 것인가

이를테면 아베 신조와 빌리 브란트의 이런 차이로 말미암아, 독일인에게 카이저 빌헬름 교회는 제3제국의 과오를 반성하는 상징이 되지만, 일본인에게 원폭 돔은 제국주의의 부활을 다짐하고 염원하는 상징이 된다.

그래서 반성이나 사죄는커녕, 오히려 기회가 닿을 때마다 묵은 상처의 딱지를 떼어 내고 소금을 문질러 대기를 되풀이하고 있는 일본은 지금 한국이나 중국뿐 아니라, 과거 그들이 가해했던 모든 나라들과 적대적 관계에 있다. 그리고 일본은 그런 적개심을 즐기고 있다. 그들의 종전 기념일 같은 경우, 이를테면 야스쿠니 신사나 히로시마 원폭 돔에서 옛날 군복을 차려입고 옛날 군기를 휘날리며 '덴노헤이카 반자이(天皇陛下萬歲)'를 불러 젖히는 그들을 보고 있

노라면, 일본의 미래가 과연 어떻게 될 것인지, 자못 의아스럽다. 물론 내가 걱정하는 것은 일본이 아니라, 그런 일본을 이웃으로 둔 한국이나 중국이다. 법정 스님 가르침에 "좋은 벗은 친하고 나쁜 이웃은 멀리하라"라는 말씀이 있는데, 어찌하랴. '포기도, 외면도 할 수 없는 나쁜 이웃, 일본!'이라는 제목 아래 이런 글이 있다.

서로 처마를 맞댈 정도로 가까운 '이웃' 간임에도 한일 두 나라는 왜 서로 살갑지 못할까? 책임이 있다면 그건 누구 몫일까? 객관적으로 봐도 그건 일본의 책임이 크다고 할 수 있다. 일본은 가해자임에도 과거의 아픈 상처를 보듬는 데 전혀 성의를 보이지 않았다. 상처를 보듬기는커녕 오히려 상처를 들쑤셔 덧나게 했다. 해방 후부터 잇따른 우익 인사들의 '망언'은 한국인들의 감정을 헤집기에 충분했으며, 역사 교과서 왜곡, 독도 영유권 주장, 위안부 망언 등은 한국인들을 분노하게 만들었다.   − 정운현, 경남도민일보 2012년 7월 4일

그런 일본을 이웃으로 만난 것을 한탄이나 하고 있어야 할까?
아니라고 생각한다.
피할 수 없다면 부딪쳐아 한나.
상쇄가 아니라 상생을 위해.
그것이 내가 이 글을 쓰고 있는 이유다.

일본과 싱가포르

이제 둘째 가름 들머리에 적어 둔 퀴즈에 대한 답을 알려 줄 차례가 되었다. 정답은 싱가포르다. 정답을 맞힌 이가 있는가? 그렇다면 당신은 우리가 당면한 현실에 대해 살아 있는 감각을 지녔다고 볼 수 있을 것 같다. 칭찬을 상으로 드리겠다. 인간에 의한, 또는 현실 범위 안에서, 이상 사회를 꿈꾸는 이에게 싱가포르의 예는 제쳐 둘 수 없다.

일본은 여러모로 참 괜찮은 나라지만, 같은 유교 문화권인 싱가포르에 견줄 경우, 경제적 규모를 제쳐 두고 본다면 공무원 청렴도, 국가 경쟁력, 국민의 정직성, 도시의 청결도, 국가의 품질 그리고 심지어는 1인당 국민 소득 등 모든 분야에서 싱가포르에 뒤떨어진다. 일본은 야마토 시대로부터만 친다 해도 1600년 이상의 역사를 갖고 있지만 싱가포르의 역사는 1965년에 독립한 이후 겨우 50년이다. 싱가포르의 경우를 이제까지 거칠게나마 더듬어 본 일본과 조금 견줘 보는 것도 우리의 대화를 위해 도움이 될 것 같다. 물론 싱가포르는 인구 540만 남짓의 도시 국가이고, 일본은 인구 1억 3000만의 대국이다. 그 차이를 염두에 둔다 해도 일본을, 더 나아가 우리 자신을 비춰 보는 거울로서 싱가포르를 대충이나마 짚어 보는 일은 필요해 보인다. 그런데 미리 적어 둘 게 있다.

마키아벨리와 리콴유

일본의 경우, 학문이 우리보다 세분화되어 있고, 인접 학문 연구도 우리보다 앞서 있다. 인접 학문이 왜 중요한가? 극단적인 비유를 들어 보자면, 기독교 목사들이 '예수 천국 불신 지옥' 식의 배타적 깃발을 불사하고, 절을 찾아가 '땅 밟기'를 하고, 이슬람 모스크에서 들입다 찬송가를 불러 대는 식의 행패를 자행함으로써 상식적 대중으로부터 '먹사' 대접을 받으면서 기독교를 '개독교'로 전락시키고 있는 것은 그들이 눈가리개로 가려진 경주마 같은 존재이기 때문이다. 그들은 '오직 예수'이고, 나머지는 모두 '사탄'이다.

이 땅의 종교적 현실을 거부하지 않는 한, 불교를 제쳐 둘 수 없을 텐데, 불교는 사탄이기 때문에 돌아볼 필요가 없다. 그들은 서슴지 않고 그렇게 단정한다. 왜 사탄인가? 하고 물으면, 하여튼 사탄이란다. 그러나 이 세상에 '하여튼'은 없다. 논리적으로 반박할 수 있어야 한다. 논리가 달리면 '하여튼'이 나온다. '하여튼'은 폭력이다. 폭력은 비열하다. 비열한 폭력을 쓰게 하는 것은 그들의 경직이고,

그들의 경직은 "원수마저 사랑하라"는 예수를 능멸한다.

그런데 우리 풍토에서는 그런 경직들이 지나치게 많아 보인다. 싱가포르에 대해서도 바로 그런 경직들의 어떤 선입관이 있을 듯하여 미리 적어 두겠다. 권모술수의 대가니 하여 마키아벨리를, 독재 국가니 하여 싱가포르를 백안시하려는 것은 적어도 정치적 이상에 관심 있는 사람이라면 스스로를 맹목으로 만드는 자해와 같다. 편린이나마 정치적 이상을 포기하지 않고 있다면 마키아벨리를 읽어야 하고 싱가포르는 들여다보기라도 해야 한다.

나는 싱가포르의 사실상 독재 체제를 찬양하자는 게 아니다. 다만 독재, 그런 체제가 불가피한 인간의 본성에 대해, 싱가포르를 예로 들어 이야기해 보려는 것뿐이다. 만일 리콴유(李光耀) 식 독재가 아니었다면 오늘의 싱가포르는 어떻게 되었을까, 독재가 왜 필요했을까, 그래서 그들은 무엇을, 어떻게 이룩해 냈던가, 리콴유와 여느 독재자들의 다른 점은 무엇인가? 다음에 이어지는 글을 읽어 나가면서 이런 점에 대해 궁리해 본다면, 다른 어느 대목보다 훨씬 더 많은 시간을 필요로 했던 이 대목이 나름 의미 있는 게 되리라고 생각한다.

이토록 너저분한 군소리까지 무릅써 가며 내가 이 대목에서 굳이 하려는 이야기의 요지를 미리 적어 두겠다. 그것은 치자의 솔선수범과 예외 없는 법치다. 지금 우리나라가 여지없이 망가지고 있는 것은 바로 이 두 가지 때문이다. 조금도 정의롭지 못한 치자가 정의에 대해 이야기할 때, 국민들은 욕지기를 느낄 수밖에 없다. 그런 치자 아래에서 정의는 실천 가치가 되기 어렵다. 치자 스스로 숱한 예외를 만들면서 국민들에게 법 준수를 외칠 때, 국민들의 조소는 당연하다. 법치가 자리 잡을 수 없다. 요컨대 치자의 솔선수범과 예외 없는 법치가 전제되지 않고는 백약이 무효다. 물론 국가 혁신이니 하는 것도 마찬가지다. 한 번 더, 대통령께 건의한다. 부디 앗싸리하시라. 그것이 당신이 이기는 길이다. 부디 당신이 이기기를 바란다.

그럼 이제부터 싱가포르 이야기를 되도록 간추려 적어 보겠다.

최악에서 최선으로

인도차이나 반도 끄트머리에 아주 조그만 혹처럼 붙어 있는 싱가포르의 역사 첫머리는 해적 소굴이었다. 지금도 세계에서 가장 가난한 지역에 속하는 인도차이나 반도의 빈민들이 몰려들고 범죄자들의 도피처이기도 했다. 그 뒤 포르투갈, 네덜란드, 영국 등의 식민지였고, 잠깐 동안 일본 식민지 노릇을 하다가 제2차 세계 대전 종전과 더불어 다시 영국 식민지가 되었다. 자원이라고는 '사람' 밖에 없다. 음료수조차 말레이시아에서 끌어다 써야 하는 형편이다. 말레이시아를 먼저 점령한 일본군이 싱가포르에 있는 영국군을 몰아내는 방법은 아주 간단했다. 음료수를 끊어 버리면 그만이었다. 그래서 일본은 싱가포르를 무혈로 차지할 수 있었다.

싱가포르에는 농사지을 만한 땅도 없는 것이나 마찬가지다. 기후마저 더럽다. 여행 안내서 『론리 플래닛』의 표현대로라면 '거대한 사우나'다. 중국계 77퍼센트, 말레이계 14퍼센트, 인도계 8퍼센트, 기타 1퍼센트인 인적 구성마저 그렇다. 인접해 있는 말레이계보다 수천 킬로미터 저쪽에서 온 중국계가 더 많은 것도 눈여겨봐야 한다. 종교와 언어도 민족마다 달라, 폭동 수준의 인종 분규, 종교 분쟁이 잇달았다.

더구나 싱가포르에 흘러 들어온 그들은 제 나라에서도 못 살아 밀려나거나 죄를 짓고 도망친 사람들이다. 그러니까 싱가포르는 여러 가지 면모에서 최악들만 일부러 골라 모아 놓은 셈이다. 영국으로부터 독립(1963)하여 말레이시아에 끼어들어 보았지만, 말레이시아에서는 가난한 데다가 폭동 수준의 인종 분규나 일으키는 골칫덩어리라 하여 싱가포르를 내쫓아 버렸다(1965). 그때 말레이시아 의회 의결은 126대 0이었다. 세계 역사를 통틀어 스스로 영토 축소를 한 최초이며 마지막 예가 이 의결이었다. 싱가포르는 그런 존재였다. 그래서 싱가포르는 정말 할 수 없이 독립해야 했다. '할 수 없이'라는 표현이 우습지만 그것은 사실이었다. 받아 주는 곳이 없으니까 독립밖에는 다른 길이 없었다.

살아남을 길이 막막했다. 주택 보급률은 5퍼센트에 미치지 못했고, 인종 분규는 자주 폭동으로 이어질 만큼 심각했고, 범죄는 거의 일상적인 것이나 마찬가지였고, 공무원 부패는 거의 무정부 상태였다. 리콴유는 독립할 수밖에 없게 된 것을 발표하면서 울었다. 그러나 당시 마흔두 살의 총리 리콴유는 선언했다. "앞으로 10년 안에 싱가포르는 세계적인 도시가 될 것이다. 절대 두려워 마라!(Ten years from now, Singapore will be a metropolis. Never fear!)"

서울 주재 싱가포르 대사관 사람이 준 리콴유의 방대한 자서전에서 가장 강력한 느낌은 바로 이 'Never fear!'였다. 그 결과를 보고 있기 때문이겠지만, 한 나라의 치자가 자기 국민들에게 줄 수 있는 가장 강력한 신념의 표현 같았다. 그리고 싱가포르는 아시아에서 일본(1984) 다음으로 국민 소득 1만 달러를 돌파하면서(1989) 세계에서 가장 좋은 나라들 가운데 하나가 되었다.

비단 경제적인 면에서만이 아니다. 완전 고용 상태의 싱가포르는 범죄율도 세계에서 낮은 편에 속한다. 싱가포르 항공은 전 세계 고객으로부터 가장 신뢰받는 항공사가 되었고, 세계에서 가장 살기 좋은 나라로 해마다 싱가포르가 1등이며, 공무원 청렴도는 세계 1위다. 대학 평가도 눈여겨볼 만하다. 평가 기관마다 다른데, 나는 'QS World University Rankings 2013'을 참고했으며, 이 평가에서 MIT는 1위, 도쿄 대학은 32위, 서울대학은 35위, 베이징 대학 46위인데, 싱가포르 국립 대학은 24위다. 대학 평가가 왜 중요한가. 한 사회를 지배하는 문화의 총화 가운데 하나가 바로 교육 기관이기 때문이다.

사람의 품질도 바뀌있다. 20년 선쯤으로 기억되는데, 미국의 어느 잡지에서 세계 여러 도시에 미화 10달러가 든 지갑 열 개씩을 흩어 놓고 회수율을 조사한 결과 싱가포르는 열 개 모두가 돌아왔고, 인도와 한국은 하나도 돌아오지 않은 나라들 가운데 하나였다. 일본은 여덟 개, 영국은 다섯 개, 미국은 두 개였던 것 같다. 결국 싱가포르는 가장 가난한 나라로부터 가장 잘사는 나라를, 가장 더러운 나라로부터 가장 깨끗한 나라를, 더구나 짧은 시간 안에 이룩해 냈다. 싱가포르의 경우는 '사람 살기 괜찮은 나라는 어떻게 이룩될 수 있는가?'란 질문에 대해 여러 가지를 생각하게 해 준다.

리콴유의 싱가포르

싱가포르와 리콴유는 떼어 놓고 생각할 수 없다. 리콴유의 싱가포르다. 철두철미하게 리콴유에 의해 기획되고, 실천되었다. 그리고 보아란 듯이 성공했다. 최악에서 최선을 이룩해 낸 기적 같은 성공이었다.

어쩔 수 없이 독립한 싱가포르의 총리 리콴유는 당시 싱가포르 고용의 25퍼센트를 차지하고 있던 영국군의 주둔 연장을 요청하는 것으로 시작하여 외자를 끌어들이는 데 총력을 기울였다. 왜냐하면 아무런 자원도 없는 싱가포르로서 일자리를 마련하는 길은 외세나 외자 의존밖에 없었기 때문이다. 물류나 방위 거점으로서 싱가포르를 포기할 수 없는 영국이나 미국 그리고 일본의 도움을 받아 가며 리콴유는 외자로 세운 업체에서 생산한 제품의 수출 쪽에서 살길을 모색했다. 그다음에 이어진 정책들은 하나같이 외세 유인을 목적으로 한다.

당시 영어를 하는 국민이 5퍼센트 미만이었는데도 공용어로 영어를 지정하고, 중국어·말레이어·타밀어는 '모국어'로 함께 배우도록 한 것도 국제어를 모르고는 살길이 없다는 상황 판단에서였다.

당시 인도차이나 반도에서 기승을 부리던 공산당 세력을 무력화시키고, '가장 파괴적인 집단'인 노조를 '생산 과정에서의 상호 보완적인 집단'으로 바꾼 것은, 외국 자본을 끌어들이는 데 긴요한 사회 안정과 저임금 체제 유지를 위해서였다.

깨끗한 정부를 위한 'Clean House' 정책도 강도 높게 추진되었다. '공직자 비리 조사국(CPIB)'을 만들어 수상쩍은 공직자와 그 가족에 대한 체포, 수색, 계좌 추적 등 모든 권한을 부여했다. 이 조사국에는 어느 관리, 어느 장관이든 직접 수사할 수 있는 권리가 주어졌다. 비리 조사국 사람들은 우리 식으로 표현해 보자면 저승사자였다. 그래서 100달러 정도의 향응을 대접받은 판사가 옷을 벗어야 했고, 1만 달러쯤의 뇌물을 받은 장관은 극형에 대한 두려움과 자살 가운데 후자를 골랐다. 더불어 싱가포르 정부는 공무원 보수를 일류 기업 수준으로 올렸다. 그래야만 부패를 막으면서 유능한 인재를 확보할 수 있기 때문이었다. 그 결과 싱가포르는 세계에서 가장 깨끗하면서도 가장 유능한 공직 사회를 이뤄 냈다.

사회 기강 확립을 위한 정책도 마찬가지였다. 싱가포르 범죄율은 세계에서 낮은 편에 속하지만, 단위 인구당 처형자 수는 중국과 투르크메니스탄에 이어 세계에서 세 번째로 많다. 그들 가운데 대부분은 마약 사범이다. 마약을 500그램 소지하고 있으면 사형이다. 외국인도 마찬가지다. 처형자 수가 가장 많았던 1996년부터 1999년까지 4년 동안 처형자 수는 136명이었는데, 그중 110명이 마약 사범이었고, 110명 가운데 외국인은 29명이었다. 몇 해 전이었던 것 같은

데, 호주 정부의 강력한 항의에도 불구하고 호주 사람 하나도 같은 죄목으로 처형했다. 세계에서 비폭력 사범을 사형시키는 나라는 싱가포르밖에 없다는 비난에도 불구하고 싱가포르는 이 극형 정책을 포기하지 않고 있다.

덕분에 마약의 주된 생산지인 이른바 골든트라이앵글을 포함하고 있어 마약이 심각한 사회 문제가 되고 있는 인도차이나 반도에서 유일하게 마약으로부터 거의 자유스러운 나라가 되었다.

그리고 두루 알려진 대로 싱가포르는 벌금의 나라다. 싱가포르 관광 기념품으로 사 온 이른바 벌금 셔츠를 더러 보셨을 것이다. 공공장소에서 담배를 피워도, 거리에서 침을 뱉어도, 화장실에서 볼일을 본 다음에 물을 내리지 않아도, 면허 없이 노점상을 해도, 노상 방뇨도, 전동차 안에서 음식을 먹어도, 인화 물질을 가지고 타도, 운전 중 휴대 전화를 사용해도, 공원에 있는 새에게 먹이를 줘도(새에게 먹이를 주면 새가 벌레를 잡아먹지 않기 때문에), 사전 허가 없이 공공장소에서 연설을 해도 벌금을 내야 한다. 이 벌금은 누범이 될수록 높아진다.

Fine(좋은) Country, Fine(벌금) Country

모든 사회적 제도가 환경의 산물이듯, 싱가포르의 형벌 제도도 그렇다. 앞에서 '최악'이라는 표현을 했는데 그 최악 중에서도 인적 구성이 가장 지독했다. 왜냐하면 그야말로 '오만 잡놈'들이 다 모여 있었기 때문이다. 싱가포르 역사 초기 주택 문제를 해결하기 위해 아파트를 지어 나눠 주면 주민들이 엘리베이터 안에서 오줌을 싸 댔다. 그게 그 시절, 싱가포르 국민의 수준이었다. 싱가포르 정부 는 이런 버릇을 엘리베이터 안에 방뇨 탐지기를 설치한 다음 벌금 을 물리는 방법으로 해결했다. 그러니까 사사건건 법의 잣대를 들 이대지 않으면 바로잡을 수 없는 상황이었다. 때문에 더러는 혹독 하다 하고, 더러는 까다롭다 하는 형벌 제도가 실천될 수밖에 없었 다. 그리고 이런 혹독한 형벌과 까다로운 벌금(fine) 덕분에 싱가포 르는 좋은(fine) 나라가 되었다.

싱가포르에서 법이 먹혀들 수 있었던 것은 그야말로 성역 없는 집행 덕분이었다. 1994년 초, 세계는 미국 국적의 한 소년이 싱가포 르에서 저지른 비행으로 떠들썩했다. 마이클 페이라는 이름의 18 세 소년은 공공 기물 파손 등의 혐의로 싱가포르 경찰에 체포되었 고 싱가포르 법원은 그에게 4개월간의 징역형과 함께 여섯 대의 태 형을 선고했다. 그러자 미국 언론들이 '태형은 야만적'이라며 들고일 어났고, 당시 대통령이던 빌 클린턴은 태형이 집행될 경우 불이익이 있을 것이라는 경고 친서까지 싱가포르 대통령에게 보냈다. 명시적 협박이었다. 더불어 이 사건은 세계적 주목을 받았다. 싱가포르 경 제의 미국 의존도는 절대적이고 미국은 그야말로 세계의 강자다.

싱가포르가 과연 미국의 위협을 거역할 것인가? 아마 그럴 수는 없으리라는 것이 대체적인 관측이었다. 최강 미국의 비위를 거스른 다는 것은 있을 수 없는 일이었다. 모두가 미국에 잘 보이려고 안달 하는 판이었다. 원 톱. 최강 미국. 그것이 소비에트가 무너진 다음에 이룩된 당시의 세계 질서였다. 그러나 당시에는 총리 직에서 물러나 선임 장관 직에 있던 리콴유가 말했다. "마이클 페이가 단지 미국인이라는 이유만으로 그에게 선고된 태형의 집행을 면제해 준다면 어떻게 우리 싱가포르 국민들에게 법을 지키라고 요구할 수 있겠는가?"

그래서 1994년 5월 4일, 마이클 페이에 대한 태형은 공개적으로 집행되었다. 무소불위의 미국 대통령으로서 클린턴이 재임 8년 동안 마음먹어도 되지 않은 일이 두 가지라 했다. 하나는 르윈스키 스캔들이었고, 다른 하나는 바로 마이클 페이 사건이었다. 이것이 싱가포르 법질서의 한 예가 될 수 있다. 우리나라에서는 강간을 하고 살인을 한 미군까지 미국 법정에 넘겨준 것과 견줘 본다면, 싱가포르의 예는 더 준엄한 느낌이 될 수밖에 없다. 예외가 공공연한 법은 이미 법이 아니다. 그런데 대한민국의 법이 그렇다.

지도층 인사들의 근검 수범도 기억되어야 한다. 최고 권력자 리콴유 일가가 부패와 연관된 적은 없다. 아시아의 권력자들 가운데 부패와 관련되지 않은 유일한 권력자가 리콴유다. 리콴유의 아버지는 일흔이 넘을 때까지도 자신의 젊은 시절 직업이었던 시계 수리공 생활을 계속했다. 외국 기자가 물었다. "당신 아들이 총리 아닌가?" 그는 되물었다. "내 아들이 총리인 것이 나와 무슨 상관인가?" 리콴유는 또 자기 자녀들을 총리 공관에서 키우지 않았다. 시중드는 사람들이 있는 공관에서 키울 경우, 자녀들의 버릇을 그르칠 수 있다는 생각에서였다. 곧 권력자의 솔선수범이 있었고, 그랬기에 싱가포르의 법은 법으로서의 권위를 유지할 수 있었다. 단지 이 문단을 만들기 위해, 리콴유와 관련된 수많은 국내외 자료를 찾아보았으나 그에 대한 추문은 눈에 띄지 않았다. 2010년 「뉴욕 타임스」를 상대로 고소하여 승소한 게 예가 되겠는데, 그는 자신에 대한 추문에 대해서는 법적으로 적극 대응할 만큼 자신의 입지를 분명하게 해 두려고 애썼다.

가정은 부질없는 것이겠지만

역사에서 가정은 무의미하다. 금물이다. 대충 이렇게 동의하고 있지만 꼭 그렇지는 않은 것 같다. 왜냐하면 가정을 하지 않고는 이미 이루어진 역사적 사실을 반증해 볼 방법이 달리 없기 때문이다. 과연 리콴유가 옳았는가? 이 절대적 의문에 대한 답은 가정을 통해 구해 볼 수밖에 없다. 이제 가정해 본다. 만일 리콴유적 방법이 아니었다면 오늘의 싱가포르는 어떤 모습일까? 리콴유가 아니었고, 리콴유적 방법이 아니었다면 정말 싱가포르는 어떤 모습이 될 수 있었을까?

그 이전은 뚝 잘라 내고, 말레이시아로부터 쫓겨나 어쩔 수 없이 독립해야 했던 1965년 그 당시, 싱가포르가 최익의 총화나 십대성과 같았다는 데 대하여는 이견이 없다. 주변 나라에 견줘 부존자원이 한 낱도 없다는 것부터 그렇다. 민중 폭동은 되풀이되고 있었고 공무원 부패는 무정부 상태였다. 여기에 서구적 민주주의에 바탕을 둔 제도를 실천했다? 그것이 먹혀들어 갈 수 있었을까?

이야기가 괜히 길어지는 것 같다. 뚝 잘라 현재를 보자. 주변 어느 나라보다도, 그리고 서구의 어느 나라보다도 더 정직하고 더 깨끗하고 더 잘사는 나라를, 싱가포르는 어떻게 이룩해 낼 수 있었을까? 싱가포르 밖 사람들로부터 더러 야유를 받기도 하는, '풍선껌을 소유하는 것, 침을 뱉는 것, 흡연, 쓰레기 버리는 것', 그런 것까지 시시콜콜 규제하지 않으면 안 되는 현실 앞에서 치자는 어떻게 해야 할까?

더러 이야기되는 이른바 엘리트주의에 대한 비판만 해도 그렇다. 싱가포르는 그야말로 엘리트주의다. 아이들은 자라나는 과정에서 줄기차게 걸러진다. 그 걸러짐의 최종 단계는 1만 대 1의 경쟁을 통과한 대통령 장학생 다섯 명이다. 해마다 선발되는 이 다섯 명은 국가 비용으로 교육시켜 모두가 정부의 인재 풀에 포함되고, 군이나 정부의 요직은 모두 이 풀에서 나온다. 거푸 되풀이하여 이야기하는 셈이지만 싱가포르는 사람밖에는 자원이 없다. 사람에게 승부를 걸어야 한다. 우리 식의 하향 평준화는 싱가포르로서는 곧장 망국의 길이 될 수밖에 없다

그러므로 거르는 과정에서 일찌감치 직업 학교로 갈 자원과 더 키울 자원을 가려서 유일한 자원인 사람의 효용 가치를 최대화하는 것은 싱가포르 치자로 봐서는 선택이 아니라 당위일 수밖에 없을 것이다. 이를 탓하는 것은 교과서적 민주주의자의 허영이나 치기 아닐까? 합당한 대안이 없는 비판은 쓰레기다.

리콴유의 다른 점

리콴유를 극복해야 할 독재자로 보는 시각은 쎘다. 리콴유를 '개발 독재'라는 범주로, 인도네시아의 수하르토, 말레이시아의 마하티르, 중국의 마오쩌둥, 필리핀의 마르코스, 한국의 박정희, 타이완의 장징궈(蔣經國) 등과 한데 묶으려 드는 경우도 흔하다. 그러나 리콴유는 앞에서 그 이름을 열거한 독재자들과 확실하게 다르다. 무엇보다도 다른 독재자들은 부패나 사법적 살인, 황음, 치외 법권적 성역의 인정, 위선의 공공연한 자행, 치부 등 실천 도덕적 결함이 있었지만 리콴유는 그런 쪽에서 결백했다.

그리고 리콴유는 자신이 정한 법, 자신이 주장하는 도덕적 기준을 그대로 실천했다. 그런 실천 없이, 그의 자취가, 그의 언어가, 국민들에게 설득력을 얻을 수 없다. 그런 실천, 그런 자취 없이, 치자가 두 눈을 더 부릅뜰수록, 목소리를 더 높일수록, 국민은 더 의아스러워하게 되고, 더 비웃게 되고, 더 분노하게 될 뿐이다. 그러나 리콴유는 곧이곧대로, 무섭게 실천했다. 그것이 리콴유와 다른 독재자들의 차이이고, 다른 독재자들이 다스린 나라와 싱가포르의 차이다.

그것이 내가 싱가포르를 주목하고 있는 이유다. 거듭 이야기하는 게 되겠지만, 독재 찬양을 위해서가 아니다. 복잡하기 그지없는 물건인 사람으로 이루어진 이 사회를 좀 더 사람 사는 사회답게 만들기 위한 궁리를 포기하지 않는 한, 싱가포르의 성공 신화는 포기할 수 없을 것 같기 때문이다.

물론 한국과 싱가포르는 다르다. 사람 수가 다르고 인종 구성이 다르고 문화적·역사적 배경이 다르다. 그런 다름에도 불구하고 싱가포르의 예는 우리에게 타산지석이 될 수 있다. 싱가포르가 해낸 것, 인적, 물적, 기후를 포함한 환경적 조건에서 그들에 견줘 월등히 나은 우리가 못해낼 이유는 없다. 싱가포르가 일본을 따라잡는 데는 30년이 걸리지 않았다. 그 30년에 30년도 더 보탠 세월 동안 우리는 줄곧 궐기 대회만 했고, 더불어 일본과의 격차는 더 벌어졌다. 어느 쪽을 택하겠는가.

법이 필요 없게 된 나라

두말할 것도 없이 리콴유의 인민행동당이 일당 독재를 하고 있는 싱가포르는 언론 자유도, 집회의 자유도 없는 억압 사회다. 싱가포르 사람들은 자기네 국내 사정에 대해서는 이야기하려 들지 않는다. 취재를 위해 여러 차례 만난 서울 주재 싱가포르 대사관 사람이나, 지난해 여름 두 달 동안 원주 토지문화관에서 만나 각별하게 지낸 싱가포르 작가, 양편 모두 리콴유나 싱가포르 국내 사정에 대해서는 미소만 지어 보였다.

그러나 싱가포르 사람들의 대종은 억압을 느끼지 않는다. 그토록 유명한 벌금 체계도 그들은 오히려 무심한 편이다. 벌금 체계에 대해서는 여행자들이 오히려 더 잘 안다. 왜냐하면 공중도덕에 속하는 그런 일들을 지키는 것은 싱가포르 사람들에게 아주 당연한 일상이 되어 있기 때문이다. 법을 어길 때 법은 의식되고 경찰은 눈에 띈다. 그러니까 그들은 그런 법체계를 통해 법이 필요 없는 사회를 이룩했다.

또 다른 쪽에서 보자면 그 나라 법은 그다지 까다로운 게 아니다. 서울 주재 싱가포르 대사관에 가서 일부러 들여다보았는데, 그 나라보다는 우리나라 법전이 훨씬 더 두껍다. 그 나라와 우리나라의 차이는, 그쪽은 그런 법이 어김없이 실천되고 있는 반면, 우리나라의 법은 유전 유권 무죄라는 더러운 습속이며, 성역의 당당한 존재며, 힘없는 백성을 착취하기 위한 수단으로 써먹는 경우까지, 유명무실한 경우가 많다는 것이다. 그 차이가 질서 면에서, 그 나라와 우리나라를 이처럼 다르게 만들었다고 보아도 큰 무리는 아닐 것이다. 이렇듯 싱가포르의 예는 모든 면모에서 우리에게 반면교사가 될 수 있다. 그것이 구차한 단서들을 되풀이해서 달아 가며 싱가포르를 이야기하는 나의 이유다.

그렇다면 독재를 하자는 것인가? 아니다!

농부는 토양에 알맞은 재배 방법을 선택해야 한다. 치자도 마찬가지다. 통치 대상에 가장 알맞은 통치 방법을 골라야 한다. 초창기 싱가포르의 인적 자원은 최하였다. 하나하나 내를 들지 않고는 다스릴 수 없었다. 필요악이라고나 할까, 앞에서 '가정은 부질없는 것이지만'을 통해 살펴본 것처럼, 독재는 그럴 수밖에 없는 선택이었다. 그러나 현재 대한민국의 인적 자원, 곧 국민은 독재가 필요한 대상이 아니다. 범죄율이 예가 될 수 있다.

나라	재소자 수/10만 명(2013년)	범죄 지수(2014년)
미국	716	50.15
싱가포르	230	21.35
한국	92	16.35
일본	54	18.10

1) 10만 명당 재소자 수는 위키피디아에서, 범죄 지수는 구글에서 찾아 인용했다. 자료마다 조금씩 다른데, 인용된 숫자들이 부정확한 것이라 할지라도 상관없다. 내가 필요로 하는 것은 비교이기 때문이다.

2) 싱가포르가 거의 모든 사회적 지표에서 세계 최고 가운데 하나에 속하면서도 범죄율만은 그렇지 못한 것은 그들에게 아직도 독재가 필요하다는 이유가 되지 않을까? 사람이라는 것은, 또는 사람을 지배하고 결정하는 문화라는 것은, 그토록 쉽사리 변하지 않는 것이니까 말이다.

3) 이 숫자들을 그대로 믿는다면 미국은 재소자가 200만 이상이다. 세계에서 인구가 200만이 되지 않는 나라가 100개쯤 된다. 그러니까 꽤 많은 나라의 전체 인구보다 더 많은 사람들을 감옥에 가둬 두지 않으면 안 되는 미국은 정치적 이상, 그런 쪽에서 보아 어떻게도 롤 모델이 될 수 없다. 그런데도 불구하고 미국을 마치 이상향이라도 되는 것처럼 바라보고 있는 사람들이 적지 않은 것은 우리네 시각의 치명적 맹점 같다. 세계 인구의 30% 이상이 기아로 허덕이고 있는 현실에서 비만율이 30%가 넘는 미국은 병든 나라다(2013년 비

만율: 미국 31%, 한국 3%). 그들의 제국주의적 탐욕이 세계는 물론 그들 자신을 망가뜨리고 있다.

범죄율이 민도民度의 절대적 척도가 된다고 믿지는 않는다. 그러나 아래에서 살펴보겠지만, 사실상 법치가 무너진 극도의 혼란 상태인데도 불구하고 범죄율이 이만이라도 한 것은 우리 국민들의 높은 자정 능력을 뜻한다. 혹시 1980년 5월, 광주를 기억하고 계신가? 총기 수천 정이 풀려 있던 광주 항쟁 기간 동안 강력 사건은 고사하고 좀도둑질 하나도 없었다. 요즘 세계의 분쟁 지역을 본다 할지라도 결코 쉽지 않은 일이었다. 매우 아픈 일이지만, 예를 하나 더 들겠다. 두루 알고 있다시피 우리나라의 자살률은 세계 최고다. 그런데도 범죄율이 보여 주듯이, 반사회적 행위는 거의 세계 최하다. 제 목숨을 끊어야 할 만큼 절박한 사람들이, 반사회적이 되는 대신 스스로를 죽인다. 천성적으로 어진 백성이 아니면 불가능한 선택이다. 감히 단언하건대, 대한민국 국민은 세계 최고다. 여행하는 분들은 동감하실 듯한데, 여행지에서 밤거리를 마음 놓고 돌아다닐 수 있는 나라는 많지 않다. 한국은 바로 그 많지 않은 나라 가운데 하나다. 그렇다면 여기까지 적어 오는 동안 누누이 되풀이된, 우리의 부정적인 여러 면모는 어떻게 설명될 수 있을까?

가장 간략한 답은 문화다.

그럴 수밖에 없는 문화가 사람들을 부정적인 쪽으로 몰아간다. 이를테면 줄을 서서 기다리고 있으면 내 차례가 온다는 믿음이 불가능한 문화가 사람들로 하여금 새치기를 하게 만드는 것처럼. 그런데도 자정 능력이 이토록 뛰어나다. 새삼스러운 게 아니다. 역사적으로도 증명이 된다. 멀게는 왜란이나 호란으로 쑥대밭이 된 나라를 구한 것은 풀뿌리 민중이었으며, 가깝게는 김영삼 정권의 실정으로 초래한 1997년 외환 위기를 극복해 낸 것도 역시 마찬가지였다. 외환 위기를 겪어 낸 많은 나라에서 개인의 반지까지 다투듯이 내놓은 경우는 우리나라가 유일했다.

이른바 '펀더멘털(fundamental)'이라고들 하는 우리의 바탕은 이렇게 꽤 고무적이다. 이런 이들에게는 확고한 구심과 합당한 동기만 주어진다면 그 잠재 가능성은 무한일 수 있다. 그러므로 우리나라 정말 좋은 나라를 위해, 우리 사회에서 문제 삼아야 할 것은 국민, 곧 피치자가 아니라 치자들이다. 이른바 사회 지도층이다. 대한민국을 여러모로 쥐락펴락하는 그들이다. 그들이 우리를 망치고 있다. "한국(조선)의 관리가 거의 불필요한 악적인 존재"라는 김용운 선생의 단정을 앞에서 인용한 바 있는데, 현재 한국의 치자들이 바로 그렇다. 그들은 국민과 국가를 위해 '거의 불필요한 악적 존재'다.

싱가포르 이야기가 우리에게 필요한 이유

싱가포르 이야기가 지금 우리에게 필요한 이유는 싱가포르의 법치 때문이다. 그들이 최악, 최하의 인적 자원을 가지고 최선, 최고의 사회를 만들어 낼 수 있었던 것은 바로 법치였고, 그런 법치가 가능할 수 있었던 것은 예외 없고 특권 없는 법의 법다운 집행이었다. 역사가 열린 이래 내내 대한민국을 망가뜨리고 있는 것은 법치의 부재다. 법을 쥐고 있는 그들은 걸핏하면 '법과 원칙'을 내세워 국민을 협박하지만, 환생 따위 운명률(Karma)에 지배받고 있는 인도를 제쳐 두고 보자면 국회 의원 가운데 전과자 수가 대한민국이 최고라는 기록부터, 그들 자신은 언제나 바로 그 법과 원칙을 지키지 않았다. 지키지 않고도 법적으로 오히려 당당했다. 적반하장賊反荷杖, 꼭 그 꼴이었다.

따라서 대한민국은 건국 이래 내내 사실상 불법 상태였다. 법을 손아귀에 쥔 사람들이 무차별적으로 휘두른 바로 그 예외와 특권 때문이었다. 그 결과로 불행해진 것은 국민만이 아니다. 역대 정권의 우두머리들이 단 하나의 예외도 없이 불행해진 것이 그 증거다.

외국으로 도망가 죽은 사람도 있었고, 심복의 총에 맞아 죽은 사람도 있었고, 단군 이래 최대의 도적이 되어 감옥살이를 하던 끝에 국민적 천덕꾸러기가 되어 구차한 생명을 이어 가고 있거나, 자식들을 대신 감옥에 보낸 사람들도 있었다. 적어도 아직은 웃고 있는 전직 대통령도 하나 있기는 하지만, 어떨까? 그를 '법적 처리'하기 위한 모든 준비는 이미 끝나 있는 상태이기도 하니까, 그도 결국은 감옥에 가야 하지 않을까? 전례가 그랬던 것처럼, 그의 운명은 현직 대통령의 지지율에 의해 결정될 것 같고, 확실한 실패의 길에 들어선 것으로 보이는 현재의 추세로 미루어 볼 때, 현직 대통령이 극적 희생양을 필요로 하는 시간을 맞이하게 될 수밖에 없을 것 같다.

지금도 마찬가지다. 대한민국 사회를 망가뜨리는 것은 권력을 쥐고 있는 사람들의 부패이며, 법치의 부재다. 부정 선거부터 간첩 조작까지, 요즘 국가정보원의 잇단 행패들과 그에 대응하는 검찰이나 법원이나 국회나 청와대가 증명하고 있는 바이지만, 법을 집행해야 할 사람들이 불법을 공공연하게 자행하고 비호한다. 이 비호에는 언론마저 동조하여 역성들고, 부추긴다. 이런 현실에서 법은 법으로서의 권능을 행사할 수 없다. 이른바 사회 지도층의 파렴치한 부패도 결국은 법의 권능 부재에서 비롯된다. 그들의 부패를 법이 오히려 비호한다.

돈이 움직이는 곳에 부정이 있고, 권력이 행사되는 곳에 부패가 있는, 그런 일이 당연한 것처럼 되어 있는 현실을 극복하지 않고는 결코 우리나라는 좋은 나라가 될 수 없고, 일본은 언제나 두려운 대상으로 남아 있을 수밖에 없다. 그런데 이런 현실이 극복될 가능성은 없다. 정권 백번 바뀌어 봐야 소용없다. 그 나물에 그 밥일 수밖에 없고, 그놈이나 이놈이나 마찬가지가 될 수밖에 없다. 백년하청이다. 정치인들이 또는 사회 지도층이 뭔가 해 주기를 기대하는 것은 망발이다. 그런 기적은 있을 수도 없다. 그들은 극복, 척결 대상에 지나지 않는다. 그렇다면 정말 어떻게 해야 하는가?

시민 의식의 작동

"만인萬人의 만인에 대한 투쟁에서 오는 사회의 혼란을 해결하고 조화와 복지를 도모하기 위하여 법은 필요하다." 두산 백과사전에 나와 있는 말이다. 이 말을 뒤집으면, 당대적 가치의 집약인 법치의 붕괴는 가치의 붕괴를 뜻하고, 가치가 붕괴된 다음에는 정해진 순서처럼 만인의 만인에 대한 투쟁으로 말미암아 사회 혼란은 극도에 달할 수밖에 없고, 조화니 복지니 하는 것은 생각해 볼 수도 없다. 이것이 우리가 부정할 수 없는 우리의 현실이다. 우리는 지금 5000만이 5000만 조각으로 갈라져 오로지 기회 선점과 이윤 극대화를 위한 드잡이판을 벌이고 있다. 극도의 혼란 상태다.

이런 현실에서 기대를 걸어 볼 유일한 가능성은 국민들 자신이다. 법이 아니라, 국민들 스스로 자신을 다스리며, 모든 것을 만들어 가야 한다. 이 책, 여기까지 이야기해 온 우리의 한계를 극복할 수 있는 것도 국민들 자신뿐이다. 국민들 자신만이 할 수 있는 일이기도 하다. 정치가 또는 국가의 이른바 지도자가 뭔가 해 줄 거라는 기대는 아예 접어야 한다.

앞에서 김용운 선생의 "한국(조선)의 관리가 거의 불필요한 악적인 존재였음에 비해"라는 섬뜩한 진술을 인용한 바 있는데, 현재 한국을 지배하고 있는 정치 세력도 마찬가지다. 그들은 불필요한 악적 존재다. 하지만 그들을 걷어 낼 수는 없다. 국민으로부터 나와야만 할 주권을 그들이 손아귀에 쥐고 있기 때문이나. 그 주권으로 그들은 무슨 짓이든 할 수 있기 때문이다. 여기서 국민이 해야 하고, 할 수 있는 일 하나가 더 생긴다. 바로 국민 저항권이다. 설령 그것이 부당한 폭력이라 할지라도, 권력에 쉽사리 굴복하는 순응주의가 우리 역사를 지리멸렬시키고 개인의 삶을 망가뜨리면서 나라를 나라라 부를 수 없도록 만들었다. 그러므로 개인과 나라와 역사를 위해, 최소한 부당한 유린과 수탈을 방어할 수 있는 꼭 그만큼이나마 국민 저항권을 행사해야 한다. 국민 저항권을 합당하게 행사하여 법치마저 거부한 채, 오히려 법을 빙자하고, 법에 기대 온갖 행패를 부려 대고 있는 그들로 하여금 줄기차게 위기감을 느끼도록 함으로써 그들이 행패를 부릴 수 없도록 해야 한다.

그 모든 지상 과제를 수행하기 위한 대전제는 각성이다. 어느 모로 보나 천부당만부당한 유린과 수탈을 결코 감수하고 있지는 않겠다는 불퇴전의 투지로 무장한 시민 의식의 작동, 그것이 긴요하다. 아마도 되풀이되는 무력감에서 국민들이 아예 내팽개치다시피 하고 있는 이상에 대한 열정과 불의에 대한 분노를 되찾아야 한다. 국가의 주권자는 그들이 아니라 바로 국민이라는 주인 의식을 회복해야 한다. 그것이 현실을 극복할 수 있는 유일의 혈로다. 이를테면 이 글에서 함께 이야기해 본 우리의 한계들을 우리 스스로의 의지와 힘으로 극복해 나가는 것은 그런 혈로를 개척해 나가는 하나의 방법일 수 있다.

폭탄주와 미즈와리

나에게도 물론, 나의 글 한 편으로 세상을 놀라게 하면서, 그 세상을 바꿀 수도 있다는 환각을 즐기던 시절이 있었다. 그러나 이제는 아니다. 험준한 세파에 곤죽이 되도록 시달리다 보니, 나는 꽤 똑똑해졌고 필요한 만큼보다 더 노회해졌다. 세상 켯속을 알고 내 글의 가능한 권능을 안다. 세상은 그토록 간단치도, 녹록하지도 않다. 더구나 이 책의 주제는 문화 아닌가. 문화는 견고하다. 죽어라 두드려 봐야 요지부동, 난공불락, 문화는 결코 가볍게 볼 대상이 아니다. 그런데도 두드린다. 이상을 포기할 수 없는 인간이기 때문이다. 패배할 줄 알면서도 도전을 포기할 수 없는 존재가 바로 인간이기 때문이다.

아무리 그렇다 할지라도 쓰는 자에게 최소한의 목표마저 없을 수 없다. 여러 면모에서 어쩔 수 없이 참 버거운 이 책이 목표하는 최소치는 무엇일까? 어려운 질문인데, 쉽게 답하겠다.

　나의 목표는 거창하지 않다. 아주 단순하다. 이 책을 읽은 당신에게 최소한의 자비라도 있다면, 1) 쪽발이라는, 배만 고픈 소리 내지 않는다, 2) 궐기 대회라는 헛짓, 때려치운다, 그 정도다. 3) 와신상담, 칼까지 갈아 준다면, 몹시 거북해하면서도 이런 글을 쓴 나에게 베푸는 큰 은혜가 되겠다.

　죽어라 쓴 이 책을 읽고도, 당신이 그 정도의 자비조차 베풀 생각이 없게 된다면, 아, 나는 헛짓을 한 게 될 텐데, 어떨까, 그 정도, 나의 목표는 그다지 과한 건 아니지 않을까. 만일 내 목표의 1) 정도라도 이룰 수 있다면 그것은 우리의 소중한 시작이 될 것이다. 작은 그 시작으로부터 궐기 대회 따위가 필요 없는 큰 세상을 만들어 갈 수 있다.

　이제 이 긴 여정의 끝을 맺어야 할 때가 되었다. 이 책 거의 맨 앞에서 예고해 둔 대로, 술 이야기를 한 번 더 하겠다. 흔히 그런 이야기를 한다. 술자리 몇 차례 함께해 보면 그 사람을 알 수 있다고. 경험적으로 볼 때, 꽤 근거 있는 이야기 같다. 아득한 옛날, 꽤 괜찮은 여자 하나가 있었다. 그 여자가 나를 사랑한 이유와 나를 찬 이유가 꼭 같다. 소주 한 잔만 마시면 할 말, 안 할 말 다한다. 술은 정말 리트머스 시험지 같다. 그 사람 모습이 그대로 드러난다. 그 사회의 모습도 물론. 구곡양장九曲羊腸처럼, 더러는 숨까지 헐떡

거려 가며, 여기까지 이어져 온 긴 이야기의 에필로그 삼아, 술 이
야기를 조금만 더 해 보겠다.

일본인들은 이를테면 퇴근길에 "이치 고푸(한잔) 하자" 하면 말
그대로 한 잔으로 끝내거나 기껏 해 봐야 한두 잔 더 보태는 경우
가 태반이지만, 한국인들은 그 한 잔으로 시작하여 2차, 3차로 이
어져 마침내는 이른바 술이 술을 마시는 상태에 이를 때까지 마신
다. '꼭지가 돌 만큼' 마시지 않으면 마시지 않은 것만도 못하다고
생각하기 때문이다. 한국인들은 만취 상태에서 주절주절 지껄이는
것을 적어도 이해할 만한 것으로 쳐주지만 일본인들은 그런 사람은
아예 제쳐 둔다. 술 많이 마시는 사람을 호걸로 대접해 주는 풍습
도 일본에는 없다.

한국인들은 술을 마시지 못하면 약을 먹으면서까지, 심지어는 링
거를 맞으면서까지! 그리고 앞에 마신 것을 토해 내면서까지 술을
마셔야 하지만, 일본인들의 술자리 습관에는 그런 것이 아예 없다.
술잔을 건네는 풍습이 없으니까 그럴 수밖에 없다. 술과 관련된 한
국의 전설에는 '무박 4일' 동안 술을 마셨다는 일화가 한둘이 아니
다. 일본에서라면 그런 경우는 서슴지 않고 '바카(馬鹿)', 곧 바보가
된다.

우리의 술버릇

일본 천황의 사촌으로서 일본 왕실의 이단아로 불리던 도모히토
(寬仁) 왕자(1946~2012)가 자신이 알코올 중독자였다는 사실을 고백

했다 하여 화제가 된 적이 있었다. 물론 일본에도 알코올 중독자는 있고, 한국과 마찬가지로 알코올 중독자가 차츰 늘어 가고 있어서 골칫거리라 한다.

차츰 더 늘어 가고 있기는 음주 운전으로 말미암은 교통사고 사망자도 마찬가지다. 아직은 한국에 견줘 인구 비례로 볼 때 5퍼센트 정도밖에 안 되지만, 일본 정부에서는 음주 운전 기준을 현재의 혈중 농도 0.02퍼센트(한국은 0.03퍼센트)로 낮춘다든가, 음주 운전 동승자나 심지어는 운전 가능성이 있는 사람에게 술을 판 사람까지 처벌하는 법을 만들었다 한다.

그러니까 일본인이라고 언제나 술로 입술이나 적시고 있는 것은 아니다. '한국의 영향을 받아' 요즘 일본에도 취하도록 마시는 경향이 차츰 심해지고 있다는 소리도 들린다. 그러나 적어도 아직까지는 평균적인 일본인의 음주는 평균적인 한국인에 비해 약소하다. 우리와는 달리, 일본에서는 자정 가까운 전철 안에서 인사불성의 취객을 만나는 일이 그다지 쉬운 일이 아닌 것부터가 그렇다.

퇴주 그릇이라고 아세요?

우리가 술을 마실 때, 결국은 술이 술을 마시는 경지에 이르게 되는 것은 권커니 잣거니 때문이다. 일본인에게는 없는 이런 습관 때문에 더러는 상당히 고통스러워하면서도 술을 마시게 된다. 술 약한 게 무슨 인간적 약점이라도 되는 것 같아 자기 능력 이상으로 마시다 보니 술자리가 끝나기 전부터 이미 토악질을 해 대는 사람이 있는데도 불구하고 권커니 잣거니는 줄기차게 이어진다.

내가 직장 생활을 하던 시절 이른바 방석집이라는 곳에 가게 되면, 술집에서 술이 약한 손님들 탁자 아래에 퇴주 그릇을 슬그머니 가져다 놓는다. 그러면 몰려오는 술잔을 더 견딜 수 없게 된 그 사람은 술을 마시는 척하면서 퇴주 그릇에 쏟는다. 그 비싼 술을 말이다. 술집의 급에 따라 술값은 가게에서 사는 가격의 몇 곱절이 되니까 더 비싸지고, 술집에서는 매상만 올리면 되니까 퇴주 그릇은 술집 매상을 올리는 장치가 된다. 그런 곳은 대개 접대용으로 가게 되는데, 세법 규정에 의해 손비 처리가 되기 때문이다. 술을 권하는 사람은 그런 줄 알면서도 또 그 사람의 빈 잔에 술을 채워 준다. 그렇게 마셔 댄 다음 날은 기운을 제대로 차리지 못한다. 월급쟁이 밀집 지역 부근 사우나의 오전은 대개 그런 사람들로 채워진다. 숙취 상태에서 드르릉드르릉 코를 골아 대는 사람들. 막장 같다. 그런데 가장 지독한 것은 두말할 필요 없이 폭탄주다.

고통의 극치, 폭탄주

한국의 술꾼들에게 흔한 폭탄주를 즐기는 사람보다는 고통받는 사람이 훨씬 더 많다. 그 고통으로 죽음에 이르기도 한다. 이른바 남녀평등 풍조에 휩쓸려 언제부터인가 여자들까지 그 대열에 끼어들게 된 폭탄주 파티에 참석했던 사람들치고 다음 날 숙취로 고생하지 않는 사람은 드물다. 그런데도 대개는 좌장에 의하여 폭탄주가 선언되면 여기저기서 으레 온갖 비명 소리가 울리지만 거부하는 사람을 보기는 어렵다. 거부하기보다는 차라리 목숨 걸고 마실 각오가 쉽다.

내가 알고 지내던 퇴역 장군 한 분은 현역 시절 여자 고무신이나 재떨이나 '항고 따까리(군용 반합 뚜껑)'를 잔 삼아 폭탄주를 마시던 이야기를 즐겨 했다. 그의 술 실력이 약한 편이었기에 물었더니 그는 대답했다. 목숨 걸고 마셨지. 군인은 목숨 거는 거잖아. 조국을 위해, 술을 위해, 모든 것을 위해. 그리고 그다지 나이 먹지도 않아서 세상을 떠야 했다. 간암 때문이었다. 떠나기 두어 주일 전, 나를 상대로 바둑을 두기도 했던 그는 그날의 바둑을 채 끝내지 못한 채 자리에 누우며, 그때 막 첫 소설을 발표한 내게 당부했다. "글쟁이들 술 많이 마시잖아. 술 줄여. 그거 그야말로 백해무익이야."

폭탄주가 특히 간과 췌장에 나쁘다 하는데도 그런 장면에 딱 맞닥뜨리면 그렇게 될 수밖에 없다. 그것이 우리네 술 문화이기 때문이다. 폭탄주로 말미암은 실수가 하도 많으니까 어떤 정당에서는 폭탄주를 마시지 않겠다는 일종의 퍼포먼스인가 궐기 대회인가까지 했다는 우스운 기사를 본 적이 있지만, 그 정당에서는 그 뒤에도 술로 말미암은 실수가 이어지고 있다.

지난해 육군 사관 학교에서 발생한 여생도 강간 사건의 원인이 폭탄주 때문이라고 밝혀지자, 또 음주 문화 개선을 위한 무슨 교육인가 캠페인인가를 하겠다는 '재발 방지 대책'이 발표되었는데, 이런 풍경도 무슨 사고나 사건이 터지기만 하면 준비된 듯 나오는 상투적 땜질에 지나지 않는다. 문화 자체가 바뀌지 않고는 비슷한 사건이 또 터질 수밖에 없다. 문제는 역시 문화다.

폭탄주의 기원

폭탄주를 '군바리 문화', 그러니까 군사 문화의 사생아쯤으로 이야기하는 것을 들은 적이 있는데, 꼭 그런 것 같지는 않다. 로버트 레드퍼드가 연출하고 브래드 피트 등이 출연한, 기억에 남는 영화 「흐르는 강물처럼」에 보면 형 노먼이 시카고 대학에서 교수로 초빙하는 편지를 받고 나서 제시라는 아가씨에게 사랑을 고백한 다음, 좋은 기분에서 맥주잔에다 위스키 잔을 퐁당 담근 폭탄주를 마시는 장면이 나온다. 그것이 1920년대 미국이니까, 그 영화의 고증이 정확하다면 그 시절에 미국에도 폭탄주가 있었던 게 된다. 그러니까 폭탄주는 우리나라가 원조는 아닐 듯하지만, 조선조에 막걸리와 소주를 섞은 '혼돈주混沌酒'가 유행했다는 기록이 있으니 우리 폭탄주의 연원은 깊다.

한국 술꾼에게 폭탄주가 있다면 일본 술꾼에게는 미즈와리(水割り)가 있다. 일본 술집에서 일본 술 사케가 아닌 위스키나 소주를 시키면 으레 "무얼 타서 드시겠습니까?" 하고 묻는다. 그냥 마시겠다면 뜻밖이라는 눈빛이 된다. 일본인들은 대개 얼음을 채운 잔에 위스키나 소주와 소다수를 섞고 레몬즙 정도를 곁들여 마신다. 따뜻한 물을 선호하는 사람도 많다. 소주를 병째로 '나팔 불거나', 위스키를 스트레이트로 '보텀업'하는 술 풍습은 일본에서는 매우 드물다.

들입다 취하지 않으면 왠지 서먹서먹한 우리 식 파티에 길든 입장에서는 서양식 파티가 낯설다. 그들 파티는 굳이 이야기하자면 일본의 미즈와리식이라 할 수 있는데 칵테일 한 잔 들고 몇 시간이든 '노닥노닥' 이야기를 나누는 것이 되기 일쑤이기 때문이다. 「흐르는 강물처럼」의 예와 같이 다른 나라에도 더러 우리 식의 폭탄주가 있는 듯하지만, 단위 인구당 위스키 소비량이 세계 최고라는 보도를 본 적이 있으니까 목숨 걸고 독한 술을 마시는 데는 아무래도 우리나라가 으뜸일 것 같다.

폭탄주의 치명적 함축

우리 사회가 차츰 나아지고 있는 것은 사실이다. 눈에 띄게 달라지는 부분도 있다. 그러나 아직이고, 우리가 의식할 수밖에 없는 일본을 계산에 넣을 경우 더더욱 그렇다. 격차는 더 벌어지고 있고, 이런 추세는 이어질 공산이 크다. 막대한 정치적 비용부터, 우리는 무엇보다도 비합리적 습속으로 말미암은 손실이 크다. 그리고 그 비합리적 습속은 이를테면 폭탄주가 존재하게 하는 의식이나 사회적 풍토와 관련이 깊다.

직장을 떠난 뒤 지난 26년 동안 나는 깊은 산속 절간의 수도승처럼 일부러 나 자신을 사회로부터 격리시켜 스스로 외톨이가 되었지만, 그 이전에는 나도 폭탄주를 무릅쓰는 축에 들었다. 즐겨서가 아니라 설령 그 폭탄주 몇 잔 다음에 뻗어 버린다 할지라도 폭탄주의 대열에서 빠질 수 없었기 때문이다. 한번은 옹기 동이로 나온 동동주에 조니 워커 두 병을 쾰쾰쾰 쏟아부어 만든 '특제' 폭탄주를 돌아가며 표주박으로 퍼마신 적도 있다. 체험적으로 볼 때 동동주와 위스키를 섞은 그 폭탄주는 정말 지독했다. 그 뒤 며칠 동안 동동주 냄새가 코끝에서 맴돌았다. 이런 신문 기사가 눈에 띈 적이 있다.

미국 텍사스대 MD앤더슨 암 센터의 암내과 총괄 부장인 홍완기 (71) 교수는 '암 연구계의 타이거 우즈'로 불린다. 미국에서 암 연구와 관련한 상을 거의 다 휩쓸며 붙은 별명이다. 43년 전 단돈 451달러를 들고 미국으로 건너간 그는 지난 21일 의학자로서 최고의 영예로 통하는 미 과학 학술원 의학 연구소 정회원이 됐다. 홍 교수는 "암 예방에는 식습관이 가장 중요하다"며 "폭탄주는 자살행위다. 정말 멍청한 짓"이라고 경고했다.   - 중앙일보 2013년 10월 26일

이런 기사가 폭탄주를 즐겨 마시는 사람들에게 움찔하게 하는 효과라도 줄 수 있을까? 아마 그렇지 않을 것 같다. 죽어도 고! 아무래도 그럴 것 같다. 그야말로 허세나 만용, 그런 거 아닐까? 폭탄주는 고질병이며, 재앙이다.

마침내 나타난 희망의 소중한 씨앗 하나

술에 술을 타서 더 독하게 만들어 마시는 폭탄주와 술에 물을

타서 더 순하게 만들어 마시는 미즈와리는 한국, 한국인과 일본, 일본인의 문화적 다름과 차이를 적나라하게 상징하며, 이 다름과 차이는 경제, 사회, 교육, 정치, 풍속, 행동, 지향, 내세관 등 모든 분야의 다름과 차이의 이유가 되고 조건이 된다. 그리고 폭탄주는 한국인의 허세, 강압, 획일, 몰개성, 비이성, 부패 등 부정적인 모든 것을 표상한다. 폭탄주는 한마디로 폭력이다. 곧이곧대로 폭력인 폭탄주, 이를테면 그런 비합리적 습속의 극복 없이 한국의 미래를 낙관하기는 어렵다. 그 몰개성적, 파괴적 감성에서 해방되어 이성적 질서를 회복하지 않는 한, 우리의 희망은 매우 희박할 수밖에 없다.

그러나 다행스럽게도 이 글을 끝내기 전에, 우리에게 희망이 될 조짐 하나가 나타났다. 서울시장 선거에 출마한 박원순은 유세차, 로고송, 율동, 확성기가 없는 4무 선거를 하겠다 했지만, 사실상 네거티브와 거대 정당을 배경으로 한 허장성세마저 없는 6무 선거였다. 그중에서도 가장 역사적 가치가 큰 것이 네거티브다.

박원순은 네거티브를 포함하여 비이성적 선거 운동은 정말 단 한 낱도 하지 않았다. 실로 무서운 절제였다. 텔레비전 토론에서, 상대방의 마구잡이 공격에도 불구하고 인간적 품격을 단 한 치도 흐트러뜨리지 않는 그를 지켜보며, 아, 한 인간의 이성적 의지라는 게 저토록 드높이 푸를 수도 있는 거구나, 나는 감탄을 되풀이해야 했다. 상대방이 그야말로 사사건건, 이성이니 양심이니 하는 것을 들먹거려 볼 수도 없을 만큼 워낙 지저분했기에 박원순의 이런 태도는 더 우뚝해 보였다. 그리고 법정 선거 운동 시간이 끝난 다음,

그는 자신을 도와준 자원봉사자들 앞에서 말했다.

"결과에 관계없이 우리는 이미 승리했습니다."

우리 헌정사에 이런 금강金剛 언어가 있었던가. 있을 수가 없었
다. 어떤 것이든 깨뜨릴 수 있으면서 어떤 것에도 깨지지 않을 만
큼 단단한 데다 지덕智德까지 갖춘 이런 언어는 아예 존재가 불가
능한 것이 우리 정치판이었다. 생애 내내 정치 냉담자인데도 불구
하고 나는 감동했다. 2011년 10월, 아내와 함께하고 있던 장기 여행
중 스페인 말라가에서, 서울시장 보궐 선거가 있다는 것과 박원순
이 출마했다는 것을 우연히 알게 된 다음, 나로 하여금 기어코 나
머지 일정을 포기하고 투표일에 맞춰 귀국하도록 만들고야 말았던,
박원순에 대한 나의 신뢰, 아, 헛된 것이 아니었구나! 아, 세상에,
벌레처럼 숨죽이고 살다 보니, 이런 경우를 경험해 보기도 하는 거
구나!
　박원순의 도전은 우리 헌정사에서 그 유례가 없는 새로운 실험
이었고, 보기 좋게 성공했다. 시민의 양식, 곧 살아 있는 시민 의식
덕분이었다. 박원순은 시민의 이성적 분별력을 신뢰했고, 시민은 박
원순의 그 신뢰에 답했다. 완전한 쌍방향 신뢰 프로세스에 의해 완
전히 자생적, 자발적으로 이루어진 위대한 결과였다. '불쌍한 대통
령'이라는 극히 비이성적 구호밖에는 내세울 게 없었던 여당의 기
상천외한 선전善戰 가운데 이루어진, 게다가 사상 최대 압승이었기

에 더욱더 위대했다. 그야말로 극적 이변이었다. 그가 좌파도 우파도 아닌 시민파였기에, 사실상 그랬기에, 그 이변은 더욱더 극적이었다.

대한민국 헌정 70년 만에 처음인 이 경우는 단순한 정치적 사건이 아니다. 정치인 박원순이 아닌, 일생 동안 자신의 합리적 신념을 꾸준히 실천해 온 개인 박원순의 승리이고, 시민 모두의 승리이기 때문이다. 그러므로 나로 하여금 『영원한 오적五賊의 나라, 대한민국』을 구상하게 만들고야 만 이 경우는 정신사적으로 우리 시대, 완전히 새로운 이성적 질서의 소중한 시작일 수 있다.

박원순은 이렇게 말했다. "나는 21세기의 실학자다. 항상 구체적이고 실증적으로 생각하고 실사구시를 중시한다. 그런 점에서 기존 정치인과 내가 다르다고 할 수 있다."(조선일보 2014년 6월 16일) 이것은 술수에 능한 정치인의 임기응변이 아니라 박원순의 언어다. 그의 언어에는 허언이 없다. 허언이 없는 그는 자기 자신의 언어로, 자신과 다른 정치인의 차이를 이토록 분명하게 표현했다. 바로 그 다름에서 나는 감히 빛나는 희망을 본다.

박원순이 "대한민국은 세월호 이전과 이후로 나뉜다" 한 적이 있고, 사실이 그런데, 나는 이제 이렇게 말하겠다. "대한민국 정치사는 박원순 이전과 이후로 나뉜다." 무모해 보일 수도 있는 나의 이 단정이 한 몽상가의 희망 사항으로 끝날지, 아니면 현실이 될지는 국운에 의해 결정될 텐데, 우리 국운이 끝까지 비색否塞하지는 않으리라는 쪽에 나의 남은 생애를 걸고 싶다. "애국심은 건달의 최후 도피처다(Patriotism is the last refuge of a scoundrel)." 영국 작가 새뮤얼 존슨(Samuel Johnson, 1709~1784)이 내뱉은 이 말이 금언이 되어 세상을 조롱하며 떠돌게 된 지는 이미 오랜데, 애국심을 표 나게 앞세운 건달들이 대마저 물려 가며 온갖 행패를 부려 대는 바람에, 내 새끼들이 살아갈 우리나라를 결코 좋은 나라가 될 수 없도록 몰아가고 있는 이 난장의 시간은 어떻게든 끝내야 할 테니까 말이다.

"이성은 기다릴 줄 알며 견뎌 낼 줄 안다. 다른 것들이 흥분해 소란을 피울 때, 이성은 침묵해야 한다. 그러나 이성의 시대는 온다. 언젠가 다시 그 시대는 온다." 자신의 이성으로써는 도저히 용납할 수 없는 나치의 폭압에 저항하다가 결국 사랑하는 아내와 함께 자살로 자신의 생애를 마감해야 했던 비운의 작가 슈테판 츠바이크(Stefan Zweig, 1881~1942)의 이 말을 결구 삼으며, 미진감을 그대로 둔 채, 이 책 하나로 모든 것을 이야기할 순 없으므로, 실로 막중할 수밖에 없는 그 미진감이 대화를 위한 여백이 되리라 믿으며, 이 글은 이쯤에서 맺기로 한다.

일본인, 당신들에게

긍정적인 쪽에서만 볼 때, 나는 일본인, 당신들의 자상한 친절과 반듯한 예절, 앗싸리한 태도와 검소한 생활을 사랑한다. 당신들의 정갈한 음식과 향긋한 사케와 아름다운 정원을 사랑한다. 척박한 환경에서 당신들이 일구어 낸 결코 척박하지 않은 당신들의 역사를 사랑한다. 누군가가 가장 좋아하는 외국인을 손꼽으라 한다면 나는 서슴지 않고 일본인이라고 대답한다. 당신들 땅에서 청춘을 보낸 나의 아버지와 어머니가 칭찬한 당신들 나라를 나는 다른 어느 나라보다 더 좋아한다. 여기, 이 문장들을 읽으며 당신들은 혼란스러워할 것 같다. 왜냐하면 앞의 여러 대목에서 나는 사뭇 호전적이었기 때문이다. 일본인, 당신들을 이기기 위해 은인자중, 와신상담, 칼을 갈아야 한다고 선동하기까지 했기 때문이다. 그렇다. 나는 호전적일 수밖에 없고, 선동의 나팔을 불어 댈 수밖에 없다.

1

　나는 당신들이 지난 수천 년 동안 우리를 괴롭힌 것, 세계를 유린한 것, 그것을 탓할 마음은 없다. 그것은 그 당시 세계 질서였다. 그 질서에서 외국을 침략하지 않았던 것은, 평화를 사랑해서가 아니라, 단지 그럴 힘이 없었기 때문이다. 이 세상에 평화를 사랑하는 민족은 없다. 크메르족이나 몽골족 또는 잉카나 티베트 사람들, 그들의 현재는 아주 빈약하여 세계인의 동정 대상이 되고 있지만, 과거의 그들은 하나같이 무시무시한 침략자였다. 그들은 지금 단지 힘이 없어 착한 척하고 있을 뿐이다. 그러므로 우리가 당신들의 제국주의적 침략 근성을 바락바락 욕할 때, 나는 심한 모순을 느낀다. 왜냐하면 우리는 광개토 대왕의 중국 정벌을 자랑삼고 있으며, 베트남에서 그곳 사람들에게 우리가 저지른 엄청난 죄악에 대한 반성이 사실상 없기 때문이다. 그런 과거는 서로 부끄러워해야 할지언정 서로 핏대 돋우어 가며 자랑할 일은 아니다.

　나는 당신들에게 과거를 사과하라, 그런 소리도 하지 않겠다. 북미와 남미 원주민들을 도륙질하면서 그들의 언어를 빼앗고 종교까지 바꾼 것, 인도인을 수천만이나 죽인 것, 종족을 무시한 채 아프리카 대륙을 잣대로 금을 그어 나눠 착취하여 영원한 불구로 만든 것 사과하라, 그런 소리가 없기도 하지만, 설령 있다 할지라도 이제 와서 그 사과가 무슨 소용, 무슨 의미가 있겠는가.

　한국과 일본 사이에 무슨 일이 생기기만 하면 한국 외교 장관이 주한 일본 대사를 불러 제법 엄중하게 야단치는 장면을 텔레비전을 통해 내보는데, 일본 대사에게 창피를 주어 자신들의 정치적 책임을 회피하려는 그 정치적 쇼를 나는 경멸한다. 한국 속담에 '엎드려 절 받기'라는 게 있다. 그것은 절이 아니다. 모욕이다. 능멸이다. 사과하라 해서 사과하는 것은 사과가 아니다. 정말 사과받고 싶으면 힘을 키워야 한다. 그러면 사과하라 하지 않아도 사과한다. 과거사에 대해 사과하라, 염치도 없이 주야장천 그따위 소리 되풀이하는 한국 관리들, 나는 최선을 다해 그들을 경멸할 수밖에 없다. 그런 사과는 하지 마라. 할 필요가 없다. 사과 대신 텔레비전 카메라를 앞에서 일본 대사를 불러 창피나 주려 하는 그 사람의 무례를 꾸짖어라. 내가 박수를 보내겠다. 세계 외교사에 드문 그런 무례를 용납할 이유는 없다.

2

중요한 것은 현재다. 극우 파시스트 아베 신조의 등장 이후, 과거 침략을 미화하는 발언들을 잇달아 내놓고, 더불어 혐한 서적이 베스트셀러가 되고, 혐한 궐기 대회가 창궐하고 있는데, 설령 과거를 반성하지는 못한다 할지라도, 분명 잘못된 과거를 온갖 강변으로 미화하면서까지, 그 과거로 말미암은 고통을 아직까지도 감내해 내고 있는 그 사람들로 하여금 분노를 금하지 못하게 하는 것은 이성을 거부할 수 없는 명색 인간으로서 할 짓은 아니지 않은가. 당신들이 혐한을 선동하고 실천하면서 더구나 상업적 이익까지 도모할 때, 당신들이 바로 당신들로 말미암은 우리의 묵은 상처 딱지를 뜯어 젖혀 까발리며 거기에 소금까지 뿌려 댈 때, 분명 부끄러워해야 마땅할 그 역사를 미화해 댈 때, 이 나라의 어느 누군들 어찌 의문을 느끼지 않을 수 있겠는가. 적반하장. 그 뻔뻔스러운 도적에 대해 품어 볼 수밖에 없는 그 의문은 매우 자연스러운 심정적 공정을 거쳐 곧장 적개심으로 이어질 수밖에 없다.

2014년에 들어선 뒤에도 당신들은 독도 영유권을 당신들 교과서에 올려 한 번 더 우리의 적개심을 자극했다. 그래서 어쩌자는 것인가? 그런 도발을 통해 이쪽의 적개심을 자극하여 괜한 시비를 일으키는 것 외에 어떤 결과를 기대하는가? 당신들의 주장이 관철되려면 전쟁을 하는 수밖에 없다. 아베가 마침 중국과의 전쟁 가능성을 공개적으로 표명하기도 했다. 절대 강국 중국에 선전 포고를 한 아베. 무식하면 용감하다 했다. 아베의 무식함 덕분에 당신들의 야스쿠니는 한 번 더 세계 기록을 경신하게 될 듯한데, 내친김에 독도를 빌미 삼아 한국을 향해서도 선전 포고를 할 것인가? 답은 당신들이 만들어 보라.

피는 속이지 못한다는 말이 있지만, 비단 전범의 핏줄을 이어받고 태어난 아베 신조만이 아니다. 우리 쪽에도 결코 아베에 못지않은 전쟁 불사론자가 있는가 하면 그쪽에도 마찬가지다. 전쟁을 하자고? 그래서 어쩌자는 것인가? 당신들이 알고 있는지 모르겠다. 당신들의 일본은 세계 최대 전사자(246만 6532위) 보유국이며, 최단 시간(1941~1945) 최대 전사자(213만 2600명) 생산국이기도 하다. 213만 2600명은 당시 전쟁을 치를 수 있는 젊은 남자들 가운데 절반을 뜻한다. 시퍼런 청춘들 둘에 하나는 전쟁터로 끌고 나가 죽인 것을 뜻한다. 외침을 당한 적이 단 한 번도 없는 당신들이기에 213만 2600명이라는 전사자 수가 품고 있는 의미는 더 끔찍하다. 더 엄중하다.

인류사 모든 전쟁은 야망에 가득 찬 '영웅'들이 일으켰고, 결국은 헛된 것이었을 그 야망 때문에 죽어야 했던 것은 애꿎은 젊은이들이었다. 당신들이 야스쿠니 신사에서 진심으로 묵상해야 하는 것은 그들의 죽음이 아니라, 그들이 왜 죽어야 했고, 그들을 왜 죽여야 했던가 하는 것이다. 그들의 죽음으로 당신들이 얻은 게 무엇인가 하는 것이다. 그들을 죽인 '영웅'들과 그들의 야망에 대한 것이다. 그 야망이 얼마나 헛된 것이었던가에 대한 것이다. 그리고 당신들 정부에서 왜 또 호전론을 들고 나오는가에 대해 묵상해야 한다. 아베류의 극우 호전광들이 내모는 대로 당신들 자식을 전쟁터로 내보낸 다음 또 그 자식의 생환을 간절히 기원하는 천인침千人針이나 공들여 만들고 있을 것인가? 그러고는 또 그들의 영혼을 만나러 야스쿠니에 갈 것인가?

3

그런데도 불구하고 전쟁을 한다? 그 결과는 과연 어떤 것일까? 인접국 사이의 현대전은 개전 최초 24시간 이내에 쌍방 국가 기간 시설의 80퍼센트 이상이 파괴당할 수밖에 없다. 대결은 공멸이다. 이것은 분명하다. 이론의 여지가 있을 수 없다. 공멸을 원하는가?

그럴 수는 없지 않은가. 지난 수십 년간 온갖 노고를 다 바친 그 결과물의 80퍼센트 이상이 파괴당한 다음에 얻은 승리는 무슨 의미가 있겠는가. 종전 뒤, 그 폐허로부터 당신들의 일본이 어떻게 몸을 일으켜 세웠는가, 당신들은 알고 있는가?

대동아 전쟁 뒤, 당신들 정부에서 가장 먼저 서둔 것은 위안소, 곧 창가娼家였다. 1945년 8월 15일, 종전 직후 일본은 공포에 휩싸였다. 이제 진주하게 될 미군은 그 이전 여러 해 동안 귀축鬼畜으로 불러 온 그들이었다. 그들이 무슨 짓을 할는지 아무도 모를 일이었다. 우선 다가온 공포는 부녀자 강간이었다. 그래서 1945년 8월 28일, 미 진주군 선발대 150명이 도착하던 그날, 당신들 정부는 실로 재빠르게 특수 위안 시설, 곧 미 점령군을 위한 대규모 매춘 시설을 22곳에 재깍 만들고, 신문에 광고를 실었다. 「마이니치 신문」에 실린 광고 내용은 다음과 같았다.

急告―特別女子從業員募集、衣食住及高給支給、前借ニモ應ズ、地方ヨリノ應募者ニハ旅費を支給ス.

"여자 종업원을 급히 모집한다. 의식주를 제공하고 높은 급여를 주겠다. 지방에서 오는 사람은 여비도 주겠다", 그런 뜻이 될 듯한데, 위키피디아 일본어판에 이런 '개요概要'가 있다. 내가 가지고 있는 자료보다 훨씬 더 축소되어 있지만, 참고가 될 듯하여 인용한다. "점령군이 일본의 일반 여성을 강간할 것이 예측되므로, 일본 정부는 일본 여성의 정조를 지키기 위해 애국심이 있는 여성을 모집하여, 연합군을 위한 위안소를 설립했고, 모두 더해 5만 5000명이 모여들었다."

'애국심이 있는 여성(愛國心のある女性)'이라고? 만일 그렇다면 애국심에 의한 인류 역사상 최초의 매춘이 되겠다. 그런데 이것은 그래 봐야 시작에 불과했다. 그 뒤, 50만 미군이 일본에 진주했다. 육식 동물인 그들은 정복자라는 기개도 드높았다. 당신들이 이미 예견한 대로 사회적 문제가 될 만큼 강간 사건이 잇달았다. 그들은 분명 범법자인데도 탓할 수가 없었다. 패전국 일본은 점령군인 그들의 맹렬한 성욕을 어떻게든 해결해 주어야 했다. 당신들의 할머니와 어머니는 '애국심이 있는 여성'이 되어 국가적인 그 목적을 위해 동원되었다. 당시 당신들 대신의 아내나 딸까지 그 대열에 동참했다니까 실로 거국적으로 매춘을 해야 했던 그 당시, 당신들의 할머니나 어머니가 받은 화대는, '고급高給'이라는 광고와는 달리 '쇼트 코스'가 달랑 15엔이었고, 당시 돈 15엔은 '담배 다섯 갑' 값이었다.

야후 저팬에 들어가 현재의 담배 가격을 검색해 보니 가장 비싼 것이 390엔이다. 그러니까 요즘 일본 돈으로는 최대 2000엔쯤 될 그 돈을 받은 당신들의 어머나 할머니는 무한 헌신적이었다. 미군들은 꺼뻑 감동했다. 최선을 다한 서비스 뒤에 옷매무새를 가다듬은 다음, 일본식 절을 올리며 '아리가토 고자이마시타(ありがとうございました, 감사했습니다)'를 아뢰는 그들에게 감동하지 않을 수 없었다. 당신들의 전통적 상술이기도 한 고객 감동이었고, '귀축' 나라

출신 미군으로서는 생전 처음 맛본 기막힌 그 감동은 일본 여자들의 수출 길을 열어 주었다. 그래서 수출한 이른바 전쟁 신부 10만. 오늘 당신들의 일본을 일으켜 세운 초석은 바로 그 '애국' 여성들이 그렇게 해서 벌어들인 'sex money'였다.

이미 상해 있을 당신들 기분을 조금 더 건드려 보겠다. 점령군 의무 총감이 도쿄 도 지사에게 이런 요청을 한 것은 위안소를 세운 지 채 두 달도 되지 않은 1945년 10월 22일이었다. "占領軍兵士を相手にする女性の性器の洗浄と定期的な檢診の義務付け", 즉 '점령군 병사들을 상대하는 여자들은 성기를 깨끗이 씻고 정기적으로 검진을 받도록 하라'는 내용이 될 텐데, 그 시절 일본 여자들의 성기 상태가 아무리 불결했다 할지라도 더구나 공식적으로 이런 요청을 한 것은 아무래도 지나쳐 보인다.

그러나 점령군으로 봐서는 어쩔 수 없었다. 성병이 이미 심각한 문제가 되어 있었기 때문이다. 성병 감염률이 부대에 따라서는 50퍼센트가 넘었고, 그 가운데 중증이어서 특별기를 띄워 본국으로 후송해야 하는 병사들도 많았다. 하루 세 차례나 특별기가 떠야 했다는 기록도 있다. 결국 다음 해 공창公娼은 공식적으로 폐쇄되었지만, 그렇다고 문제가 해결될 수는 없었다. 때를 만나기라도 한 것처럼 사창私娼이 번성하여 세계 최대의 사창가가 만들어졌고, 더불어 성병은 아예 제어할 수 없는 상태가 되어, 점령군의 최대 과제가 전후 치안이 아니라 성병과의 전쟁이 된다. 그뿐만이 아니었다. 아예 집단 강간 사건까지 잇달았다. 미군은 공원에 놀러 온 여자들이나 여학교, 심지어는 초등학교 교실까지 쳐들어가 어린 여자아이들까지 유린했다.

거짓말 같은가? 그렇다면 가짜 역사 교과서나 만들고 있는 당신들의 고명한 역사학자들에게 물어보라. 여기 내가 적어 둔 것들이 사실인지 허구인지 꼭 묻고 대답을 들어 보라. 그토록 처참한 역사를 정녕코 되풀이하고 싶지 않다면, 전쟁 불사를 부르짖으며 일삼아 혐한 시위나 벌여 대고 있는 극우 분자들을, 그들의 우스꽝스러운 '오야붕(おやぶん)'인 아베 신조를, 당신들 자신의 손으로 다스려라. 그들은 당신들 나라의 재앙이다. 그 재앙을 발본색원하라. 못하겠다고? 그렇다면 당신들 자식을 또 야스쿠니 신사에 무더기로 봉안하여, 세계 최대 전사자라는 그 기록을 경신할 수밖에 없다. 기록 경신이 그토록 탐나는가? 그리고 또 세계 최대의 사창가를 만들겠는가? 그래서 당신들의 딸, 당신들의 누이들을 점령군의 성적 노예로 바치겠다는 것인가?

4

당신들과 우리는 혐한이나 반일 시위나 일삼을 만큼 한가하지 않다. 중국에 의해 세계 평화 질서가 유지된다는 팍스 시니카(Pax Sinica)에 대해 들어 본 적이 있는가? G2니 하던 시대가 있었지만, 2013년 6월, 오바마 미국 대통령과 시진핑 중국 주석의 회담에서 오바마가 시진핑에게 바친 굴신屈身의 예가 상징하는 것처럼, 미국은 재정 절벽이라는 신종 괴물에 덜미 잡혀 휘청거리고 있는 반면에, 돈이면 무엇이든 가능한 이 세상에서 세계 최대 외환을 보유한 중국은 남아도는 돈 때문에 고민하고 있는 형국이 되었다. 중국이 세계 외환 총량의 60퍼센트 이상을 이미 보유하고 있다는 것은 세계가 이미 그들의 손아귀에 들어가 있음을 뜻한다. 달러는 이미 세계 기축 통화로서의 위력을 잃었다. 위안화가 그 자리를 차지하게 되는 것은 시간문제다. G2가 아닌 G1의 시대, 중국에 의해 세계 질서가 좌지우지되는 팍스 시니카는 이미 시작되었다.

팍스 시니카, 이 무시무시한 새 질서의 일차적 피해 대상은 일본이나 한국이 될 수밖에 없다. 더 정확히 이야기하자면 그들의 중화中華적 패권주의의 일차적 공략 대상은 일본일 가능성이 확실하다. 일본을 결코 잊지 못할 적으로 명시하고 있는 중국 도처에서 볼 수 있는 '불망不忘9·18'이나 '물망국치勿忘國恥'라는 호전성 구호로 보아 그렇다. 1931년 9월 18일, 일본이 중국을 침략한 날을 결코 잊지 않겠다는 이 구호의 표적은 바로 일본이다. 현재 중국인이 명시적으로 표명하는 적은 오직 일본뿐이다.

그런데 아베는 2014년 1월, 다보스 포럼에 참석하여, 과거 제1차 세계 대전 발발 전 독일과 영국처럼, 중국과 일본이 부딪칠 수 있다는 발언을 했고, 며칠 뒤 센카쿠 열도 상공에서는 중국과 일본 전투기가 서로 쫓고 쫓기는 추격전이 벌어졌다. 아베는 그쯤에서도 더 나아가 "독일식 사과 할 수 없다"(2014년 5월 1일)고까지 호언했다. 그렇다면 당신들은 국제적으로 고립될 수밖에 없다. 독일이 찬양받는 만큼 당신들은 비난받을 수밖에 없다. 염치를 무릅쓰겠다는 호언, 당신들은 그 결과를 보게 될 수밖에 없다. 그러므로 아베류의 호전론자가 그 자리를 지키고 있는 한, 야스쿠니 신사는 더 붐빌 수밖에 없다.

아베 신조, 그 호전의 화신을 제쳐 두고 이야기를 조금 더 이어 나가겠다. 이제 엄중한 현실이 된 팍스 시니카의 전횡을 막을 수 있는 나라도 일본과 한국뿐이다. 한국과 일본이 함께 대중對中 태세를 확고하게 하는 한, 중국은 자멸의 각오 없이는 도발을 감행할 수 없다. 형국이 이런 까닭에 당신들과 우리는 혐한이나 반일 따위 소모적 장난질을 치고 있을 때가 아니다.

5

이쯤에서 내가 중국인보다 일본인, 당신들을 더 신뢰하는 이유를 적어 두어야 할 것 같다. 2008년 올림픽 개막 시간을 8월 8일, 오후 8시 8분으로 잡는 바람에 세계인이 모두 알게 되었지만, '부자가 된다'는 뜻의 '파차이(發財, 돈을 벌다)'와 발음이 비슷하다 하여 숫자 8을 광적으로 사랑하는 중국인은 돈이 되는 일이라면 무슨 짓이든 마다하지 않는다. 인육을 넣은 만두는 중국에서만 가능하다. 그것이 그들의 문화이고 그들의 체질이다.

사실상 관제 언론밖에 없는 중국에는 비판이니 균형이니 하는 견제 기능이 아예 없다. 이른바 민주 국가에서 치러야 하는 막대한 정치적 비용을 그들은 낭비할 필요가 없다. 당이 결정하면 인민은 맹종한다. 왜? 맹종하지 않으면 탱크로 밀어붙이고, 공개 처형해 버리기 때문이다. 중국을 제외한 세계 모든 나라의 사형 집행 수보다 수십 곱절 더 많은 사람들을 해마다 죽이는 나라가 중국이다. 사람 죽이는 장면을 '월드컵 경기'처럼 대중적 구경거리로 삼은 다음, 처형자의 장기를 그 자리에서 적출하여 판매한다는 나라가 바로 중국이다. 그러면서도 처형 숫자를 비밀에 부치는 이런 나라는 중국밖에 없다. 다른 민족, 다른 나라에서는 있을 수 없는 그것이 우리가 함께 무서워해야 마땅할 그들의 실체다.

그런 중국에 견준다면 당신들에게는 이성적 비판 기능이 상시 작동하고 있다. 극우 분자들이 아무리 난동을 부려도, 아, 그건 아니야, 하는 이성주의자들이 당신들 일본에는 분명히 있다. 그리고 당신들 일본에는 정론, 직필이라는 언론의 미덕과 사명을 고수하는 훌륭한 언론이 건재하다. 그리고 아베를 비롯한 극우들이 되풀이하는 망발과는 달리, 그들을 부끄러워하여 일부러 한국까지 찾아와 사과하는 일본인도 있다. 나는 이 글에서 대단히 지독한 표현으로 당신들의 자존심을 건드렸지만, 당신들 중에는 나의 소견에 동감하는 이성주의자가 분명히 있다. 내가 굳게 믿고 있는 것은 합리와 지성에 근거한 그들의 균형 기능이다. 그것이 내가 중국보다 당신들의 일본을 더 믿는 이유다.

6

국경을 맞대고 있는 이웃끼리 선린이 되기는 결코 쉽지 않다. 그러나 당신들이 최소한 나치의 만행을 반성하는 독일 민중들처럼 이성의 균형을 잡아 주기만 한다면, 그리고 중국이라는 무서운 존재에 대한 인식만 공유할 수 있다면, 한국인과 일본인은 현재의 독일과 프랑스 또는 독일과 폴란드 민중들만큼은 서로 손잡을 수 있다. 베를린의 카이저 빌헬름 교회를 아는가? 제2차 세계 대전 때 폭격 맞아 허물어진 교회가, 전쟁의 참상을 기억하기 위하여, 지금도 그대로 있다. 그 폐허에서, 나는 당신들에 대하여 묵상했다. 실로 후안무치하고 파렴치한 당신들 극우의 어리석은 자해를. 일본인에게도 독일인만 한 지혜라도 간직하기를 바란다. 그것이 모든 부족함을 무릅쓰고 내가 이런 글을 쓴 이유다. 내가 사랑하는 일본인, 당신들, 함께, 손을 잡자, 공멸이 아닌 공존, 공영을 위하여.

당신들의 일본

초판 1쇄 인쇄일 • 2014년 8월 10일
초판 1쇄 발행일 • 2014년 8월 15일
지은이 • 유순하
펴낸이 • 임성규
펴낸곳 • 문이당

등록 • 1988. 11. 5. 제 1-832호
주소 • 서울시 성북구 동소문동 4가 83 청구빌딩 3층
전화 • 928-8741~3(영) 927-4990~2(편)
팩스 • 925-5406
ⓒ 유순하, 2014

전자우편 munidang88@naver.com

ISBN 978-89-7456-480-3 13300